高等职业教育学前教育新业态系列教材

总主编◎赵　刚　于冬青

You'eryuan Huodong Sheji Yu Zhidao

幼儿园活动设计与指导

教案课件
附教学资源
项目练习

主　编◎时　松　于秀霞
副主编◎张华原　齐　鑫　孙佳慧

同济大学出版社
TONGJI UNIVERSITY PRESS
·上海·

内容提要

本书是“高等职业教育学前教育新业态系列教材”中的一本，集理论与实践于一体，以就业为导向，以技能为标准，立足于专业技能教学、就业岗位需求和专业资格认证三位一体理念编写。

全书共八个项目，包括幼儿园教育活动概述、幼儿园五大领域活动设计与指导、预设型幼儿园主题活动设计与实施、生成式探究性主题课程、幼儿园区域活动设计与指导、陈鹤琴“活教育”的思想与实践和幼儿园游戏活动。

本书采用项目式编排内容，尽可能呈现多样态的教学模式，展示多元化、多样式的教学活动类型，并精要介绍幼儿园教学活动的组织实施方法。本书突出理论够用，通俗易懂；实战性强，操作方便。为落实立德树人根本任务，特别设置思政点拨板块，将培养德才兼备的学前教师落到实处。全书选用了大量的教学活动案例，案例不仅类型多样、内容丰富，而且具有典型性和代表性，可以让学生理论联系实际，加深学生对幼儿园活动的理解，提升学生的活动设计与组织能力。

本书附有丰富的学习资源，可供教师与学生教学、练习使用。

本书可作为高职高专、应用型本科学前教育专业的教材，也可作为学前教育工作者的参考用书。

图书在版编目（CIP）数据

幼儿园活动设计与指导 / 时松，于秀霞主编；张华原，齐鑫，孙佳慧副主编. -- 上海：同济大学出版社，2024.12. ——（高等职业教育学前教育新业态系列教材 / 赵刚，于冬青主编）. -- ISBN 978-7-5765-1402-5

Ⅰ. G612

中国国家版本馆CIP数据核字第2024LQ0505号

幼儿园活动设计与指导

主　编 时　松　于秀霞　　**副 主 编** 张华原　齐　鑫　孙佳慧

责任编辑 屈斯诗　**助理编辑** 夏晗丹　**责任校对** 徐春莲　**封面设计** 渲彩轩

出版发行 同济大学出版社　www.tongjipress.com.cn

（地址：上海市四平路1239号　邮编：200092　电话：021-65985622）

经　　销 全国各地新华书店、网络书店

排版制作 南京展望文化发展有限公司

印　　刷 上海颛辉印刷厂有限公司

开　　本 787mm×1092mm　1/16

印　　张 15

字　　数 347 000

版　　次 2024年12月第1版

印　　次 2024年12月第1次印刷

书　　号 ISBN 978-7-5765-1402-5

定　　价 59.80元

序

在家校社协同育人的教育体系里，幼儿进入小学之前的教育对其人生质量具有初始性、奠基性的重要作用。我国有“三岁看大，七岁看老”之说，德国多纳塔·艾申波茜博士的《小脑袋，大世界》一书中有两句话风靡全球：1～7岁也许不到人生的10%，却决定了人生的70%；只有发掘好人生的前8年，才能过好人生的80年。这些都是对幼儿园教育、家庭教育重要作用的形象表述。随着我国“十四五”规划的全面布局，学前教育进入新发展阶段，发展的重点将从资源供给逐步转向内涵提升。要办好让人民满意的学前教育，配齐配强教师队伍是关键。近年来在学前教育专任教师中，获得专科以上学历的教师已占绝大部分，教师专业水平明显提升。其中，高职院校培养和向社会输送了大量高素质技能型专业人才，为我国学前教育事业发展提供强大的智力支撑，发挥了职业教育中学前教育专业独特的优势与作用。

社会发展、科技进步与教育改革，使幼儿教育事业面临少子化、市场化、信息化等多重挑战。随着广大家庭对子女教育质量要求的不断提升，幼儿教育事业出现了前所未有的行业发展新形态，这既是挑战，又是机遇。我们深刻感到，要走好教育强国建设的历史新征程，为社会培养更多适应这种变化的优秀幼师仍是学前教育专业工作者的重大课题。为此，我们进行了一项既意义重大又极具挑战性的实践：编写一套适应职业院校学前教育专业教学的系列教材，为新发展格局下我国职业教育学前教育专业的教学改革提供有效支持。

教材应体现党和国家的意志，学前教育专业教材更应站稳中国立场，讲好中国故事，传递中国声音。为了编好本套教材，我们前后进行了一年多的调研，聚集了一批优秀的教育实践工作者和教育理论研究者，深入贯彻落实《3～6岁儿童学习与发展指南》《幼儿园教育指导纲要》等文件精神，探讨学前教育领域的新形势、新理念，凝聚共识，落实要点。编写者们拥有丰富的教学经验和先进的教学理念，具备深厚的教材编写功底，更重要的是，他们对教育事业怀有巨大的热忱，无私地分享自己的教学经验，引领更多的教师教出更好的学生。

这套“高等职业教育学前教育新业态系列教材”的编写，遵循“德技并修，理实一体，重构转化，创新探索”的融通育人原则，展示了学前教育专业的课程体系，涵盖本专业的基础课、核心课和选修课，利于学生构建全面牢固的知识体系；突出了教育专业学生的职业道德要求，提炼思政要素，整理思政教学案例，明确德育目标，引导学生锤炼高尚品格；适应了技能型人才培养的职业教育导向，按照新形态体例编写，对准幼儿园教师岗位需求，以实用技能培训为引领，帮助学生及早适应真实工作环境；强化了理论知识的学习要点，在职业教育层次应掌握的理论水平上更进一步，提供更丰富的学习内容，满足高职学生精进学业、提升学历的现实需求；运用了多样的教学手段，顺应融媒体、数字化赋能教育的潮流，配备丰富教学资源，将教学内容以多种形式呈现给学生，促进学生高效学习。

这套力图适应新形态、新业态的教材，需要学前教育工作者在教学实践中不断发现问题、改进问题，从而日臻完善，成为学生、读者的良师益友，为我国学前教育事业的高质量发展添砖加瓦。

东北师范大学家庭教育研究院院长

国务院妇女儿童工作委员会儿童工作智库专家

教育部幼儿园园长培训中心讲座教授

中国教育学会学术委员会委员与家庭教育专业委员会副理事长

前言

教育是国之大计、党之大计。为全面贯彻党的教育方针，落实立德树人根本任务，培养德智体美劳全面发展的社会主义建设者和接班人，本书在编写时综合考量了国家对学前教育发展的要求以及幼儿园教师职业发展的需求，力求帮助学生夯实理论、提升能力、拓宽视野，为学生胜任幼儿园教师的岗位筑牢基础。育人的根本在于立德。本书在注重学生理论学习与能力锻炼的同时，特别设置了思政点拨板块，将培养德才兼备的学前教师任务落到实处。

本书具有以下四大特色：

第一，综合性。本书旨在概述性地教学生如何组织实施幼儿园教学活动。教育工作是幼儿园教师的主要职责之一，如何有效地在一日生活中通过专门的课程与游戏实施教学活动，是教师必备的专业素养。在内容上，幼儿园活动涵盖健康、语言、社会、科学、艺术五大领域，各领域活动都有其自身的特点。本书从整体上讲解五大领域活动的设计与指导，起到入门引领的作用。

第二，融合性。本书融合了多种课程与教学方式。幼儿园活动设计与指导并无固定模式，学科课程、领域课程、主题课程、方案教学、安吉游戏、区域游戏等都是幼儿园活动的主要类型。在这些类型中，有一些是可以并存的，比如主题课程与区域游戏；但也有一些是相互冲突的，比如预设课程与生成课程。在课程的理念上，前者是成人主导预设，后者是幼儿主导生成。无论什么类型的活动都有其存在的土壤，很难用绝对的好与坏进行二元对立的评价。本书尽可能呈现多样态的教学模式，让学生了解多元化、多样式的教学活动类型。

第三，时代性。本书呈现了幼教领域呼应时代发展的最新活动样态。2022年教育部发布的《幼儿园保育教育质量评估指南》明确指出幼儿园不能使用教材，这是历史性的重要指示。不使用教材如何开展活动？解决路径之一是开展生成课程。当下鲜有教材明确指导学生生成课程应该如何开展，以致学生毕业后步入幼儿园面对生成课程手足无措。本书将理论与实践相结合，尤其是从实践角度阐述了生成课程是什么与怎么做。

第四，实践性。本书采用项目式内容编排的方式，力图提升学生的实践能力。全书使用了大量的教学活动案例，所选取的案例不仅类型多样、内容丰富，而且具有典型性和代表性，可以让学生理论联系实际，加深学生对幼儿园活动的理解，最终目标是提升学生真实的活动设计与组织能力，为其就业做好准备工作。

本书编写团队成员既有长期深耕在幼教一线，拥有丰富的实践教学经验的幼教工作者，也有拥有扎实的教育理论功底的高校教育研究理论工作者，他们强强联合，共同编写出这本“理论够用，通俗易懂；实战性强，操作方便”的教材。全书由南通大学时松博士与北京市延庆区第三幼儿园于秀霞园长主编；阜阳幼儿师范高等专科学校张华原老师以及齐鑫博士、孙佳慧博士担任副主编。具体编写分工如下：

项目一模块一由安阳幼儿师范高等专科学校巩亚楠撰写，项目一模块二由丽水学院姜丹丹撰写。

项目二模块一由宿迁高等师范学校王欣撰写，项目二模块二由汕尾技师学院公胜男撰写，项目二模块三由杭州市滨江区滨文苑幼儿园高杉撰写，项目二模块四由吉林外国语大学秦涵撰写。

项目三模块一由杭州市丁信第二幼儿园李琪琪撰写，项目三模块二由长春光华学院辛琦媛撰写，项目三模块三由海丰县中等职业技术学校李佳欣和南通大学孙奇奇撰写，项目三模块四由宿迁高等师范学校万婷撰写。

项目四由北京市朝阳区群星幼儿园商雨萌撰写。

项目五由阜阳幼儿师范高等专科学校张华原、广东第二师范学院高靖珊撰写。

项目六模块一和模块二由深圳市福田区福民小学附属幼儿园黄广营撰写，项目六模块三由杭州市丁信第二幼儿园李琪琪撰写。

项目七由绵阳城市学院姜辉与吐鲁番职业技术学院夏依达·阿布都拉撰写。

项目八由长春光华学院王立秋与鞍山师范学院李雪撰写。

由于时间仓促和编者认知有限，本书还存在许多不完善之处，热忱地希望各位专家、广大同人提出宝贵意见！

编　者

2024年4月

目录

项目一

幼儿园教育活动概述

思政点拨

引导学生形成以幼儿为本的教育理念，对幼儿园活动设计感兴趣，点燃对幼儿园教师职业的热情。

项目学习目标

知识目标

1. 了解幼儿园教育活动的概念。
2. 理解幼儿园教育活动的类型。

能力目标

1. 能区分幼儿园教育活动的类型。
2. 能运用六大基本原则设计与指导幼儿园教育活动。

素质目标

1. 形成以幼儿为本的教育理念。
2. 对从事幼儿园教师一职充满热情。

项目知识框架

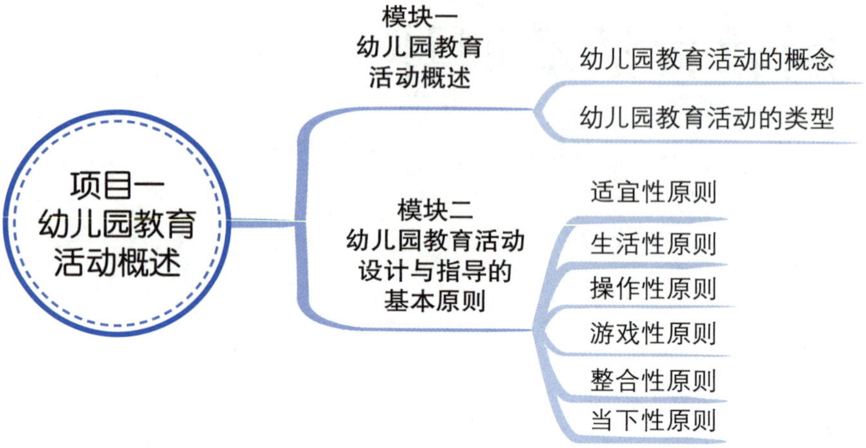

项目问题导入

一次教研活动中，一群年轻的幼儿园老师围绕幼儿园教育活动的话题展开了热烈的讨论：有的说，幼儿园教育活动就是给孩子们上课；有的说，幼儿园教育活动就是带孩子们玩游戏；有的说，幼儿园教育活动就是引导孩子学知识；还有的说，上课、做操、玩游戏都是幼儿园教育活动……这些林林总总的话语和观点引人深思。

幼儿园教育活动究竟是什么？教师又该如何设计和组织幼儿园教育活动呢？在幼儿园教育活动的设计、组织、实施和评价等诸多环节中，活动设计是非常重要的一环，它是有效实现幼儿园教育目标的第一步，同时也是衡量教师教育能力的关键。因此，作为一名幼儿教师，应该了解幼儿园各类教育活动，并学会设计与组织各类教育活动。

模块一　幼儿园教育活动概述

模块情境

活动开始，教师对幼儿说："今天，老师要带你们去参观小豆的家。"然后就带幼儿走进教师精心布置的"小豆的家"（展示了不同类型以及不同生长阶段的豆子的展览活动室），请幼儿参观。参观之后，老师带领幼儿尝试制作豆浆，品尝各种豆制品等。通过这些方式，让幼儿直观感知、亲身体验各种豆子和豆制品，对豆子有了初步认识。

豆子在生活中很常见，幼儿可能见过、吃过，但是对其了解不多。活动中，教师通过直观生动、贴近生活的形式让幼儿对豆子和豆制品形成了相对全面且深入的认知。

如案例所示，幼儿园的教育活动与其他教育阶段的教育活动有所不同。幼儿园教育活动是怎样的？又该如何设计、怎样实践呢？

模块学习目标

1. 了解幼儿园教育活动的含义。
2. 掌握幼儿园教育活动的类型。

理论基础

一、幼儿园教育活动的概念

（一）教育活动

教育是人类社会特有的一种活动。教育是以积极影响人的身心发展为直接和首要目标，且教育者与受教育者双方都积极参与的社会实践活动。教育作为社会活动，与其他活动是有本质区别的。首先，从活动对象看，教育是以人为直接对象的社会活动，它不同于其他以物质产品或精神产品的生产为对象的社会生产活动；其次，从活动目标看，教育以积极影响人的身心发展为直接和首要目标；最后，从教育的参与者看，教育是教育者与受教育者都积极参与的双边活动。

教育活动有广义和狭义之分。广义的教育活动是以人为直接对象，以积极影响人的身心发展为直接和首要目标，且教育者与受教育者双方都积极参与的社会实践活动。狭义的教育活动主要指学校教育活动。学校教育活动由专职人员和专门机构承担，能够有目的、有系统、有组织地对入学者的身心发展产生积极影响，以便把他们培养成为社会所需要的人。

（二）幼儿园教育活动

幼儿园教育活动同样有广义和狭义之分。广义的幼儿园教育活动是指幼儿教育工作者为实现幼儿园的教育目标，在一日生活中所安排的各种活动的总和，包括生活活动、游戏活动、教学活动，三者构成幼儿园教育活动的有机整体，它们相互联系、相互渗透，共同促进幼儿的全面发展。狭义的幼儿园教育活动是指幼儿教师在一定时间内专门组织的教育教学活动，包括开展的各种主题教育活动和各领域教育活动等。

《幼儿园工作规程》明确指出："幼儿园应当为幼儿提供丰富多样的教育活动。"《幼儿园教育指导纲要》（以下简称《纲要》）第三部分"组织与实施"第二条指出："幼儿园的教育活动，是教师以多种形式有目的、有计划地引导幼儿生动、活泼、主动活动的教育过程。"因此，可以从以下三个方面来理解幼儿园教育活动：

首先，幼儿园教育活动是一种有目的、有计划的活动。幼儿园教育活动不是盲目的、任幼儿自由发展的活动，它必然受到诸多因素的制约。幼儿教育工作者必须根据幼儿园保育与教育的目标，依据幼儿发展的实际水平，有目的、有计划地设计教育活动，并通过开展具体的教育活动，促进每个幼儿在自身原有的水平上得到发展。

其次，幼儿园教育活动是引导幼儿主动活动的过程，是师生双向互动的活动。教师是活动的支持者、引导者、合作者，幼儿是活动的主体。教师组织教育活动时应充分考虑幼儿的年龄特点和兴趣需要，引导幼儿主动参与，为幼儿提供更多主动探索、大胆尝试、自由交往的机会，从而促进幼儿身心全面发展。

最后，幼儿园教育活动是多种形式的教育活动。幼儿的生理特点和心理特点决定了幼儿园教育活动应该丰富多彩，师幼既可以在户外进行集体教学活动，也可以在室内进行区角游戏活动，还可以到超市等场所开展以参观、体验等形式为主的社会实践活动。

按照不同的分类标准，幼儿园教育活动可划分为不同形式的活动。每种活动都有其自身的特点和优势，教师可根据教育目标、教育内容、幼儿园资源、班级实际情况和幼儿发展水平等因素，选择适宜的教育活动形式。

二、幼儿园教育活动的类型

根据维度不同，幼儿园教育活动有不同的分类。一般情况下，可以将幼儿园教育活动划分为以下类型。

（一）从幼儿园教育活动的组织形式出发

根据幼儿园教育活动的组织形式，幼儿园教育活动可分为集体活动、小组活动和个别活动。

集体活动是指教师有目的、有计划地组织全班幼儿在同一时间、同一空间下进行的教育活动。集体活动能够在最短时间内使更多的幼儿获得特定的知识和能力，在有限的时间和空间里有效利用有限的教育资源，尽可能促进全体幼儿在原有水平上得到发展。

集体活动虽然效率较高，但难以照顾幼儿的个别差异，不利于教师因材施教。

小组活动是在同一时间内将全班幼儿分成若干小组进行的活动，有时也可视为（包括）区角活动。小组活动可充分调动幼儿的积极性和主动性，鼓励幼儿在合作中学习，促进幼儿和同伴、教师的交流、协作。小组活动能够解决班级幼儿人数过多难以进行针对性教育的问题，使教师更容易关注到每个幼儿的言行表现，尽可能满足每个幼儿的兴趣和需要。

个别活动一般是由一个教师面对一两个幼儿进行指导的活动，也可以是幼儿自发、自由的活动。个别活动便于教师深入、全面地观察个别幼儿，因材施教。但是因为教师同一时间只能对某一个或几个幼儿进行指导，故个别活动的效率不高。

（二）从幼儿园教育活动的内容领域出发

《纲要》将幼儿园教育内容相对划分为健康、语言、社会、科学和艺术五个领域，同时强调幼儿园的教育内容是全面的、启蒙性的，各领域的内容相互渗透，从不同的角度促进幼儿情感、态度、能力、知识、技能等方面的发展。《3～6岁儿童学习与发展指南》（以下简称《指南》）也从以上五个领域描述了幼儿的学习与发展。

（三）从幼儿园教育活动的特征出发

从幼儿园教育活动的特征出发，幼儿园教育活动可分为生活活动、游戏活动、区域活动、教学活动等。

生活活动是指幼儿园一日生活中的入园、盥洗、如厕、进餐、睡眠、离园等活动，这几乎占了幼儿在园的大半时间。生活活动是幼儿园教育活动的重要组成部分，也是幼儿园教育区别于其他阶段教育的特殊表现，更是落实保教结合原则的重要途径。幼儿从早上进入幼儿园便开始了其在园的一日生活，生活活动既可以培养幼儿良好的生活习惯，如饭前便后要洗手、吃东西要细嚼慢咽等，也可以培养幼儿良好的社会性品质，如互帮互助、乐于分享、遵守日常生活基本行为规范等。

《纲要》指出，游戏是幼儿的基本活动。游戏是幼儿园重要的活动形式与内容，也是最常见、最受幼儿喜爱的活动，对幼儿的发展有重要价值。游戏可以满足幼儿的兴趣和需要，丰富幼儿的生活经验，培养幼儿的积极态度，促进幼儿创造性和个性的发展。教师应根据幼儿的年龄特点和兴趣需要，为幼儿提供多种形式的游戏活动，在游戏中丰富幼儿的经验，让幼儿在玩中学、学中玩。

区域活动又称活动区（活动角）活动，指幼儿在活动区内进行的以自由游戏为特征的活动，是幼儿在园一日生活中的主要活动之一，也是满足幼儿不同兴趣需要的有效途径。常见的活动区有角色游戏区（娃娃家、医院、超市等）、积木区（建构区）、音乐区、沙地区、植物区、科学区、图书区、美工区等。这些活动区中，有的是在各班级内建立的，由该班幼儿使用，如各班的图书区、美工区等；有的是在幼儿园公共区域建立的，由全园幼儿共享，如沙池区等。一般来说，区域活动允许幼儿自由选择。

教学活动是教师依据教学目标专门设计和组织的有目的、有计划的活动。随着幼儿园课程改革浪潮的不断推进，“生成课程”逐渐成为人们关注和研究的热点，成为当代的主要课程形态之一。幼儿园教育活动本质上不是固定不变的，而是根据幼儿的兴趣需求而设置的，是动态的、发展变化的。

（四）从幼儿园教育活动的结构出发

从幼儿园教育活动的结构出发，幼儿园教育活动可分为学科领域教育活动（通常包括健康、语言、社会、科学、艺术五个学科领域）和主题综合式教育活动。

学科领域教育活动以学科为中心，把有价值的知识系统化，形成一定的科目或学科，将这些学科知识系统地传授给幼儿。

主题综合式教育活动以某一主题为中心组织课程，强调打破学科领域的界限，建立各学科之间自然有机的联系，将各学科孤立的教育活动内容还原成整体的相互联系的状态，以构建整合的主题网络式活动内容结构。主题综合式教育活动重视幼儿整体知识的获得。

思考与实践

姓名：________ 班级：________ 学号：________

1. 幼儿园教育活动的含义是什么？

____

____

____

2. 结合所学知识，谈谈案例中的教师可以开展哪些类型的幼儿园教育活动。

案例：教师在活动桌上铺上许多报纸，在盆中放上分别盛有油和水的小罐子，再放上小容器瓶、盖子和漏斗。教师特别准备了一个细而长的瓶子和一个短而粗的瓶子。教师先问幼儿，是否见过父母做凉拌菜的调料，他们是怎么做的；然后让幼儿用准备好的材料自己做油和水的混合物，同时预测一下，如果使劲摇动容器，油和水是否会混合。教师还问幼儿："如果没有拧好瓶盖，就摇动油和水，会发生什么情况?"教师把活动材料发给幼儿，让他们自己做实验。在幼儿做实验时，教师问他们发现了什么，是否注意到油和水相混了。

____

____

____

____

____

____

____

____

____

____

____

____

____

____

实践评价表

序号	评价项目	评　价　内　容	学生自评	教师评价
1	认知评价（30分）	了解教育活动的概念（15分）		
		理解幼儿园教育活动的类型（15分）		
2	技能评价（30分）	掌握幼儿园教育活动的概念（15分）		
		能够区分幼儿园教育活动的类型（15分）		
3	素养评价（40分）	形成以幼儿为本的教育理念（20分）		
		对担任幼儿园教师一职充满热情（20分）		
总　计		100分		

附：案例讨论提示

根据维度不同，幼儿园教育活动有不同的分类。教师要给予幼儿充分的观察时间，鼓励幼儿进一步思考和探究，通过不同类型的教育活动调动幼儿多感官去观察和发现等。

模块总结

模块二　幼儿园教育活动设计与指导的基本原则

模块情境

李老师在外出参加培训时，观摩了一堂特别优秀的示范课“有趣的茶文化”。她觉得这个活动现场教学效果很好，因此特意从示范课授课教师那里借来教案和课件，回到幼儿园后也按照这个教案开展活动。但是李老师班级里的孩子反应平平，甚至很多孩子游离在活动之外。李老师很困惑：为什么使用相同的教案和课程资源，孩子们的反应会差这么多呢？

为什么依照同样的教学设计，由不同的师幼开展教学实践，效果会截然不同呢？如何才能设计出真正适合本班幼儿的活动方案呢？

模块学习目标

1. 理解幼儿园教育活动设计与指导的六大基本原则。
2. 能够运用六大基本原则设计并指导幼儿园教育活动。

理论基础

一、适宜性原则

适宜性原则是指在设计与指导幼儿园教育活动的过程中，教师要充分思考活动目标、活动内容、活动过程是否符合该年龄阶段幼儿的发展特点和兴趣需要，是否能够使幼儿在已有的发展水平上得到进一步的提升。适宜性原则要求教师充分掌握本班幼儿的发展特点，从而针对性地设计“跳一跳，够得着”的活动。此外，教师要根据幼儿的年龄特点和差异化需求进行适当的支持或介入。如在不同年龄阶段开展“用剪刀剪轮廓”活动，小班的活动目标是能用剪刀沿直线剪，边线基本吻合，如果设计成剪窗花的活动环节就不适宜了。

二、生活性原则

生活性原则是指幼儿园教育活动应源于幼儿生活，取材于幼儿生活，并服务于幼儿生活。当前很多幼儿园会订购幼儿园活动教材，教师完全按照教材中预设的活动方案开展教育活动，这就很大程度上忽视了生活性原则。生活性原则要求教师深入挖掘幼儿生活中的活动素材和资源，小到幼儿自身的生活习惯养成、小游戏等，大到本地区的特色产业、旅游景区等，立足幼儿的生活需求设计和指导幼儿活动。例如，某地特色产业为木制玩具，幼儿的家庭生活和幼儿园生活中都有不少木制玩具的投放，在某次谈话活动中，教师发现幼儿对区域内的主题公园感兴趣，于是生成了用木材搭建主题公园的系列活动。

三、操作性原则

操作性原则是指教师要为幼儿提供充分动手操作的机会。陶行知先生曾提出“六大解放”的主张，即解放儿童的头脑，使之能想；解放儿童的双手，使之能干；解放儿童的眼睛，使之能看；解放儿童的嘴，使之能说；解放儿童的空间，使之能接触大自然和大社会；解放儿童的时间，使之能学习自己渴望学习的东西。操作性原则是“六大解放”在当代的新要求，也是对陈鹤琴先生“做中学”理念的践行，教师要放开手，为幼儿营造自由宽松的操作氛围，创设便于操作的活动环境，提供丰富适宜的操作材料。同时，教师还应关注幼儿的兴趣，鼓励幼儿自主自发地操作，允许幼儿大胆操作体验，使幼儿获得直接经验。例如，在班级植物角开展种植活动时，教师首先要让幼儿了解哪些植物适合盆栽，哪些植物生长成熟周期短，以及这些植物是否适合幼儿种植和观察。很多幼儿都熟知植物需要浇水、施肥，并且有光照才能生长。但是在实际种植过程中，有很多细节需要幼儿自己去体验，并据此调整照料策略。因此，教师要给予幼儿直接照料植物的机会，不要怕幼儿失败。

四、游戏性原则

游戏性原则是指在幼儿园活动的设计和指导过程中，教师要充分考虑活动的趣味所在和幼儿的兴趣为何。游戏性原则是学前教育区别于其他学段教育的显著特点。《纲要》明确指出，“幼儿园教育应尊重幼儿的人格和权利，尊重幼儿身心发展的规律和学习特点，以游戏为基本活动”。陈鹤琴先生也曾指出幼儿的心理特点之一就是游戏。爱玩、爱游戏是幼儿的天性，教师要重视游戏对幼儿发展的重要价值，充分运用游戏内容和形式，激发幼儿的学习兴趣和探究欲望。

五、整合性原则

尽管幼儿园教育活动可相对划分为健康、语言、社会、科学、艺术五个领域，但是各领域的内容是相互渗透的。正如陈鹤琴先生提出的“五指活动”，幼儿园教育活动如同人的五根手指头，是相对独立却又密不可分的一个整体。整合性原则是指在设计和指导幼儿园教育活动时，教师要整合各个领域目标和内容，注意各个领域间的有机联系和自然渗透，促进幼儿的全面发展。教师在设计和指导幼儿园教育活动时要有整合意识。例如在“各种各样的笔”主题活动中，教师根据主题内容和幼儿兴趣开展了“笔的制作过程”“笔的种类”“笔的用途”“神笔马良”等融合多个领域的活动。

六、当下性原则

当下性原则是指幼儿园教育活动的开展要考虑时效性，要紧紧围绕幼儿当下进行的游戏、学习、生活活动，以及当下的社会事件、季节、节日活动等组织开展。教师应关注幼儿当下感兴趣的事物、社会近期发生的事情，从中汲取有教育价值的部分，再将其融入幼儿的活动中，为幼儿带来多渠道、沉浸式体验。例如临近端午节，在幼儿园中，幼儿可以与教师一起了解端午节的来源、习俗，体验制作粽子；在家里，幼儿可以与家人一起包粽子；同时，幼儿还可以通过电视、社区活动等多种渠道感受端午节的节日氛围。

思考与实践

姓名：________ 班级：________ 学号：________

1. 幼儿园教育活动设计与指导的基本原则分别是什么？

___________、___________、___________、___________、___________、___________

2. 有的教师认为“现有的优秀活动教案已经很成熟了，可以直接拿过来用”。你认为这种想法对吗？为什么？

实践评价表

序号	评价项目	评价内容	学生自评	教师评价
1	认知评价（30分）	了解幼儿园教育活动设计与指导的六大基本原则（15分）		
		能够理解并解释六大基本原则的概念和要点（15分）		
2	技能评价（30分）	能够运用六大基本原则设计幼儿园教育活动（15分）		
		能够初步运用六大基本原则指导幼儿园教育活动（15分）		
3	素养评价（40分）	形成以幼儿为本的教育理念（20分）		
		对担任幼儿园教师一职充满热情（20分）		
总计		100分		

附：案例讨论提示

设计与指导幼儿园教育活动的过程中，教师要充分思考活动目标、活动内容、活动过程是否符合该年龄阶段幼儿的发展特点和兴趣需要，是否能够使幼儿在已有的发展水平上得到进一步的提升。适宜性原则要求教师在设计活动之前对本班幼儿的发展水平进行系统的观察、评估与分析，充分掌握本班幼儿的发展特点，从而针对性地设计“跳一跳，够得着”的活动。

模块总结

项目练习

姓名：________ 班级：________ 学号：________

一、单项选择题

1. 对幼儿园教育活动的理解，下列选项不正确的是（　　）。
   A. 幼儿园教育活动是一种有目的、有计划的活动
   B. 幼儿园教育活动是师幼双向互动的活动
   C. 幼儿园教育活动是多种形式的教育活动
   D. 幼儿园教育活动就是教学活动
2. 能够在最短时间内使更多的幼儿获得某些知识和能力，促进全体幼儿在原有水平上得到发展的活动是（　　）。
   A. 集体活动　　B. 小组活动　　C. 个别活动　　D. 游戏活动
3. 幼儿园教育活动既要符合幼儿现有的发展水平，又应促进幼儿在现有水平基础上进一步发展，这体现了幼儿园教育活动的设计与指导应遵循（　　）。
   A.适宜性原则　　B.生活性原则　　C.操作性原则　　D.当下性原则

二、简答题

1. 简述幼儿园教育活动设计与指导的游戏性原则。

____

____

____

____

2. 简述幼儿园教育活动的类型。

____

____

____

3. 简述幼儿园教育活动设计与指导的整合性原则。

____

____

____

三、论述题

如何理解幼儿园教育活动？

四、材料分析题

王老师发现最近班里的幼儿总是围在一起讨论形状。乐乐说："我妈妈昨天给我买了一个圆圆的大西瓜。"欣欣说："画画纸是长方形的。"到了户外活动时，王老师发现加入物体形状讨论的幼儿越来越多了。回到班级后，王老师征求幼儿意见，开展了"神奇的形状"主题活动。为了满足幼儿的兴趣，王老师询问幼儿："关于形状，你们想了解什么呢？"幼儿七嘴八舌地讨论起来。随后，王老师给每个幼儿发了一张调查记录表，让幼儿自主探索生活中的物体，并记录它们的形状。在课程深入开展的过程中，王老师为了吸引幼儿兴趣，创新了许多小游戏，如"图形对对碰""图形历险记""找朋友"等，以此来帮助幼儿了解新图形，掌握图形分类、图形组合等。幼儿在操作与游戏中获得了发展，真正实现了"玩中学、做中学"。

请分析上述材料所体现的幼儿园教育活动设计与指导的原则。

扫码查看
参考答案

项目二

幼儿园五大领域活动设计与指导（上）

思政点拨

引导学生关注幼儿的身心健康及全面发展，掌握幼儿园集体教学活动的基本知识，使学生乐于尝试幼儿园教育活动的设计与指导，树立科学的教育理念。

项目学习目标

知识目标

1. 了解集体教学活动的内涵和优缺点。
2. 了解幼儿园健康、语言、社会领域的教育目标。
3. 了解幼儿园健康、语言、社会领域的主要教育内容。

能力目标

1. 掌握幼儿园集体教学活动教案设计的基本结构。
2. 掌握幼儿园健康、语言、社会领域教学活动的实施要点，独立尝试相关活动设计。
3. 能运用幼儿园健康、语言、社会领域相关知识对实际活动案例进行分析。

素质目标

1. 关注幼儿身心健康及全面发展。
2. 乐于尝试幼儿园教育活动的设计与指导，树立科学的教育理念。

项目知识框架

- 项目二 幼儿园五大领域活动设计与指导（上）
  - 模块一 幼儿园集体教学活动设计与指导
    - 幼儿园集体教学活动概述
    - 幼儿园集体教学活动教案设计的基本结构
  - 模块二 幼儿园健康活动设计与指导
    - 幼儿园健康活动的教育目标
    - 幼儿园健康活动的教育内容
    - 幼儿园健康活动的实施要点
    - 活动案例解析
  - 模块三 幼儿园语言活动设计与指导
    - 幼儿园语言活动的教育目标
    - 幼儿园语言活动的教育内容
    - 幼儿园语言活动的实施要点
    - 活动案例解析
  - 模块四 幼儿园社会活动设计与指导
    - 幼儿园社会活动的教育目标
    - 幼儿园社会活动的教育内容
    - 幼儿园社会活动的实施要点
    - 活动案例解析

项目问题导入

新学期开学了，新入职的王老师加入了大二班。王老师没有带班经验，也不知道在幼儿园如何开展教育活动，看到两个小朋友在喝水的时候聊天，她凑过去好奇地问："小朋友在聊什么呢？"此时，盥洗室里几个小朋友在洗手的时候玩水，把水和泡沫弄得满地都是，张老师看到后急忙打扫了盥洗室。随后，张老师让王老师尝试组织小朋友们阅读绘本《死了一百万次的猫》，天天小朋友总是很调皮地问东问西，王老师不知道应该如何回答。小朋友们也趁机七嘴八舌地讨论自己感兴趣的话题，王老师不知活动应该如何继续下去。张老师在一旁观察，经过深思熟虑后，决定认真地和王老师谈谈。

刚刚走上工作岗位的幼儿教师应该如何开展集体教学活动呢？幼儿园健康、语言、社会领域都包括哪些教育内容？如果你是王老师，要如何设计幼儿园集体教学活动呢？本项目主要讨论幼儿园集体教学活动的设计与指导，介绍幼儿园健康、语言、社会领域的教育目标和主要内容，明确健康、语言、社会领域教育活动的指导要领。

模块一　幼儿园集体教学活动设计与指导

模块情境

某幼儿园正在进行实习生第一次集体教学的观摩活动，实习生们充分展示了自己的各项专业技能，教学内容丰富，教学形式多样，教学过程气氛活跃，每个实习生脸上都洋溢着自豪的笑容。活动结束后，园长问实习生："你们的活动目标是什么？你们为什么要采取这样的导入方式？你们认为你们选择的内容是否符合幼儿现阶段的需求，为什么？"实习生们面面相觑，支支吾吾，小声地说："我们只关注了如何吸引幼儿的兴趣，让幼儿更加愿意参与活动，没考虑过这些问题。"还有的实习生说："我看我们主班老师就是这样组织的啊，我们只要跟着学就好了。"

幼儿园集体教学活动是幼儿园教育活动的主要形式。上述案例中，实习生为什么会回答不出园长的问题呢？他们在准备和实施集体教学活动时有哪些不足呢？

模块学习目标

1. 理解集体教学活动的内涵和优缺点。
2. 掌握幼儿园集体教学活动教案设计的基本结构。
3. 尝试进行集体教学活动设计，对设计集体教学活动感兴趣。

理论基础

一、幼儿园集体教学活动概述

（一）集体教学活动的内涵

幼儿园集体教学活动是幼儿园教育活动的一种形式，是教师根据国家的学前教育目标和任务，结合社会的需求和幼儿身心发展规律，针对班级幼儿的特点而专门设计的，有目的、有计划、有组织的教学活动。具体表现为教师带领班级全体幼儿在同一时间完成同样或相关的任务。集体教学活动的组织形式灵活多样，可以是预设性的，也可以是生成性的；可以是整合性的，也可以聚焦某一学科领域；可以全班一起进行，也可以分小组同时进行。

（二）集体教学活动的优缺点

1. 集体教学活动的优点

（1）高效、经济

教师可以在同一时间面向班级全体幼儿开展统一的教育活动，从而大大提高教学效率和教育资源利用率。教师通过有目的、有计划的教学设计，激发幼儿的学习兴趣，调动幼儿学习的主动性，使幼儿在已有经验的基础上积累新经验、建构新知识，整个过程可以充分发挥教师作为指导者的作用。

（2）引领性强，系统性强

集体教学活动要求教师了解并掌握幼儿的身心发展特点和规律，选择符合幼儿年龄特点和学习能力的活动。在教师有目的、有计划的安排下，活动内容由浅入深、循序渐进地展开。集体教学活动能够保障幼儿获得系统的基础性知识、技能和技巧。

（3）便于形成学习共同体，培养集体感

集体教学活动是教师和幼儿共同参与、协作推进的活动。在活动过程中，教师向幼儿提问并给予幼儿思考和表达的机会，有利于幼儿之间共享知识，共同习得新经验。

2. 集体教学活动的缺点

（1）幼儿主体性表现不足

集体教学活动以教师为主导，教师根据计划选择活动内容，很难充分考虑幼儿的兴趣和需要。教师按照计划好的活动流程开展活动，容易导致活动实施过程僵化固定，教师难以及时回应幼儿的需求，导致“走教案”的现象时常发生。幼儿在活动中被动地接受知识，一定程度上限制了幼儿自主能力、创新能力、探索能力的发展。

（2）忽略幼儿个体差异

教师制定的活动目标面向班级所有幼儿，活动内容的难易程度和教学方法的选择难以顾及所有幼儿的需要。在活动实施过程中，教师对幼儿感兴趣的问题缺乏必要追问，反馈也更多是宽泛的认可与夸奖，很难顾及幼儿的个体差异，难以进行因材施教。

集体教学活动有利有弊。在实际开展活动时，教师应该充分利用集体教学活动的优点，并且根据实际情况灵活地将集体教学活动与小组教学活动（或个别教学活动）相结合，尽可能弥补集体教学活动的不足。

二、幼儿园集体教学活动教案设计的基本结构

幼儿园集体教学活动的教案设计结构主要包括活动名称、活动目标、活动准备、活动过程、活动延伸五个部分。

（一）活动名称

活动名称是对整个活动内容的概括，应该准确且全面地反映活动内容，表述清晰规范，简洁明了，易于理解，尽量充满童趣。活动名称的字数应尽量控制在8个字以内。例如：中班健康活动“小兔的牙齿”。

（二）活动目标

活动目标是教学活动的行动指南，是教学活动的出发点，也是教学活动的最终归宿。集体教学活动的目标是幼儿园教育总目标、学年目标、学期目标、月目标、单元活

动目标的具体化。教师在开展活动前应该具有目标意识。活动目标应简洁明了，每项目标不要太长，具体要求如下。

1. 设计要全面

活动目标的设计要尽可能全面，应考虑到幼儿操作体验、情绪情感、知识技能等方面的发展，囊括情感态度目标、认知目标、能力或技能目标三个维度。活动目标设计要重点突出。情感态度目标应明确提出所培养情感态度的具体内容，表述术语有“乐于参加……活动”“培养……的情感”“感受……的乐趣”“体验……的快乐”等。认知目标应明确提出学习知识的具体要求，表述术语有“了解”“理解”“知道”“认识”“明白”等。能力或技能目标应明确提出教育效果，表述术语有“掌握”“说出”“运用”“使用”等。例如中班健康活动“小兔的牙齿”的目标设置为：① 了解保护牙齿的重要性，知道糖会腐蚀牙齿，要少吃；② 掌握正确的刷牙方法；③ 树立保护牙齿的意识，养成早晚刷牙的好习惯。

2. 表述要具体

活动目标的语言表述应明确具体，操作性强，避免目标过大，过于笼统，教师难以把握。例如中班数学活动“认识梯形”的目标设置为：① 知道梯形的特征，认识梯形；② 通过观察、比较、动手操作，感知梯形的多样性；③ 体验活动的快乐。其中第三条目标显然过大过宽，可以将其改为“体验拼搭梯形的乐趣”。

3. 角度要统一

活动目标的表述一般从幼儿发展的角度切入，用幼儿行为目标的方式来表述。例如小班健康活动“好吃的水果”的目标设置为：① 认识常见的水果；② 引导幼儿剥香蕉和橘子；③ 喜欢吃多种水果。其中第一条和第三条是基于幼儿角度，而第二条是基于教师角度，可以将其改为基于幼儿角度的“能够自己剥香蕉和橘子”。

（三）活动准备

活动准备是在教学活动实施之前，教师为确保活动顺利进行而提前做的准备工作，包括经验准备和物质准备两大部分。物质准备应注意材料的适宜性和安全性，教师在撰写教案时要将活动所需的材料呈现出来。例如大班语言活动“摇篮”的物质准备为：《摇篮曲》与诗歌《摇篮》的录音、布娃娃和娃娃家的摇篮，以及若干“星宝宝”卡片。

（四）活动过程

活动过程是实现活动目标，展开活动内容和运用教学方法的过程，是对活动实际开展过程的预设，一般分为3～5个环节，包括活动导入、活动展开和活动结束等。

1. 活动导入

导入环节的目的是引发幼儿的兴趣，激发幼儿的探究欲和好奇心，使幼儿尽快投入到活动中。导入应开门见山、直奔主题、自然流畅，在保证与内容具有紧密联系的基础上增加趣味性。导入的形式有很多种，常见的导入类型有：设置悬念导入、故事导入、演示导入、复习导入等。具体导入示例如下。

（1）谈话导入

教师引出话题。例如：“你去哪里旅行过？旅行的时候都住在哪里？”

（2）视频导入

教师播放视频。例如：“在刚刚播放的视频中，你看到了哪些小动物？它们都在做什么？”

（3）情境导入

教师创设情境。例如：“明天小兔一家就要去旅行了，让我们看看兔妈妈都准备了什么好东西。”

导入环节选择一种方式即可，导入时应注意精练、巧妙，以适合活动内容为宜。

2. 活动展开

活动展开是整个活动中最主要的部分，是教师引导幼儿进行学习和操作的过程。在设计活动时，教师要注意环节紧凑但不失层次性，重难点突出但不失全面性。应当注意，教师在设计教学活动时要有一定的开放性，应基于课程实际开展情况灵活应变。活动展开应凸显“做中学”“玩中学”，让幼儿在游戏中、操作中学习。

3. 活动结束

活动结束部分，教师可以简明扼要地总结归纳要点，评价幼儿在活动中的表现，转化和升华活动内容。此环节具有多样性，总结可以采用归纳概括的方式，也可以采用操作练习的方式，还可以采用游戏表演的方式等。例如小班健康活动“爱护眼睛”的活动结束部分是教师总结做眼保健操的要点，加强幼儿体验。

（五）活动延伸

活动延伸是教师为保证活动的延展性和持续性，满足幼儿不同程度的发展需要，将实际操作的材料和游戏投放或渗透到区角、户外、一日生活常规等其他情境中，以便作为本次活动的补充、拓展，并为下一次活动做衔接和铺垫。活动延伸的方式有区角延伸、家园共育、领域渗透等。

思考与实践

姓名：________ 班级：________ 学号：________

1. 简述设计教学活动目标的注意事项。

____

____

____

2. 根据所学知识，找出下面教案的不足之处，说明原因并改正。

语言活动：月亮的味道

一、活动目标

1. 帮助幼儿理解绘本的基本内容。

2. 尝试与同伴一起探究如何叠高，讨论并掌握叠高的方法。

3. 体验探索活动中合作的快乐。

二、活动准备

1. 故事插画。

2. 积木、多种材质小棍棒、纸制隔板、悬挂的“月亮”。

三、活动过程

1. 图片导入，引发幼儿的活动兴趣

教师出示插画，介绍故事名称“月亮的味道”。

2. 播放课件，帮助幼儿理解故事内容，发现叠高的方法

（1）完整欣赏故事，整体感知故事基本内容。

师：故事中有几个小动物合作够月亮？它们的体型变化是怎么样的？

师：它们是用什么办法够到月亮的？它们遇到困难时对其他的小动物说了什么？

（2）梳理故事情节，讨论叠高的方法。

师：小海龟为什么要趴在最下面，它的窍门是什么？

师：大象是怎样在海龟背上站稳的？

师：长颈鹿怎么低下头？它的好办法是什么？

师：小猴子和老鼠又有什么窍门？

（3）通过游戏巩固故事经验，感受合作的乐趣。

游戏规则：教师将幼儿分成两组，令其分别站到所对应的铺开的报纸前。游戏开始，每组幼儿陆续将脚放到报纸上，身体不得超出报纸边缘。在相同的时间内，报纸上站的幼儿数量最多的小组获胜。

（4）交流游戏体验，巩固叠高经验。

师：获胜小组的成功秘诀是什么？

实践评价表

序号	评价项目	评 价 内 容	学生自评	教师评价
1	认知评价（40分）	掌握集体教学活动的含义（10分）		
		掌握集体教学活动的优缺点（10分）		
		掌握集体教学活动教案设计的基本结构（20分）		
2	技能评价（30分）	能够进行初步的活动教案设计（30分）		
3	素养评价（30分）	关注幼儿身心健康及全面发展（15分）		
		乐于尝试幼儿园教育活动的设计与指导，树立科学的教育理念（15分）		
总 计		100分		

附：教案改进提示

1. 活动名称表述不完整，缺少年龄。
2. 活动目标表述角度不统一，存在疑问句，且表述太宽泛。
3. 活动总结只针对游戏活动，缺少对语言活动本身的总结。
4. 缺少活动延伸。

模块总结

模块二　幼儿园健康活动设计与指导

模块情境

新学期开学了，度过了一个暑假的小朋友们都回到了幼儿园。一天，马上就要到外出活动的环节了，洋洋老师组织小朋友们喝水、如厕后，让小朋友们穿好衣服排队下楼到操场玩。这时，丫丫“哇”地一声大哭起来，洋洋老师走过去摸了摸丫丫的头，并问丫丫：“怎么了，丫丫？”丫丫一边哭一边说：“老师，我……我穿不好衣服了。”老师仔细一看，丫丫衣服的一只袖子是反着的，所以她无论怎么努力，都找不到衣服的袖口，小脸憋得通红。

为什么案例中的丫丫过了一个暑假就不会自己穿衣服了呢？如果你是洋洋老师，你会怎么办呢？

模块学习目标

1. 了解幼儿园健康教育的重要意义，明确幼儿园健康教育的主要内容。
2. 掌握健康教育活动的实施要点，尝试设计幼儿园健康教育活动。
3. 树立科学的幼儿园健康教育观念，通过案例学习健康教育活动设计指导要领。

理论基础

一、幼儿园健康活动的教育目标

陈鹤琴先生曾经指出：“幼稚（儿）园第一要注意的是儿童的健康。”幼儿园健康教育的质量，不仅关乎幼儿当下的生长发育，还会对其未来的发展产生重大影响。《纲要》对幼儿园健康、语言、社会、科学、艺术领域的目标进行了阐述，其中健康领域的总目标为：

1. 身体健康，在集体生活中情绪安定、愉快；
2. 生活、卫生习惯良好，有基本的生活自理能力；
3. 知道必要的安全保健常识，学习保护自己；
4. 喜欢参加体育活动，动作协调、灵活。

《指南》将五个领域分别按照幼儿学习与发展最基本、最重要的内容划分为若干方面，指出了每个方面的学习与发展目标，并进一步对小、中、大班（即3～4岁、4～5岁、5～6岁）三个年龄段末期幼儿应该知道什么、能做什么，大致可以达到什么样的发展水平提出了合理期望。其中，健康领域主要由身心状况、动作发展、生活习惯与生活能力组成。每个部分的学习与发展目标如下：

身心状况——具有健康的体态；情绪安定愉快；具有一定的适应能力。

动作发展——具有一定的平衡能力，动作协调、灵敏；具有一定的力量和耐力；手的动作灵活协调。

生活习惯与生活能力——具有良好的生活与卫生习惯；具有基本的生活自理能力。

二、幼儿园健康活动的教育内容

课程内容可以理解为各个学科中特定的观点、原理、事实、问题和处理它们的方式。 课程内容的选择与课程实施息息相关。幼儿园健康教育大致可分为幼儿日常生活行为习惯教育、幼儿饮食与营养教育、幼儿身体认识与保护教育、幼儿安全教育、幼儿体育五部分内容，幼儿心理健康教育则蕴含于上述每一部分之中。

（一）日常生活行为习惯

小班幼儿学习洗手、洗脸、刷牙、穿脱衣服等基本方法，将玩具、图书等放回原处，愿意饮用白开水。

中班幼儿逐渐养成整理衣服和活动用具的习惯，学习手巾、口巾、纸巾，以及筷子的使用。

大班幼儿养成按时排便和良好的作息习惯，坐、站、行、睡姿正确，关心周围环境的卫生，动手整理自己的生活场所。

（二）饮食与营养

小班幼儿学习保持情绪愉快，有独立进餐的意愿，爱吃各种食物。

中班幼儿学习认识常见食物，了解不同的食物含有的营养，主动饮水。

大班幼儿学习平衡膳食，具有初步控制饮食的意识，不挑食不偏食，按时就餐，培养良好的就餐习惯。

（三）身体认识与保护

小班幼儿了解身体外形，了解自己身体的各种感官及其功能，认识、保护五官。

中班幼儿学习自己身体的主要器官及其功能，了解疾病的预防与治疗，初步学习保护牙齿与爱护眼睛的方法。

大班幼儿学习换牙、保护牙齿的知识，爱眼、护眼，保持用眼卫生，知道良好的情绪有利于健康，保持情绪愉快，初步掌握自我保健的常识和简单方法。

（四）安全

小班幼儿初步了解安全常识与规则。

中班幼儿学习常见交通标志以及危险提示内容，学习遵守交通规则，注意安全，初步形成自我保护意识，对危险标志与信号做出及时反应，学习简单的求助方式。

大班幼儿学习自觉遵守基本的安全规则和交通规则，沉着地处理日常生活中有可能出现的紧急情况，掌握应对火灾、地震等意外事故的常识，掌握基本的求生技能。

（五）体育

小班幼儿在有趣的游戏中充分锻炼，学习自然协调地走、跑，并初步掌握跳、爬、钻、投掷、平衡、攀登等基本动作。

中班幼儿积极主动地到自然环境中充分活动，在跑、跳、钻、投掷、平衡、攀登等各种有趣的活动中发展动作的协调性。

大班幼儿坚持参加各种体育锻炼，动作协调、灵活，适应环境变化。

三、幼儿园健康活动的实施要点

在幼儿园健康活动的实施过程中，许多一线教师，特别是刚刚走上工作岗位的新手教师经常会产生这样一种感受，即面对活泼可爱、天真烂漫的幼儿，心情十分激动，工作时充满激情与活力，然而在组织活动时常常觉得无从下手，并且力不从心，从教案设计到活动实施会遇到诸多困难。接下来就幼儿园健康活动实施过程中的常见情况提出实施要点，以期为即将从事幼儿园教育工作的准教师提供抓手。

（一）吃透《指南》与《纲要》，合理确定健康教育活动目标

健康的身体、愉快的情绪是幼儿发展的基础。从2005年开始，教育部经历了准备、撰写、检验、征求意见、修改与完善等多轮工作，最终完成了《指南》的研制，与《纲要》一起指导幼儿教育的发展，成为幼儿教师的实用宝典和左膀右臂。《指南》详尽描述了幼儿在各年龄阶段的典型表现，教师可以以此为依据，并结合自己班级幼儿的实际发展情况进行活动目标的设定。新手教师可以据此确定具体、明确的活动目标，提升目标的可操作性，进而指导活动过程，避免出现目标模棱两可、目标确定随意或者目标过于笼统和抽象的情况。

（二）健康教育内容选取兼顾全面性与趣味性，善于倾听幼儿声音

幼儿健康教育的内容包含日常生活行为习惯教育、饮食与营养教育、身体认识与保护教育、安全教育、体育，以及良好的情绪情感发展和性教育等，每一方面都与幼儿当下和未来的成长息息相关，所以幼儿健康教育活动的内容要全面，不可疏漏。但是幼儿的学习不是读书、做算术等学业活动，它有自己的特点。教师需要擦亮眼睛，善于捕捉日常生活中幼儿感兴趣的、乐此不疲探索的内容并将其作为健康教育活动素材。如幼儿在换牙期会觉得这一现象特别神奇，有的幼儿甚至会认为自己的牙齿掉了就再也不会长出来了，于是大家聚在一起热烈讨论，还会互相看看、说说自己牙齿掉落的过程，而教师恰好听到了幼儿的讨论。基于此，教师可以与幼儿一起开展与换牙或牙齿相关的活动，帮助幼儿理解牙齿为什么会脱落，学习换牙期如何保护自己的牙齿等。

（三）反馈及时，提问应该符合幼儿年龄特点

新手教师往往不知道如何回应幼儿，于是经常对幼儿说："你真棒，棒棒棒，棒极了。"听到诸如此类的表达，幼儿很难知道自己究竟棒在哪里。在提问时，教师也经常会问："小朋友们，你们说是不是啊？好不好啊？喜不喜欢听故事啊？"这样的提问属于无效提问。因为面对这样的提问，幼儿只能机械地回答："是，好，喜欢。"所以，教师在提问时，应该根据幼儿的年龄特点合理设计问题。小班幼儿理解能力有限，教师的提问要尽可能简短、明确，声音洪亮、语调起伏，再配合相应的面部表情。而大班幼儿好奇心强，探索能力和动手能力都有了很大的提升，所以教师可以问一些启发性的、发散式的、开放性的问题，鼓励幼儿自己探索。例如教师在实施关于情绪的活动时，可以问

幼儿："不开心的时候，我们有哪些办法来宣泄自己的情绪呢？"教师应当通过提问鼓励幼儿大胆思考。在对幼儿的回应进行反馈时，教师应该具体明确地指出幼儿哪里做得好，并给出理由。

（四）将健康教育渗透到一日生活中

幼儿身体保健教育、饮食与营养教育的内容都是十分具体的，这些内容本身就是幼儿日常生活的一部分，所以，将健康教育渗透到一日生活当中是水到渠成的。教师要善于将健康教育寓于日常生活活动中。例如教师组织了"水果、蔬菜营养好""不挑食""不偏食"等活动后，可以在幼儿进餐前的谈话环节请幼儿讲一讲今天食谱里的食物含有哪些营养物质，吃了以后会有哪些好处；进餐后请幼儿说说挑食、偏食带来的坏处，切忌机械介绍瓜果蔬菜的营养。又如教师可以在幼儿盥洗的过程中与幼儿一起巩固学习过的"七步洗手法"。

（五）家园密切联系，做健康教育"同路人"

幼儿爱模仿、好奇心强，生活经验较贫乏且缺乏明辨是非的能力，极易受到周围人的影响。就幼儿健康教育来讲，取得家庭的积极配合尤为重要，否则来自任何一方的消极影响都将使幼儿园健康教育的积极作用大打折扣。幼儿良好习惯的养成、生活自理能力的培养等都离不开幼儿园与家庭的连续性教育和一致性教育。教师可以利用家长开放日、家园联系手册、家长会、家长讲座等多种形式组织家长观摩健康教育活动，使家长了解幼儿健康教育的重要性和注意事项，了解幼儿园健康教育的内容，改变一些家长错误的生活、卫生习惯教育。

四、活动案例解析

大班课程故事：我换牙了①

课程起源

某一天的早操之后，阳阳突然跑到教师面前说："老师，我的牙齿松了，妈妈说要帮我拔掉。"一边说一边摇着那颗松动的牙齿，旁边的幼儿听到了也都跟着围了上来，叽叽喳喳地讨论起来……教师通过观察发现许多幼儿已经进入了换牙期，他们的小牙齿正在发生着或多或少的变化，这些都成为幼儿的热点话题。基于此，教师带领幼儿开展了一系列关于牙齿的探究活动。

活动一：我会刷牙

课程开展至今，幼儿纷纷萌发保护牙齿的想法。

糖糖说："我每天都要好好刷牙。"

涵涵说："要认真地刷牙，我可不想去看牙医。"

从对话中不难发现孩子们的关注点都已经聚焦到了"刷牙"这个话题，于是我顺应幼儿的讨论，问道："你们会刷牙吗？"孩子们急忙回答道："会呀！会呀！"一边说一边用小手指比出牙刷的形状，在自己的牙齿上模拟了起来。我观察了一下，有横着刷的，还有竖着刷的。我紧接着问："你们的刷牙方法好像都不太一样呀。"

---

① 此案例由南通市五山幼儿园冯燚提供。

蛋蛋说："老师，什么样的刷牙方法是正确的？"

在孩子们的追问下，我找了一个刷牙的教学视频，看完以后让孩子们分享视频中的刷牙方法。我让所有小朋友都带来了牙刷，在班里开展了一场别开生面的"刷牙大会"（图2-1）。活动结束以后许多小朋友都感慨道："老师，我的牙齿变得又白又亮，以后我一定会认真刷牙的。"

图2-1　幼儿刷牙现场

活动二：牙齿上的洞洞

在活动中，轩轩发现乐乐牙齿上有黑洞洞，下午乐乐小朋友的家长带他去医院补牙，孩子们对他牙齿上的黑洞洞很感兴趣，因此生成了活动"牙齿上的洞洞"。孩子们对自己的牙齿上有没有黑洞洞很好奇，一场揭秘"大黑洞"的行动就此展开了。每一个小朋友都张大嘴巴等待着老师和同伴的发现，七嘴八舌地讨论起来。

孩子们对牙齿上的黑洞有着不同的想法，大多数小朋友都认识蛀牙，但是对蛀牙并没有全面的认识，很多小朋友认为蛀牙是"虫子"导致的。蛀牙到底是怎么形成的呢？我们在有趣的绘本故事《牙齿大街的新鲜事》中找到了答案：黑洞的形成是因为我们吃了太多甜甜的东西，而且没有注意清洁牙齿，这样细菌就会留在我们的牙齿上，牙齿上就会慢慢地出现黑洞。听到这里，小朋友们纷纷表示以后要好好刷牙。

活动三：牙医我不怕

那牙齿上有了小黑洞到底该怎么办呢？尽管大部分小朋友都说要去看牙医，但事实上他们对看牙医仍十分抗拒，表现出恐惧和不安。正好乐乐小朋友去补牙，于是我让孩子的妈妈多拍些照片，第二天请乐乐来分享一下补牙感受。

乐乐说："我昨天去补牙，医生用一根很细的针在我的牙齿里面打了麻药，就没有感觉了，一点都不疼。医生还说一定要坚持早晚刷牙，少吃甜食，牙齿有了问题一定要及时看医生！现在我的牙齿已经完全不疼了，牙医一点也不可怕。"

我又给孩子们分享了绘本《鳄鱼怕怕，牙医怕怕》，让孩子们明白了原来牙医都希望小朋友们的牙齿健健康康的，但是一旦牙齿生病了，要及时看医生。

［解析］

下面将从内容选取、活动目标、教学方法与策略三个方面对教学案例进行分析。

首先是内容选取方面。针对大班幼儿换牙的生理现象，教师与幼儿开展了一系列教育活动。活动源于幼儿早操之后的对话，教师善于倾听幼儿的声音，善于从幼儿的言行中捕捉教育点和幼儿兴趣点。更难能可贵的是，教师通过日常观察发现许多幼儿进入了换牙期，并及时抓住了教育契机。换牙是大班大部分幼儿当下正在经历或者即将经历的事，对生活经验相对较少的幼儿来讲，这是生活中的"重大事件"。因此，幼儿会感到异常兴奋，同时又会产生许多困惑，此时选择这一贴近幼儿生活的教育内容，既考虑到幼儿的牙齿健康保护问题，又照顾到了幼儿的兴趣需要，还可以帮助幼儿顺利解决换牙期面临的种种困惑，有助于幼儿健康愉悦地成长。

《指南》中指出，“幼儿阶段是儿童身体发育和机能发展极为迅速的时期”。根据5～6岁幼儿年龄特点，幼儿较喜欢关注自己的身体，教师应发现幼儿的兴趣点，及时给予支持和帮助。“牙齿”这一话题始于幼儿，成于幼儿，生活中可见可触可操作，无论是对幼儿自主探究能力的培养，还是幼小衔接方面的教育，都具有较高的价值。接下来的活动也源于幼儿偶然的发现，教师很敏锐地捕捉到了幼儿的需求，幼儿对牙齿上的黑洞洞以及补牙和看牙医很感兴趣，由此将探究活动推向了高潮。最后，水到渠成地将活动内容设定为保护牙齿和学习刷牙方法，整个活动过程更多是由幼儿生成，教师尊重并保护了幼儿的好奇心和探索欲望。

其次是活动目标方面。活动目标涵盖了认知、技能和情绪情感层面。知识目标——明白掉牙的原因，知道掉牙是一种正常的生理现象；情感目标——感受掉牙时的心情，谈论补牙的感受，减少对牙医的恐惧心理；能力目标——学会保护牙齿的基本方法，掌握刷牙的正确方式。

最后是教学方法与策略方面。教师根据幼儿思维的直观形象性，注重引导幼儿通过直接感知、亲身体验和动手操作等方式进行探究活动。教师以《指南》为依据，保护幼儿的好奇心，善于利用讨论、绘本讲解等方法，尊重并支持幼儿的探索欲望。如针对黑洞洞幼儿展开了热烈的讨论，通过查找绘本知道了蛀牙形成的原因。在这个过程中，幼儿发现问题的能力、认知能力、社会交往能力、语言表达能力等得到了提升。

在活动中，教师适时组织幼儿分享自己的掉牙经历，从而使幼儿能正视和理解掉牙现象，帮助幼儿解决成长过程中具有里程碑意义的“大事件”。教师还针对幼儿对牙医的恐惧心理，恰当地抓住教育契机，设计了讨论和经验分享环节，通过补牙幼儿的亲身经历分享，引导幼儿讨论保护牙齿的方法，将表达和思考的机会给予幼儿，体现了教师主导、幼儿主体的理念。

在“我会刷牙”活动中，教师利用大班幼儿的“逞强”心理，故意抛出问题：“你们会刷牙吗？”在实践中让幼儿发现自己的刷牙方法并不正确，随后利用生动的刷牙教学视频帮助幼儿掌握正确的刷牙方法。与此同时，教师结合大班幼儿好奇心强、喜欢动手动脑的特点设计了“刷牙大会”活动，帮助幼儿逐步掌握保护牙齿的方法。教师善于根据幼儿的发展特点组织活动，既能够激发幼儿积极参与活动的兴趣，又能够逐步落实活动目标，避免了机械说教。

思考与实践

姓名：________ 班级：________ 学号：________

1. 幼儿园健康教育的重要意义有哪些？请举例说明。

2. 下面案例中，张老师遇到了什么问题？如果你是张老师，你会如何和萱萱妈妈沟通呢？

萱萱是个活泼可爱的小姑娘，爸爸、妈妈、爷爷、奶奶对萱萱总是有求必应。幼儿园新学期开始了，萱萱的妈妈在送她入园时，找到了张老师，特别跟张老师交代："张老师，萱萱在家吃饭都是我们喂的，不然她不肯吃。现在上了幼儿园，我怕她不适应，麻烦老师辛苦一点喂她吃饭。还有，萱萱不会自己穿衣服，所以在入园后和外出做游戏时也麻烦老师给她穿好衣服，谢谢老师了。"

实践评价表

序号	评价项目	评 价 内 容	学生自评	教师评价
1	认知评价（30分）	了解幼儿园健康教育的重要意义（10分）		
		明确幼儿园健康教育的主要内容（10分）		
		掌握幼儿园健康教育的目标（10分）		
2	技能评价（50分）	能够掌握幼儿园健康教育活动的实施要点（20分）		
		能够设计幼儿园健康教育活动（30分）		
3	素养评价（20分）	关注幼儿身心健康及全面发展（10分）		
		乐于尝试幼儿园教育活动的设计与指导，树立科学的教育理念（10分）		
总 计		100分		

附：案例讨论提示

形成连贯、一致的家园教育氛围对幼儿的自理能力和良好生活习惯的培养至关重要。教师应该耐心与家长沟通，站在家长的角度向其说明培养幼儿独立生活能力的重要性以及具体的培养方法，再运用专业知识和细致耐心的沟通取得家长的信任与配合。

模块总结

模块三　幼儿园语言活动设计与指导

模块情境

区域活动时间，语言区的静静和通通正在津津有味地翻看绘本《太阳想吃冰激凌》，并且自豪地分享着自己吃过的各种冰激凌。听到美味的冰激凌“故事会”，幼儿纷纷围了过来。一时间，《太阳想吃冰激凌》成为语言区最抢手的绘本，大家争着想要得到这本好看的书，希望自己成为冰激凌故事会的主角。然而，通过倾听幼儿讲述绘本故事，老师发现，幼儿的语言缺乏连贯性，故事情节以自己结合生活经验创编为主。那故事中小动物和冰激凌究竟发生了什么故事呢？基于幼儿的兴趣，老师设计了“太阳想吃冰激凌”语言教学活动……

教师基于怎样的考虑设计了这节语言教学活动？如果你是教师，你会怎么组织这一活动呢？活动中应该重点把握幼儿的哪些语言核心经验呢？

模块学习目标

1. 理解语言领域教育目标的含义，把握语言领域的教育规律。
2. 了解语言领域主要教育内容，明确活动实施要点。
3. 尝试运用理论指导实践，能运用语言活动设计指导要领对教学案例进行分析。

理论基础

一、幼儿园语言活动的教育目标

《纲要》总目标作为大方向的指引，是对幼儿在接受教育之后能力发展水平的期望。为了实现总目标，需要在具体的教育场景中将大目标细化为小目标，大目标的达成需要依靠小目标的完成。

《纲要》中幼儿园语言领域的教育目标如下：

1. 乐意与人交谈，讲话礼貌；
2. 注意倾听对方讲话，能理解日常用语；
3. 能清楚地说出自己想说的事；
4. 喜欢听故事、看图书；
5. 能听懂和会说普通话。

为促进《纲要》中语言领域目标更加深入地贯彻实施，帮助家长与教师了解3～6岁幼儿年龄特征与语言学习发展的规律，实施科学的教育引导，《指南》将语言领域目标细化为“倾听与表达”“阅读与书写准备”两个维度，并依据幼儿年龄阶段特征进一步细化，为不同年龄段幼儿语言能力的学习与发展提出更具操作性的目标指引：

倾听与表达——认真听并能听懂常用语言；愿意讲话并能清楚地表达；具有文明的语言习惯。

阅读与书写准备——喜欢听故事，看图书；具有初步的阅读理解能力；具有书面表达的愿望和初步技能。

二、幼儿园语言活动的教育内容

幼儿园语言活动是教师有目的、有计划、有组织地对幼儿进行语言教育的过程。语言教育活动被视作组织和传递语言教育内容的实施环节，也是落实语言教育任务的具体手段，其目的是使幼儿获得语言经验，促进幼儿语言能力的发展。语言活动内容具有多样性与丰富性，具体包括谈话活动，讲述活动，文学活动，前阅读、前识字、前书写等。

（一）谈话活动

谈话是人们最常使用的语言运用形式，是指两个及以上的人就某一主题进行的交谈，包含谈话的传递、导向、推进等要素。幼儿在使用语言与他人进行交流的过程中不断习得谈话经验，这是幼儿口头语言发展的关键经验，也是幼儿口头语言学习的主要内容。幼儿园中，幼儿的谈话一般分为日常谈话、集体谈话、辩论三种形式。

小班幼儿应能在谈话活动中安静倾听教师或同伴讲话，眼睛注视对方，注意力跟随谈话对象指示的变化而转移，在成人的提示下不插话、不抢话；能听懂教师或同伴的语言并做出相应动作。

中班幼儿应能初步自主地集中注意力倾听他人讲话，能初步做出表情或口头上的回应；能根据声音、语气、语调等辨别不同的谈话对象；能根据自己的经验理解较长的句子。

大班幼儿应能在倾听他人谈话时充分理解说话人的意思，并初步判断话语中的隐藏意义，如反语、幽默等；能在理解意思的过程中关注细节；能对他人的谈话内容进行评论或提问。

（二）讲述活动

讲述活动是幼儿在一个相对正式的语境中，采用独白语言将事件、事物、人物或看法表达出来的活动。讲述活动建立在一定的交谈之上，能够培养幼儿的观察分析能力、语言组织与表达能力、语言调适能力等。讲述活动根据讲述的内容可分为叙事性讲述和说明性讲述。

在叙事性讲述中，小班幼儿应能说出事件中相关的人、事、物的名称；能使用常见的动词讲述人、事、物之间的简单关系。中班幼儿应能在讲述中注意运用一些生活中习得的形象的词句，能使用几种不同的句式进行讲述。大班幼儿应能运用较为丰富的词句讲述相近的意思，能通过描述细节让讲述更生动。

在说明性讲述中，小班幼儿应愿意在熟悉的人面前进行讲述，能使用规范名称讲述直观的事物外形特征等。中班幼儿应能在有凭借物的情况下在集体面前独立讲述，讲述时能用准确恰当的词汇按照一定的顺序讲述直观的事物特征。大班幼儿应能在有凭借物的基础上独立构思讲述内容，讲述时能准确使用名词、形容词、方位词等词汇，并分清重点或主次。

（三）文学活动

文学活动是以文学作品为基本内容而设计的语言教育活动。文学活动从幼儿文学作品出发，通过整合相关领域的内容，为幼儿创设欣赏文学、感受文学、理解文学的情境，是幼儿习得文学语言的重要途径。幼儿园文学活动内容主要有三种形式：诗歌、散文和故事。

诗歌包括儿童诗和儿歌两种文学形式，是幼儿较早接触的文学样式。小班幼儿应能感知儿歌朗朗上口的韵律特征，跟读韵律感强的儿歌或童谣。中班幼儿应知道诗歌语言的节奏形式，对短小精悍的句式有初步的认识。大班幼儿应能感知不同类型的诗歌形式，借助动作或口头语言表现诗歌节奏，尝试进行仿编创编，如颠倒歌、绕口令等。

散文（诗）是文学散文体裁的一个分支。小班幼儿应能理解散文中所描绘的主要人、事、物或景。中班幼儿应知道散文中所描绘的各个画面内容与意境。大班幼儿应能理解不同情景画面之间的联系与线索，并尝试对散文中某一语句或段落进行多种形式的仿编。

故事是幼儿最喜闻乐见的文学形式，通过丰富的情节、鲜明的人物特征，以及幻想拟人的表现手法来叙述事件，是幼儿园运用最普遍的文学活动体裁。小班幼儿应知道故事中的主要人物并理解故事的起始或结尾。中班幼儿应能初步理解故事中人物的对话和动作，感知故事情节发展起因、经过、结果，并能通过模仿进行讲述。大班幼儿应能初步概括故事的主要情节，运用书面语言或句式表述故事中的人物特征，能对故事情节进行续编或创编。

（四）前阅读、前识字、前书写

除以上内容形式外，前阅读、前识字、前书写也是语言活动的重要教育内容。

前阅读主要指幼儿良好阅读习惯与阅读行为的养成、对阅读内容的理解和阅读策略的形成，以及对阅读内容的表达与评判。小班幼儿应知道图画书的构造与翻阅规则，能通过阅读初步了解书中人物，并简单叙述书中画面。中班幼儿应知道书的开始和结束页面，愿意经常翻阅自己喜欢的图画书，能主动观察书中人物的动作，了解单个画面情节，并进行串联。大班幼儿应熟悉图画书的结构，在阅读时能细致观察画面，并将细节与情节进行联系，能较为连贯地叙述书中的主要情节，并有意识地使用自己的语言，根据自己的经历进行仿编和创编。

前识字主要指幼儿获得符号和文字功能的意识、发展符号和文字形式的意识，以及形成符号和文字规则的经验。小班幼儿应能有意识地关注生活中的各种符号和标识，知道生活中或书中的符号和标识具有特殊的意义。中班幼儿应能有意识地关注周围符号文字，初步形成“图画—口语—文字”三者之间的联结，初步掌握一些符号和文字的固定表征。大班幼儿应能将已经掌握的符号和文字运用到生活和阅读中，尝试通过符号和文字理解内容，关注到汉字的多种表现形式，对汉字表现出浓厚的兴趣。

前书写是指幼儿在未接受正式的书写教育前，根据环境中习得的书面语言知识，通过涂鸦、图画、象形字等幼儿特有的表征符号形式进行的书写。小班幼儿应能以随意的涂鸦或线条“假装”书写，感知方块字的特点，并能与图画相区分；喜欢模仿成人的书写，愿意借助图画来表达想法。中班幼儿应初步具有与纸笔互动的“书写”经验，知道汉字一字一音的特点，能使用图画、符号、文字等多种形式，有创意地表达比较复杂的含义。大班幼儿应积累并能书写一些简单的汉字，理解汉字之间的间隔，书写时能逐步统一字的大小，在创意书写中利用汉字同音、形似等特点进行书写，能表达更复杂的内容。

三、幼儿园语言活动的实施要点

依据幼儿语言学习的特点与规律，幼儿园语言领域的教育活动通常分为渗透型的语言教育活动和专门的语言教育活动。渗透型的语言教育活动是指幼儿在日常活动中通过运用语言促进语言能力发展；专门的语言教育活动是指为幼儿提供以语言为对象的学习机会，即按照语言教育规律组织的语言教学活动。为保证语言教育活动的科学性和有效性，教师在组织实施语言教育活动时要注意以下三点。

（一）制定适宜目标

语言教育活动的目标是活动组织与实施的纲领，是教师组织与实施语言教育活动时应当遵循的首要准则。教师不仅要将指令性文件的目标烂熟于胸，更应熟练掌握幼儿语言学习与发展的核心经验，在设定目标时聚焦于本班幼儿在本次活动中可以学习到的核心经验，设定具体且可观察的活动目标。当教师选择一个好的内容作为语言活动时，首先，应当明晰该阶段幼儿的年龄特征、该年龄段幼儿在语言领域应当达到的基本目标，以及该内容下幼儿需掌握的核心经验。其次，教师要学会依据核心经验对教学内容进行文本分析，筛选这一内容能够给幼儿提供的核心经验。最后，教师要对幼儿当前的语言发展水平有一定的了解，从而制定适宜的发展目标。

（二）有效互动回应

《指南》指出：“应为幼儿创设自由、宽松的语言交往环境，鼓励和支持幼儿与成人同伴交流，让他们想说，敢说、喜欢说，并能得到积极回应。”教师在组织幼儿开展语言学习活动的过程中，除秉承让幼儿在游戏中学习的教育理念外，还应关注语言活动中师幼之间的有效互动与回应，采用灵活多变的教学策略激发幼儿对语言学习的兴趣。教师可通过适时的提问、追问、质疑、概括等语言策略为幼儿提供充分的语言表达的机会；也可通过教具、多媒体工具的使用为幼儿创造轻松愉悦的语言学习情境，让幼儿在轻松融洽的师幼氛围中感受语言学习的乐趣。教师应聚焦幼儿核心经验进行提问，例如，针对故事情节，教师通过“先发生了什么？又发生了什么？”的问题引导幼儿关注情节发展，也可通过一些可操作的材料及图示帮助幼儿理清情节发展。对于大班幼儿，教师可以通过“你觉得接下来会发生什么？”这样的提问，培养幼儿的逻辑思维和创造能力。

（三）关注核心经验

关注核心经验指的是在语言活动组织过程中，教师应时刻提醒自己，站在儿童视角关注幼儿在活动中学习的生长点与困难点，站在儿童视角进行过程性评价，以评促学，以评促教。首先，教师要关注幼儿对某一核心经验的掌握。其次，在发展某一核心经验时，教师还应关注幼儿的学习过程。最后，教师要关注幼儿在活动中遇到的挑战以及理解上的错误，及时调整自己的教学计划与策略。及时对幼儿语言核心经验发展情况及教师教学计划进行评估和反思，不仅有利于教师及时把握幼儿语言发展状况，还能为教师下一次语言教育活动的组织提供有力依据。

四、活动案例解析

小班语言活动：太阳想吃冰激凌①

【活动目标】

1. 理解画面内容，尝试说一说太阳成功吃到冰激凌的经过。

2. 感受分享带来的温暖与甜蜜，愿意在生活中和朋友进行分享。

3. 通过猜一猜、说一说的游戏形式，萌发阅读绘本的兴趣。

【活动准备】

1. 经验准备：幼儿有过观察或品尝冰激凌的经历。

2. 物质准备：绘本《太阳想吃冰激凌》，动物及冰激凌图卡，课件。

【活动过程】

一、提问导入，激发兴趣

师：你们吃过冰激凌吗？吃起来味道怎么样？

幼：吃起来甜甜的、冰冰的；我吃过的是草莓口味的；还有很多不同口味的。

师：原来冰激凌这么好吃，可是小黄老师有个朋友从来没有吃过冰激凌，你们看看是谁呀？（出示绘本封面。）

幼：太阳，长颈鹿、熊、小老鼠、猴子、狮子。

师：你们刚刚说了这么多答案，那到底会是谁呢？我们一起打开绘本看看吧。

二、集中阅读，理解画面

1. 阅读第 1 ～ 2 页，认识故事人物

师：夏天的时候，天气很热很热，太阳热得直冒汗，脸蛋被热得红彤彤的。

师：这个时候，太阳会想干什么呢？你们是怎么知道的？

师：太阳心想，好想吃个甜甜的、凉凉的冰激凌啊！

师：太阳的愿望能不能实现呢？我们接着往下看。

2. 观察第 3 ～ 7 页，说说小动物们的办法

（1）师幼共读。

师：谁来了？（松鼠、鳄鱼、小鸭、大灰熊。）

师：大灰熊带来了什么？（冰激凌。）它要送给谁呢？（太阳。）为什么送给太阳？（因为他们是好朋友，太阳太热了。）

这是一个鳕鱼味的冰激凌，鳕鱼可是大灰熊最喜欢吃的食物。

① 此案例由杭州市滨江区滨文苑幼儿园黄瑶提供。

师：太阳吃到冰激凌了吗？

幼：没有，它“爆炸”了。

师：哦，它“爆炸”了，不见了。为什么呢？

幼：融化了。

师：因为太阳怎么样？太热了。大灰熊拿来一个鳕鱼味的冰激凌，可刚靠近太阳就融化了。

师：太阳没有吃到冰激凌，又有谁来帮助它了呢？

幼：小猴子。

师：小猴子带来了什么味道的冰激凌？

幼：橘子，菠萝，香蕉，草莓。

师：这是一个香蕉味的冰激凌，香蕉可是小猴子最喜欢吃的食物。

师：这次太阳吃到冰激凌了吗？

幼：没有，因为融化了。

师：小猴子拿来一个香蕉味的冰激凌，可刚靠近太阳……（就融化了。）

（2）自由阅读。

教师出示三种动物的局部页面。

师：还有哪些小动物来帮助太阳了呢？请你们选择自己喜欢的图片猜一猜：这是谁呢？它会带来什么味道的冰激凌呢？

（长颈鹿——树叶；狮子——骨头；小老鼠——浆果。）

师：长颈鹿拿来一个树叶味的冰激凌，可刚靠近太阳……（就融化了。）

师：小狮子拿来一个骨头味的冰激凌，可刚靠近太阳……（就融化了。）

师：小老鼠拿来一个浆果味的冰激凌，可刚靠近太阳……（就融化了。）

3. 阅读第 8 页，讨论帮助太阳的办法

师：这么多小动物给太阳送冰激凌，可是太阳还是吃不到，你们看它怎么了？（太阳急哭了。）小朋友们，你们有什么好办法帮助太阳吃到冰激凌吗？

幼：用纸包住；装到甜筒里，这样就不会融化了。

师：你们的方法听起来都不错，有一只聪明的小动物也想到了一个好办法，接下来请你们睁大眼睛仔细看看它是怎么做的吧。

4. 阅读第 9 ～ 12 页，了解太阳成功吃到冰激凌的过程

师：聪明的小狐狸找了谁帮忙？（风婆婆。）

师：它是怎么帮助太阳吃到冰激凌的？

幼：风婆婆大口一吹，把云朵妹妹吹来了，一朵一朵的小云遮挡着太阳，太阳变得凉快了。

播放课件动画，展示太阳颜色的变化。（红色→橙色→黄色。）

三、完整阅读，感受甜蜜

1. 出示绘本，师幼完整阅读

师：太阳终于吃到冰激凌了，谁还记得都有哪些小动物帮助它吗？老师和你们一起再来阅读一遍这本有趣的绘本吧，绘本的名字叫作《太阳想吃冰激凌》。

2. 幼儿将动物卡片与对应的冰激凌图片进行匹配

师：故事结束了，现在你们知道哪些动物帮助了太阳吗？它们送来了怎样的冰激凌给太阳，谁来帮忙摆一摆？

师：小动物们把自己最喜欢的冰激凌送给太阳，你们喜欢什么口味的冰激凌呢？我们一起回教室和老师、朋友说一说吧。

［解析］

下面将从教师教学和幼儿学习两个方面对教学案例进行分析。

教师教学方面，活动中，教师通过对示范页、重点页、难点页的讲解，借助多媒体音效以及纸质大书等多种形式，以引导性问题为主帮助幼儿理解故事内容，同时通过有任务的阅读以及有目的的提问，以猜一猜、说一说的游戏形式为幼儿提供了猜测与验证的学习机会。语言示范引导上，教师使用不同的名词、形容词等描述动物特征，将高级语言与幼儿已知的概念相联系，为幼儿语言表达做出良好的示范。在频繁的信息交互中，教师与幼儿进行着持续性的双向互动，教师对幼儿的回答或行为表现及时反馈，帮助幼儿真正理解内容，不断理清思路。当给幼儿提供反馈时，教师最关心的是加深幼儿理解，提高幼儿语言能力，肯定幼儿的努力，鼓励幼儿尝试新策略。教师借助丰富的材料，通过引导性提问，提高了幼儿的持续参与度。

幼儿学习方面，从核心经验的掌握来看，幼儿基本能够达成目标，即能够说出太阳吃到冰激凌的经过。通过两张示范页（大灰熊、小猴子）的师幼共读，阅读后面三张自由阅读页时，幼儿能够根据图片猜出小动物的名字，并且能够说出这些小动物的冰激凌也都融化了。例如，当教师问："太阳吃到冰激凌了吗？"幼儿会齐声回答："没有，它又融化了！"可见，幼儿已经达成目标。正是在理解内容的基础上，当教师在重点页的讲解部分问"你们有什么好办法？"时，幼儿都围绕着"怎么才能让冰激凌不融化"这个关键问题进行思考，并纷纷回答出让人意想不到的答案，如"用纸包住""装到甜筒里""找一个不会融化的冰激凌"。幼儿这些充满童趣与想象力的答案，进一步证明他们不仅理解了绘本的内容，还愿意积极主动地想办法帮助太阳吃到冰激凌。

思考与实践

姓名：________ 班级：________ 学号：________

1. 在幼儿园语言活动组织与实施中，教师应当注意什么？请举例说明。

____

____

____

____

____

2. 请结合所学知识分析游戏中幼儿讲述能力的发展水平。如果你是老师，你会如何引导琳琳“直播带货”成功呢？

近来，语言区“小主播”游戏盛行一时。幼儿进入语言区后，纷纷排队等待“直播卖货”。琳琳等了好久，终于轮到她了。只见她从美工区选择了自己亲手制作的滴胶花牌开始大声吆喝起来：“快来买呀！快来买呀！”听到吆喝声，其他区域的小朋友纷纷围了过来。琳琳将滴胶花牌递给了文文，文文拒绝了。琳琳又递给了小橙，小橙也背起了小手。老师见状，假装小客人的身份问：“滴胶花牌是什么？你能给我们介绍一下吗？”话音刚落，琳琳似乎打开了话匣子，津津有味地介绍了起来：“滴胶花牌是我亲手做的，它的外面是一层滴胶，里面是我们亲手种的花，而且美工区还有很多其他样子和颜色。”“它还有其他形状吗？”“有啊！有各种各样的形状，我的这个是六边形，像一颗闪亮的钻石。你们可以买来送给自己的好朋友或者妈妈，妈妈可以把它当作钥匙链……”听到琳琳的介绍，大家渐渐对滴胶花牌有了兴趣，你争我抢地提出问题，琳琳也讲得更加绘声绘色。

____

____

____

____

____

____

____

____

实践评价表

序号	评价项目	评 价 内 容	学生自评	教师评价
1	认知评价（40分）	掌握幼儿园语言教育的概念（5分）		
		掌握幼儿园语言活动的教育目标（15分）		
		掌握幼儿园语言活动的教育内容（10分）		
		掌握幼儿园语言活动的实施要点（10分）		
2	技能评价（30分）	能够根据幼儿的年龄特点设计相应的语言教学活动，并且目标合理（15分）		
		能够在幼儿园语言活动组织与实施中关注各项实施要点，有效组织活动（15分）		
3	素养评价（30分）	关注幼儿身心健康及全面发展（15分）		
		乐于尝试设计与指导幼儿园教育活动，树立科学的教育理念（15分）		
总 计		100分		

附：案例讨论提示

语言区“直播带货”游戏聚焦幼儿讲述活动的核心经验发展，以说明性讲述为主。大班幼儿的说明性讲述能力主要可以从讲述内容、讲述结构、讲述顺序三方面进行观察，如“使用规范准确、简洁明了的说明性词句”“能够按照一定顺序（逻辑顺序、空间顺序、时间顺序等）进行讲述”等。

模块总结

模块四　幼儿园社会活动设计与指导

模块情境

午餐后的过渡时间，阳阳老师组织了一个“独特的我”演讲大会活动，希望小朋友们可以说出自己1～2个优点或者与其他小朋友的不同点。悠悠说：“我会唱歌。”波波说：“我会讲故事。”丽丽说：“我会跳舞。”西西说：“我会拼乐高！”乐高是最近小朋友们在家经常玩的游戏，对于小朋友们来说，拼搭乐高还是有一定难度的。因此，小朋友们对会拼乐高的小朋友都很崇拜。于是，西西说完后，每一个小朋友都说自己的优点是“我会拼乐高”。幼儿具有从众心理，模仿性强，可能有一些幼儿根本不会拼，但是也会“模仿”其他人的表述来介绍自己的独特性。每一名幼儿都是独立的个体，阳阳老师认为，应该设计一节专门的教学活动，帮助幼儿客观地认识自己的优点，了解每个人都是不同的。

阳阳老师基于怎样的考虑设计了这个社会教学活动？如果你是阳阳老师，你会怎么组织这个活动呢？针对幼儿的特点，教师在活动中应该重点把握哪些社会核心经验的学习呢？

模块学习目标

1. 理解幼儿园社会活动的教育目标，把握社会领域的教育规律。
2. 掌握幼儿园社会活动的教育内容，明确活动实施要点。
3. 尝试运用理论指导实践，在案例解析中习得社会领域活动设计指导要领。

理论基础

一、幼儿园社会活动的教育目标

社会领域教育的首要目的就是促进幼儿的社会性发展，帮助幼儿顺利完成社会化。《纲要》及《指南》中均对社会领域的目标进行了阐述。

《纲要》中社会领域的总目标包含五个方面，具体内容如下：

1. 能主动地参与各项活动，有自信心；
2. 乐意与人交往，学习互助、合作和分享，有同情心；
3. 理解并遵守日常生活中基本的社会行为规则；

4. 能努力做好力所能及的事，不怕困难，有初步的责任感；

5. 爱父母长辈、老师和同伴，爱集体、爱家乡、爱祖国。

《指南》将社会领域的学习与发展目标划分为“人际交往”与“社会适应”两个维度，具体内容如下：

人际交往——愿意与人交往；能与同伴友好相处；具有自尊、自信、自主的表现；关心尊重他人。

社会适应——喜欢并适应群体生活；遵守基本的行为规范；具有初步的归属感。

二、幼儿园社会活动的教育内容

幼儿园社会领域的教育内容可以分为自我意识活动，人际交往活动，社会环境、规范、文化认知活动三大部分。

（一）自我意识活动

自我意识是幼儿社会性及个性发展的心理基础。幼儿的自我意识刚刚萌芽，因此，教师需要提供相应的教育活动促进幼儿更好地认识自我、评价自我，为其后续的社会性发展奠定基础。自我意识主要包括自我认识、自我体验、自我调控三个方面。

1. 自我认识

自我认识是个体对自身的认知，是主体“我”对客体“我”的认识和评价，是对自己身心特征的认知。自我评价是在自我认识的基础上对自己的判断。

2. 自我体验

自我体验是一种情绪体验，即主体“我”对客体“我”所持有的态度。自我体验可以分为积极的和消极的两大类，前者包括自尊、自信、成功感和自豪感，后者包括自卑、失败感和羞耻感。

3. 自我调控

自我调控是主体“我”对客体“我”的制约，是指个体对自己思想、情感和行为的控制和调节。

自我意识活动教育重点包括：

第一，帮助幼儿正确地认识生理自我、心理自我、社会自我，科学地评价自我。

第二，帮助幼儿建立以自尊、自信为核心的积极的情感体验，正确看待与解决消极情绪体验。

第三，帮助幼儿调控情绪、行为。

小班幼儿可达到：自己能做的事情愿意自己做，根据自己的兴趣选择游戏或其他活动；为自己的好行为或活动成果感到高兴，喜欢承担一些小任务。

中班幼儿可达到：知道自己的一些优点和长处，并对此感到满意；能按自己的想法进行游戏或其他活动；自己的事情尽量自己做，不愿意依赖别人，敢于尝试有一定难度的活动和任务。

大班幼儿可达到：与别人的看法不同时，敢于坚持自己的意见并说出理由；能主动发起活动或在活动中出主意、想办法；做了好事或取得了成功后还想做得更好；自己的事情自己做，不会的愿意学，主动承担任务，遇到困难能够坚持而不轻易求助。

（二）人际交往活动

人际交往是指个体通过一定的语言、文字或肢体语言、动作、表情等表达手段将某种信息传递给其他个体的过程。人际交往既是幼儿社会性发展的重要内容，又是影响幼儿社会性发展的重要影响因素。

依据《指南》的要求，人际交往活动教育内容主要围绕以下三个部分进行：

人际交往意愿，即在与他人交往过程中所秉持的兴趣、态度、意愿。

人际交往技能，即在与他人交往过程中保持顺利沟通、交流的必备技能，如亲社会行为。

人际交往品质，即幼儿自身具备的且会影响交往进程的价值观、个人品质修养因素。

小班幼儿可达到：愿意和同伴一起游戏，愿意与熟悉的长辈一起活动；想加入同伴游戏时，能友好地提出请求；在成人指导下，不争抢、不独霸玩具；与同伴发生冲突时，能听从成人的劝解。

中班幼儿可达到：喜欢和同伴一起游戏，有经常一起玩的小伙伴；喜欢和长辈交谈，有事愿意告诉长辈；会运用介绍自己、交换玩具等简单技巧加入同伴游戏，对大家都喜欢的东西能轮流、分享；与同伴发生冲突时，能在他人的帮助下和平解决；活动时愿意接受同伴的意见和建议，不欺负弱小。

大班幼儿可达到：有自己的好朋友，也喜欢结交新朋友；有问题愿意向别人请教；有高兴的或有趣的事愿意与大家分享；能想办法吸引同伴和自己一起做游戏；活动时能与同伴分工合作，遇到困难能一起克服，与同伴发生冲突时，能自己协商解决；知道别人的想法有时和自己不一样，能倾听和接受别人的意见，不能接受时会说明理由；不欺负别人，也不允许别人欺负自己。

（三）社会环境、规范、文化认知活动

社会适应是个体逐步接受所在社会群体的生活方式、行为规范和价值观的过程。幼儿在适应社会的过程中，需要逐步认识社会环境，了解社会文化，习得与遵守社会规范。具体内容如下：

社会环境认知，主要包括对家庭、幼儿园、社区、家乡和祖国的认识。

社会规范，主要包括对生活规范、活动规范、安全规范、道德规范的理解与习得。

社会文化，主要包括对中国传统文化、现代文化和世界文化的理解与尊重。

小班幼儿可达到：在教师或长辈的提醒下，能遵守游戏和公共场所的规则；知道和自己一起生活的家庭成员及其与自己的关系，体会到自己是家庭的一员；能感受到家庭生活的温暖，爱父母，亲近与信赖长辈；能说出自己家所在街道、小区（乡镇、村）的名称；认识国旗，知道国歌。

中班幼儿可达到：感受规则的意义，并能基本遵守规则；喜欢自己所在的幼儿园和班级，积极参加集体活动；能说出自己家所在地的省、市、县（区）名称，知道当地有代表性的物产或景观；知道自己是中国人，奏国歌、升国旗时能自动立正站好。

大班幼儿可达到：理解规则的意义，能与同伴协商制定游戏和活动规则；愿意为集体做事，为集体的成绩感到高兴；知道自己的民族，知道中国是一个多民族的大家

庭，各民族之间要互相尊重，团结友爱；知道国家的一些重大成就，爱祖国，为自己是中国人感到自豪。

三、幼儿园社会活动的实施要点

幼儿园社会活动的实施主要有两种途径：一是由教师创设专门的教育活动；二是寓社会教育于一日生活之中。由于幼儿社会性发展的特殊性，社会认知、社会行为、社会情感的发展均离不开日常生活的渗透。为保证社会活动的科学性和有效性，教师在组织与实施社会活动时要注意以下三点。

（一）明确教育内容，把握教育目标

由于幼儿社会性发展是一个多元的整体，教师在进行幼儿园社会教育时应明确三大教育内容，依据幼儿年龄特征及社会性发展规律，循序渐进地进行教学，切忌杂乱无章。幼儿园的教育内容源于生活，源于幼儿的需要，不同的生活实践会生成不同的教育内容。遇到偶发性事件时，教师应当明确其对应的教育内容模块与教育目标，而不是“想到什么教什么”。同时，对于相同的教育内容，由于幼儿年龄差异、生活地域差异等因素，教师应依据《纲要》《指南》的要求，进行相应内容的设计与调整，创造性地设计与实施教育活动。

（二）采用多元教育方法促进幼儿知情意行的发展

社会认知、社会情感、社会行为均为幼儿园社会教育期望幼儿发展的目标维度，教师针对三维目标的不同特点，应采用差异性的教学方法，促进幼儿知情意行全面发展。

为促进幼儿社会认知的发展，教师可采用讲解法、谈话法、讨论法、说服法等，借助绘本故事、视频音频等材料，对幼儿进行正面讲解，讲明道理，提高认知。

为促进幼儿社会情感的发展，教师可采用欣赏法、参观法等，让幼儿设身处地地参观及亲身感受，培养幼儿的移情能力，促进幼儿同情心的发展。

为促进幼儿社会行为的发展，教师可采用角色扮演、行为调控、榜样示范等方法，让幼儿模仿良好行为，表扬奖励幼儿的积极行为、帮助幼儿改正不良行为，进而使其习得良好的亲社会行为。

（三）整合实施教育活动

对幼儿的教育不应只停留于课堂中、学校中，而应充分发挥环境、家庭、社区的教育作用，形成教育合力，共同为幼儿的社会性发展贡献力量。

1. 物质环境与精神环境的整合

教师应充分发挥墙饰、区角的作用，配合教学内容布置相应的教育环境，潜移默化地对幼儿施加影响。以“交通规范”这一教育内容为例，教师在教学活动中，可以设计一个单元教学活动，教学活动中所呈现的各种规章制度，均能以图画的形式出现在班级墙面上，也可以作为本月角色游戏的游戏主题，为幼儿创设全面的、整体的教育环境。

2. 园内环境与园外环境的整合

幼儿社会性的发展，既包括内在社会认知、社会情感的发展，也包括外在社会行为的习得。因此，日常生活中的实践练习对促进幼儿的社会性发展具有不可替代的重要作用。幼儿园内的生活是有限的，除了让幼儿在园内参与社会实践活动，在家庭、社区

中，都应鼓励幼儿积极参与真实的社会活动。因此，教师应积极与家庭、社区建立合作沟通关系，努力拓宽幼儿社会学习的时间与空间，共同促进幼儿社会性发展。

四、活动案例解析

大班自我意识活动：独特的我

[活动目标]

1. 明确每个人的声音、外貌、特长是不同的，知道自己是独特的。
2. 能够在集体面前大胆地展示和介绍自己的独特之处。
3. 产生愉悦和自豪的情感，增强自信心。

[活动准备]

幼儿图片、声音音频，故事绘本，小镜子、白纸、画笔若干。

[活动过程]

一、问题和图片导入

通过提问和图片，幼儿认识到世界上有各种各样的人，每个人都不一样，都有自己的特点。

师：大家知道你和别人有哪些地方不一样吗?

分别放两张班级里幼儿的图片。

师：他是谁呀? 你们仔细地看看他和你们有什么地方不一样吗?（邀请幼儿说一说。）

二、看照片、听声音猜幼儿

1. 看照片猜测幼儿

师：好像每个人之间都有好多不同之处呢! 既然这样，老师接下来会放班级里小朋友的照片，但是只会出现他一部分的脸，你们能猜出来吗?（出示班级里小朋友的半脸照，让幼儿猜测。）

师：猜猜这是哪个小朋友?

师：你们是怎么猜出来的?

2. 听声音猜测幼儿

师：看来小朋友们都很聪明，看到部分的脸就能猜出是哪个小朋友。接下来老师只让你们听见声音，看看你们还能不能准确地猜出是谁。（播放幼儿音频。）

师：猜猜这是哪个小朋友?

师：你们是怎么猜出来的?

小结：现在大家都知道了每个人的外貌和声音是独特的，但是除了外在的长相、声音不一样，还有许多内在的东西也不一样。

三、结合绘本，让幼儿理解每个人都有自己的特长

师：每个人的特长是不一样的，小动物们也有自己的特长。

师：你们知道大公鸡的特长是什么吗?

师：其他小鸟看到大公鸡有这样的本领都十分羡慕，那接下来发生了什么事呢? 跟着老师一起去看看吧!

教师声情并茂地朗读绘本。

师：故事里的小鸟都做了什么？它们成功了吗？为什么会这样？

小结：故事里的小鸟羡慕大公鸡，想要拥有跟它一样的本领，所以都去模仿它，但是都没有成功，因为这是属于大公鸡的特长。其实，这些小鸟同样也拥有自己的特长，比如说鹦鹉（布谷鸟、猫头鹰），它的特长是什么？

所以，你们也不用去羡慕别的小朋友的特长，说不定你自己就拥有别人都不会的特长呢！

四、通过展示自己的特长，知道每个人都有自己的特长

师：小动物都有自己的特长，我们也拥有比别人厉害的特长。

师：那么你有什么特长呢？哪个小朋友愿意上来展示一下自己呢？

小结：每个人除外貌和声音不同之外，本领和特长也是不一样的，有的人会唱歌，有的人会……（列举刚才幼儿说的特长。）所以每个人如果仔仔细细地去了解自己，你就会发现自己与别人更多不一样的地方。

五、绘画展示自己的独特之处

师：接下来老师准备了笔和纸，还准备了镜子。如果以前没有好好地看过自己，这次就可以好好地观察自己，把自己跟别人不一样的地方画出来。除此之外，还可以向别人介绍你喜欢的东西，或者是特长、本领。只要是你与众不同的地方，都可以画出来并介绍给大家。

请幼儿画一画，把自己觉得最与众不同的地方或最棒的方面展示出来。画完后，邀请幼儿拿着自己的画介绍自己。

师：跟大家说说你画了什么。所以你是一个怎样的小女孩/小男孩？

六、活动结束

师：今天大家都表现得很棒，老师希望你们都能保持自己独特的一面，好好欣赏自己、爱自己，这样就会有更多的小朋友认识你、喜欢你。

[活动总结]

通过这次活动，幼儿认识到每个人的声音、外貌、本领和特长是不同的，知道自己是独特的。幼儿展示了自己的独特之处，学会评价自己、认识自己，产生了愉悦和自豪的情感，增强了自信心。

[解析]

下面将从教师教学和幼儿学习两个方面对教学案例进行分析。

教师教学方面，第一，教师教学目标的设定符合大班幼儿发展规律。教师教学目标的设计包含了自我认知的三个部分：生理自我、心理自我、社会自我。外貌、声音为生理自我，特长既包含了心理自我，也包含了社会自我。目标难度适中，适合大班幼儿学习。同时，大班幼儿处于幼小衔接阶段，有必要让幼儿清楚地认识自我，为小学的学习做好准备。

第二，教师的教学手段丰富。为实现教学目标，提高教学的趣味性，教师在教学过程中采用了图片、音频、绘本三种教学手段，且教学手段的应用与教学内容的难易程度相互搭配。在外貌、声音部分，由于教学内容较为简单，教师运用的手段也相对简单。

但在特长的学习过程中，教学内容难度提升，教师的教学手段运用也更加丰富。对绘本的讲述也并非从头至尾全部讲完，而是穿插了相应的问题，辅助幼儿理解“我的特长”。

第三，教师考虑到了全班幼儿与个别幼儿的发展。在最后“展示自己的特长”环节，教师设计了两种活动：活动一，在众人面前展示自己的特长；活动二，在纸上画出自己的特长。教师设计该环节，既考虑到了不同幼儿的特长有所区别，即有的特长可以当场展示，有的特长无法当场展示；又考虑到了幼儿的个体差异，对于内向的幼儿，如果不设置最后的绘画环节，该幼儿很可能被教师忽略，也无法大胆地向大家展示自己的特长。

幼儿学习方面，从核心经验的掌握来看，幼儿基本能够达成目标。

第一，幼儿的学习是主动的。在教学活动的前两个环节，教师都是作为引导者的角色存在的。教师为幼儿准备了图片、音频，极大地吸引了幼儿的注意力，无须教师大声教学，幼儿的注意力便被吸引到课堂之中，幼儿的主动性、兴趣均被调动。

第二，幼儿的学习是递进的。外貌、声音是显而易见的，因此，这部分的内容是简单易学的。而特长是一个抽象概念，但是教师在绘本讲述中，通过对鹦鹉、猫头鹰、布谷鸟、大公鸡特长的描述，让幼儿进一步明白特长的含义，并清楚地理解每个人都有自己的特长，且大家的特长可能是不同的。

第三，所有幼儿均仔细思考自己的特长。集体教学最大的弊端就是照顾到了大部分幼儿，但可能忽略一些“边缘幼儿”，比如发展特别快或特别慢的幼儿、内向的幼儿便属于该群体。但展示和绘画两个环节，不仅可以让活泼开朗的幼儿在集体面前展示自己，还可以让内向的幼儿通过绘画的方式思考并展示自己的特长。

思考与实践

姓名：________ 班级：________ 学号：________

1. 简述幼儿园社会活动的实施要点。

2. 如果你是老师，你会如何改变和纠正闹闹的行为呢？

闹闹和西西是两个性格截然不同的孩子。闹闹平时比较“霸道”，别的小朋友在玩的玩具，他总是喜欢抢过来占为己有。西西的性格比较内向，不太爱说话，从不争抢别人的玩具。今天，在进行建构游戏时，西西用积木搭建了一个火车，闹闹看着不错，便把西西的火车一脚踢翻，把她的积木占为已有，自己开始搭火车。西西见状，便告诉了阳阳老师，阳阳老师批评了闹闹，让闹闹向西西道歉，并归还西西用的积木。闹闹这才把积木还给了西西。但是，他又去抢飞飞的玩具了，飞飞也大哭了起来。

实践评价表

序号	评价项目	评 价 内 容	学生自评	教师评价
1	认知评价（40分）	掌握幼儿园社会教育的概念（5分）		
		掌握幼儿园社会活动的教育目标（15分）		
		掌握幼儿园社会活动的教育内容（10分）		
		掌握幼儿园社会活动的实施要点（10分）		
2	技能评价（30分）	能够根据幼儿的年龄特点设计相应的社会教学活动，并且目标合理（15分）		
		能够在幼儿园社会教育活动组织与实施中关注各项实施要点，有效组织活动（15分）		
3	素养评价（30分）	关注幼儿的身心健康及全面发展（15分）		
		乐于尝试设计与指导幼儿园教育活动，树立科学的教育理念（15分）		
总 计		100分		

附：案例讨论提示

为帮助闹闹调整和改变不良行为，教师可采用角色扮演法、行为调控法、榜样示范法等。但行为的塑造不是一蹴而就的，需要不断地实践与练习。同时，教师也应该了解闹闹不良行为背后的原因，明确该行为是其特异体质还是家庭因素造成的。闹闹的问题需要教师、家长合作共育，共同解决。

模块总结

项目练习

姓名：________ 班级：________ 学号：________

一、单项选择题

1. 下列哪项不属于社会领域的教育内容？（　　）

A. 自我意识活动　　B. 人际交往活动

C. 日常生活行为习惯　　D. 社会环境、规范、文化认知活动

2. 评价幼儿生长发育最重要的指标是（　　）。（2015年下半年《幼儿保教知识与能力》真题）

A. 体重和头围　　B. 头围和胸围　　C. 身高和胸围　　D. 身高和体重

3. 下列哪一种活动重点不是发展幼儿的精细动作能力？（　　）（2017年上半年《幼儿保教知识与能力》真题）

A. 扣纽扣　　B. 使用剪刀　　C. 双手接球　　D. 系鞋带

4. 发展幼儿语言表达能力的关键是让他们（　　）。（2022年下半年《幼儿保教知识与能力》真题）

A. 多交流多表达　　B. 多模仿别人说话　　C. 多认字多写字　　D. 多背诵经典

二、简答题

1. 简述幼儿园集体教学活动的优缺点。

____

____

____

2. 简述幼儿园语言活动的实施要点。

____

____

____

3. 体育活动中、活动后，教师分别可以从哪些方面判断幼儿的活动量是否适合？（2021年上半年《幼儿保教知识与能力》真题）

____

____

____

三、论述题

论述如何在一日生活中实现社会领域的教育目标。（2017年上半年《幼儿保教知识与能力》真题）

四、材料分析题

幼儿园准备组织一次春游。大一班的小朋友很高兴，有的说要去这里玩，有的说要去那里玩；有的说坐地铁去，有的说还是乘汽车好；有的在谈论自己要带什么美食……陈老师想：既然小朋友有这么多问题，那么是否可以设计一个教育活动带着小朋友一起研究解决这些问题呢？

要求：请帮助陈老师设计一个“我们要去春游了”的教育活动，写出活动目标、活动准备和活动过程。（2021年上半年《幼儿保教知识与能力》真题）

扫码查看
参考答案

项目三

幼儿园五大领域活动设计与指导（下）

思政点拨

协助学生丰富专业知识，形成良好的科学观与审美观，加深对幼儿园集体教学活动相关知识的了解，提升专业素养。

项目学习目标

知识目标

1. 明确幼儿园科学教育、数学教育、美术教育、音乐教育的教育目标。
2. 了解幼儿园科学教育、数学教育、美术教育、音乐教育的主要教育内容。

能力目标

1. 掌握幼儿园科学教育、数学教育、美术教育、音乐教育的实施要点，尝试独立设计相关活动。
2. 能运用幼儿园科学教育、数学教育、美术教育、音乐教育的相关理论分析实际案例。

素质目标

1. 形成良好的科学观及审美观。
2. 丰富理论知识，提升专业素养。

项目知识框架

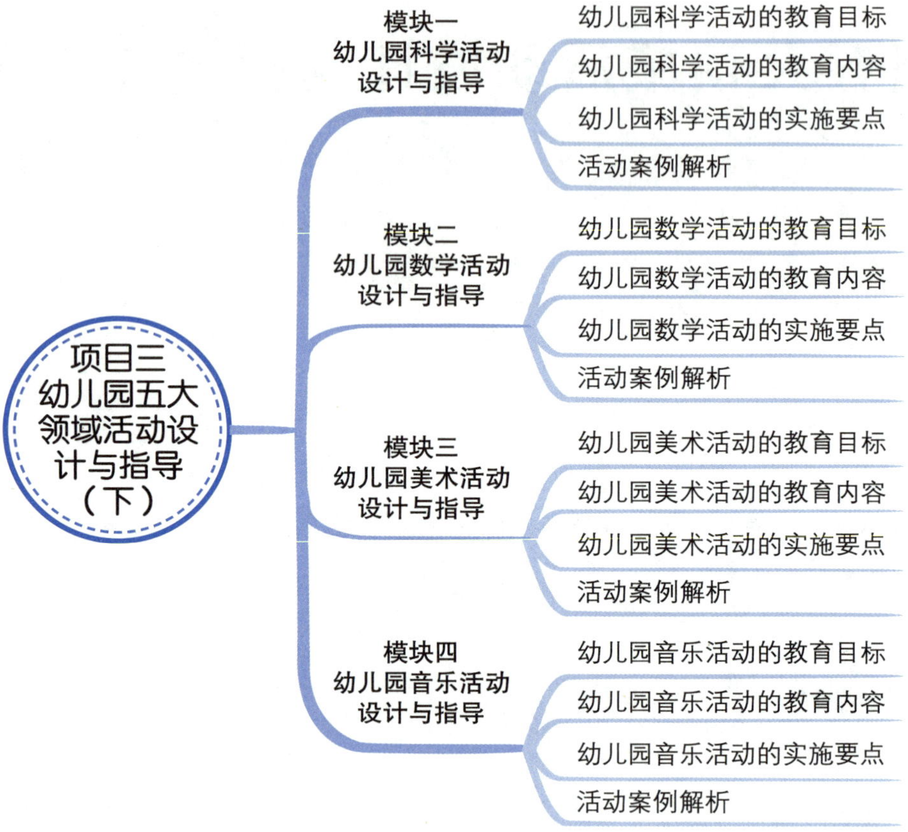

项目问题导入

王老师在组织幼儿进行户外活动时，幼儿对幼儿园中的玉米棒产生了兴趣，于是王老师就想设计一节有关玉米棒的活动。王老师初步选择了美术领域的活动，但在活动设计的过程中却出现了问题……

觉察到幼儿的兴趣，王老师该如何设计美术活动呢？关于玉米棒的活动是否可以设计为科学活动或其他活动呢？我们又该如何进行相应活动设计？本项目主要讨论幼儿园科学教育、数学教育、美术教育和音乐教育的相关理论知识，明确幼儿园科学教育、数学教育、美术教育和音乐教育活动设计的指导要领。

模块一　幼儿园科学活动设计与指导

模块情境

区域活动时，天天带着小羽和菡菡从光影区材料柜中找出了四色彩色滤镜板，将彩色的滤板对着有太阳光倒立在桌面上，太阳光照射下的滤板影子印在桌子上，有了颜色的变化。小羽和菡菡各自尝试了起来。小羽把蓝色和黄色的板子叠到一起，指着桌子说：“看，我有了一个新的颜色，就是绿色。”菡菡接过小羽的黄色板子，和自己的红色板子叠在一起后，变成了橙色的影子。天天从建构区拿来几个彩色积木框，将其向上垒高，垒起来的造型透过光映照在画纸上形成彩色影子，大家用彩笔在对应颜色影子的位置上涂色。大约画了十分钟后，小伙伴之间发生了争吵，天天说：“菡菡，你的位置画错了，你的颜色在这儿，这里是我的颜色。”菡菡说：“没有，我就是照着影子的位置画的。”小羽说：“我的也变了，刚刚画的两个也不在原来的位置了。”

阅读案例并思考：此活动对幼儿科学学习与发展的价值体现在哪里？

模块学习目标

1. 明确幼儿园科学教育的目标，了解幼儿园科学教育内容。

2. 能够根据幼儿园科学教育的内容要点，遵循幼儿园科学教育活动设计原则，设计幼儿园科学教育活动。

3. 了解幼儿园科学教育活动的设计策略，并将其灵活运用到教学实践中。

理论基础

一、幼儿园科学活动的教育目标

《纲要》中科学领域的总目标包含四个方面，具体内容如下：

1. 对周围的事物、现象感兴趣，有好奇心和求知欲；

2. 能运用各种感官，动手动脑，探究问题；

3. 能用适当的方式表达、交流探索的过程和结果；

4. 爱护动植物，关心周围环境，亲近大自然，珍惜自然资源，有初步的环保意识。

《纲要》的第一条和第四条目标是关于科学情感和态度方面的目标，科学态度目标是幼儿科学教育的首要目标。第二条是关于科学探究方法的目标，第三条是关于科学探究过程及能力的目标。科学探究方法及能力目标是幼儿科学教育的关键目标。从《纲要》的目标表述来看，四条均偏向科学情感态度、能力方面的发展，对于知识的学习和掌握并没有作过多要求。幼儿园科学活动的教育目标更注重幼儿的情感、态度和探究能力等的发展，关注幼儿在与周围环境的互动和探究中学习，体现了科学教育的过程取向。

《指南》明确指出："幼儿的科学学习是探索具体事物和解决实际问题中，尝试发现事物间的异同和联系的过程。"具体内容如下：

科学探究——亲近自然，喜欢探究；具有初步的探究能力；在探究中认识周围事物和现象。

二、幼儿园科学活动的教育内容

幼儿园科学活动的教育内容是核心科学概念，主要涉及生命科学、物质科学、地球科学三个方面的科学概念。核心科学概念串起了科学学习的主线，将不同方面的知识有机地联系起来。

（一）生命科学的核心概念与关键经验

1. 生物的身体特征

小班幼儿应能辨别各种动物和植物的基本、外显特征；知道生物是由不同的部分组成的；认识人体的外部特征及各部位的作用。

中班幼儿应能辨别和比较动物与植物的特征（除了颜色、大小和形状之外的特征）；知道生物的不同组成部分对生物有不同的作用；开始理解植物也是生物，而一些会动的东西不是生物。

大班幼儿应能理解生物的结构和功能之间的关系（如植物的根的作用）；开始理解人体内部（如跑动时心脏跳动得更快）；比较两种或者更多种生物的相似点与不同点；能区分生物和非生物。

2. 生物的基本需求

小班幼儿应知道生物有各种需要。

中班幼儿应开始理解所有动物都需要食物、水和居所；知道植物需要水、光线和土壤；了解动物和植物的需求需要得到满足，否则就会死去。

大班幼儿应知道有些需求是所有动植物的基本需求；理解各种植物和动物满足其基本需要的不同方法；初步了解人对环境的需要（如食物、空气和水）。

3. 生物的简单行为

小班幼儿应知道生物有各种各样的行为（如觅食行为等）。

中班幼儿应知道生物的行为具有差异；知道生物凭借自己的行为满足基本需求；了解植物不能像动物那样到处移动，但是能对周围环境做出反应（如植物生长的向光性）。

大班幼儿应知道动物的运动与其所处的环境和自身的特征相关（如蚯蚓能够在泥土中钻来钻去）；初步了解生命体个体的行为会受到内部提示（如饥饿）和外部提示（如环境的变化）的影响。

4. 生物的生命周期

小班幼儿应知道动物和植物都会不断变化；能将生物的特征与年龄建立联系。

中班幼儿应能感知并描述部分生命周期；发现动物和植物都会经历出生、生长和发育、繁殖、死亡的过程；体会自己曾经是婴儿，将会长大。

大班幼儿应能感知不同生命体的生命周期长短和细节是不同的；根据观察，感知和描述植物与动物的生命周期；通过观察和比较，发现动植物和它们的亲代是非常相像的；初步了解自己家庭成员涉及的人的生命周期的现象。

5. 生物的多样性

小班幼儿应能感知周围的动植物是多种多样的；开始理解在相似的环境中可以找到相似的生物（如在池塘里找到青蛙、鱼或者水草）；对生物进行基本的比较。

中班幼儿应能感知和体会自然界中的生物是多种多样、千差万别的；观察生物之间的相同点、不同点；尝试对不同物种或同一物种进行概括。

大班幼儿应能根据生物的相似点和差异将其分类；感受不同植物和动物的多样性和变化；观察和了解同一种生物也有细微的差别。

6. 生物与环境的相互作用

小班幼儿应能发现动物与植物需要水、空气和光才得以生存；感受动植物与人们的生活是相关的。

中班幼儿应能体会生物要依赖其他生物和非生物来满足自身的需求；开始思考生物、生物的需要及其生活环境之间的关系。

大班幼儿应能感知和体会环境的性质对生物行为模式的影响；初步感知动物的生存离不开植物；运用个人对生命需要的理解，为动植物设计生存环境；初步感知和理解动植物的外形特征、习性与生存环境是相互适应的；感知和体验人类的生存依赖自然环境和人文环境。

（二）物质科学的核心概念与关键经验

1. 物体与材料的特性

小班幼儿应能感知物体和材料具有软硬、光滑和粗糙等特性；在操作中发现液体会流动；感知液体的颜色、味道不同；尝试将不同的液体进行混合。

中班幼儿应能根据物体的特性区分物体；发现物体的性质会影响其运动；发现材料的性质会发生改变；了解物体的特性是可以测量的；认识到液体总是向下流淌；感知和体验材料具有溶解、传热等性质或用途。

大班幼儿应能感知物体的结构与功能之间的关系；发现材料的特性可以通过某种途径进行改变（如加热、冷冻）；发现不同材料的特性通过不同的方式可以进行改变；发现材料有不同的存在状态（固态、液态和气态）；使用简单的工具对物体的性质进行测量和比较。

2. 物体的位置与运动

小班幼儿应能感知没有生命的物体自己不会动，需要被推、拉、扔或其他作用于它的动作才会动；初步感知和体会推或拉可以改变物体的位置和运动状况；感知不同的物体放在水里，会产生不同的结果。

中班幼儿应能发现物体的形态或位置会发生变化；尝试采用不同的方式让物体运动；感知和体会物体的运动可以被阻止；发现物体在不同光滑程度的平面上运动的快慢会不同。

大班幼儿应能感知物体有多种运动方式；发现物体的运动方式是可以被改变的；发现影响物体运动的因素有多种；感知物体的运动状态会随着外界条件的改变而发生变化；探索各种机械，发现机械的作用；进一步探索各种力（如浮力等）。

3. 声光电磁热等物理现象

小班幼儿应能感知自然界各种不同的声音；体验不同的声音代表不同的意义；感知不同的物体会发出不同的声音；感知光有明暗；发现光有不同的来源；发现光能够产生影子；感知磁铁能够吸铁；感知有的物体热，有的物体冷。

中班幼儿应能感知声音的不同特性，可以是响亮的或轻柔的（音量），可以是尖锐的或低沉的（音调）；尝试改变声音的特征（如让鼓更响）；探索各种能让物体发出声音的方法；感知声音可以通过物体传播；探索光和影子的关系；尝试改变影子的特征（如让影子更长）；感知静电现象；体验热的物体会变冷，冷的物体会变热；感知磁铁之间具有相互作用；感知热可以通过多种方式产生（如燃烧、摩擦）。

大班幼儿应能发现声音的特征（如音量、音调）与声音的来源有关；感知噪声的产生及危害；感知光的亮度取决于光源和光源的距离；发现影子的大小和形状与物体和光源的位置有关；体验光对生活的重要性；感知简单的电路；感知电器在日常生活中的用途；尝试使用常见的电子产品；感知磁铁可以互相吸引或相互排斥，也可以吸引或排斥某些材料；体验磁铁在生活中有广泛的应用；知道热可以在物体之间传递。

（三）地球科学的核心概念与关键经验

1. 地球物质的特性

小班幼儿应知道地球上有很多物质，包括岩石、土壤、水分、大气等；认识到我们周围有空气，空气是看不见、摸不着的；了解沙、石、土、水的基本特征。

中班幼儿应能描述沙、石、土、水、空气的类型和特点；知道地球物质具有不同的用途。

大班幼儿应理解沙、石、土、水具有不同的种类，不同种类的特性存在差异；初步理解地球物质对于人和动物、植物生存的重要性。

2. 天气和气候

小班幼儿应能感知各种天气现象；感知和体会天气是会变化的；体验常见的天气、气温的变化；学习使用常用的表示天气的词汇。

中班幼儿应能感知各种天气现象及其特点；了解四季的名称；感知季节是不断变化的；发现不同季节有各自的特点；感知各个季节的典型特征；体验和发现周围环境在每个季节的变化；感知和体验不同季节有特色的天气状况；发现季节对动植物和人的影响。

大班幼儿应能感知天气的变化；感知天气模式随着季节变化发生的变化；体验四季的变化顺序；体验季节变化的周期性；知道天气可以通过相关测定的量来表示；

初步体会和了解不同季节与动植物的关系；初步感知和理解季节变化与人类生活的关系。

3. 太阳与月亮的活动

小班幼儿应认识到太阳和月亮存在于天空中；知道太阳和月亮的位置是不断变化的；知道和使用与天空特征有关的词汇。

中班幼儿应知道太阳和月亮每天都在运动；了解月相是不断变化的。

大班幼儿应通过观察知道太阳和月亮的基本运动模式；知道太阳提供了保持地球温度所需的光和热。

4. 地球与人类的活动

小班幼儿应知道人类生活在地球上；感知和体验天气对自己生活和活动的影响。

中班幼儿应知道地球的物质提供了人类使用的多种资源；知道人类的生活离不开空气；体验季节对自己生活和活动的影响。

大班幼儿应初步了解地球的表面在不断地变化；知道地球的变化会影响人类的生活；了解空气污染对人类有危害；知道要节约用水、保护水源；初步了解自然灾害对人类生活的影响。

三、幼儿园科学活动的实施要点

（一）保护幼儿好奇心，捕捉幼儿科学学习和探究的欲望

生活中各种事物和现象都会引起幼儿不同程度的好奇，当幼儿对某一内容产生疑问或思考时，教师首先要仔细观察幼儿对此内容的兴趣情况，善于捕捉幼儿对生活中的事物表现出好奇和探索兴趣的时刻，并及时给予适当的支持，鼓励幼儿主动提出问题，进而引导幼儿开展持续性的探究活动。在设计科学活动时，教师要关注幼儿产生好奇的事物，判断其是否具有教育价值，如是否蕴含科学知识、是否与幼儿年龄特点相适宜、是否与幼儿生活实际相联系。由于幼儿处于形象思维发展的关键阶段，教师要考虑幼儿思维发展的特点，发现幼儿感兴趣的事物，保护幼儿的好奇心。与此同时，教师要善于采用不同方式激发幼儿的探索兴趣，使幼儿从对事物感到好奇转向探究和发现事物。

（二）提供适宜的空间和材料，培养幼儿主动探索的意愿

当观察到幼儿对生活中的事物或现象感到好奇时，教师可以提出启发性的问题引导幼儿进一步思考，后续还可以提供适宜幼儿探索的材料和空间，鼓励幼儿自主探索，引导幼儿深入探究。例如，幼儿在盥洗室洗手时对洗手液产生的泡泡感兴趣。教师捕捉到幼儿对这一现象的关注后，不要直接打断幼儿的探索兴趣。教师可以据此生成集体教学活动，或在区域活动中提供与制作泡泡等相关的探索材料和空间，供幼儿进行科学探究和学习。

（三）灵活选择导入方式，促使幼儿产生持续探究的兴趣

教师在科学领域的集体探究活动中一般采用的有效引导方式包括利用幼儿已有经验提出问题导入、演示现象导入、简短指令导入、活动材料操作导入、故事等趣味化情境导入。教师要创设生动的情境以及提供具体丰富的材料，以激发幼儿兴趣。教师可以根

据集体探究活动中本班幼儿的实际情况，选择一种或多种导入方式。教师在选择导入方式时要做到开放灵活，从而激发幼儿的探索兴趣。

（四）给予幼儿充分的时间，调动幼儿多感官观察和发现

幼儿对生活中某一事物或现象感兴趣时，教师可以引导幼儿充分发挥感官的作用，利用视觉、听觉、嗅觉、触觉、味觉多种感觉去发现生活中的事物和现象。与此同时，教师还应为幼儿提供充分感知与发现的时间，鼓励幼儿大胆分享、交流自己的发现。例如在活动“观察柚子”中，教师可以先让幼儿充分观察柚子的外形特征，通过看一看、摸一摸、闻一闻、尝一尝等方式，深入了解柚子的特性。

（五）引导幼儿大胆猜测和表达，鼓励幼儿主动探究

教师要在幼儿科学探究的过程中引导幼儿大胆猜测，并积极主动地表达自己的想法，培养幼儿主动探究、大胆猜测和敢于表达的能力。为此，教师应当通过提问激发幼儿的猜测兴趣，从真实情境中的问题出发进行提问，并引导幼儿以一定的自然事实或客观经验结果为探究依据进行猜想。教师应根据幼儿猜测的情况，引导幼儿进行扩展性思考和深入猜想，形成问题链和问题网络。教师需要注意的是，幼儿的猜测不一定是科学的猜测。然而，不论幼儿的猜测是否科学，猜测的过程都是十分重要的。猜测的过程就是幼儿动脑思考的过程，也是幼儿梳理自己想法的过程。例如，在探索活动“陀螺转转转”中，幼儿通过观察提出问题：“为什么不同的陀螺旋转的速度不一样？”教师继续引导幼儿观察不同陀螺的细节区别，引导幼儿思考“为什么不同大小的陀螺转速不同”，并引导幼儿猜测现象背后的原因。幼儿通过进一步思考，提出自己的猜测，即“可能是陀螺的身体越小旋转起来越容易，陀螺的身体越大旋转起来越困难”。

（六）创设操作体验的环境，让幼儿体验探究过程

幼儿在亲身体验和实际操作中学习。幼儿的身心发展特点决定了他们在动手操作的过程中了解和感知世界，观察和比较各种事物，思考和解决各种问题。因此，教师要为幼儿提供动手操作的机会，给予他们动手操作的时间和空间。教师要尊重幼儿的操作和实验兴趣，为幼儿提供丰富的操作和实验材料，以便幼儿进行探究。在操作和实验的过程中，教师应鼓励幼儿发挥主动性和创造性，引导幼儿在不断尝试、梳理经验、解决问题的过程中，提升科学探究能力。

（七）引导幼儿进行多形式的记录，鼓励交流与分享

幼儿在探究过程中所获得的经验是零散的、浅显的，这是由幼儿的思维方式和思维特点决定的。幼儿处于行动思维发展阶段，他们在行动中思考，在情境中学习，因此，活动过程中的记录就显得尤为重要。幼儿通过记录梳理经验，回顾探究过程和内容，并通过反思和思考来建构自己的经验和认知结构。教师应该引导幼儿用自己的方式，如图画、符号、表格、简单文字、照片等多种直观形象的方式来记录探索过程。记录的形式多种多样，如个人或小组记录等。需要注意的是，并不是所有的科学活动都需要记录。教师也应当在活动结束后鼓励幼儿与同伴交流、分享，引导幼儿不断总结自己的经验，并且在与同伴交流的过程中，丰富自己的经验。

四、活动案例解析

大班课程故事：闪亮亮的东西[①]

一、主题来源

故事起源于午睡后教师奖励给幼儿的“闪亮亮”的贴纸。贴纸吸引了幼儿的注意力，从而引发了一场关于“闪亮亮”的讨论。幼儿对闪亮亮的东西如此感兴趣，以至在幼儿投票选择活动主题时，“闪亮亮”获得最高票数。最终，班级确定以“闪亮亮”为主题开展探究活动。

二、主题脉络

经过师幼讨论之后，幼儿的注意力聚焦于“闪亮亮”的物体，因此，将“闪亮亮的东西”作为大班幼儿的探究方向，具有一定的适切性。幼儿的讨论也延伸到光和光线方面，如物体为什么会发光、光线与影子的关系、反光现象、电等（图3–1）。

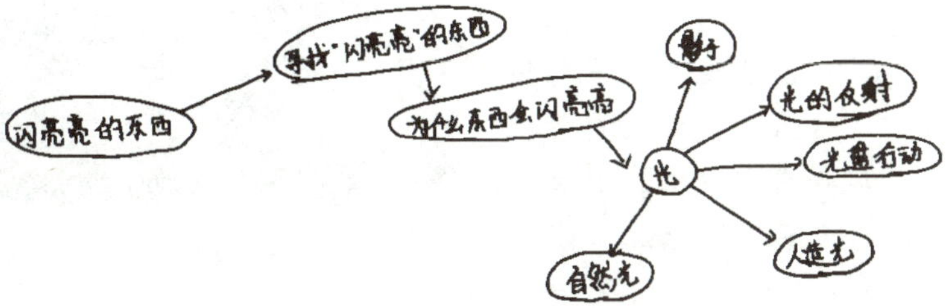

图3–1　“闪亮亮的东西”主题脉络

活动一：寻找闪亮亮的东西

幼儿发现贴纸是闪亮亮的后，便开始快速搜寻班级里闪亮亮的物品（图3–2）。教师请幼儿将自己找到的物品进行简单记录。有幼儿说：“闪亮亮的亮片会变色，还会反光。”说着，他指向一名幼儿的衣服，这件衣服的亮片在太阳光的照射下会形成光斑投射到天花板上。教师问道：“是所有的东西都会反光吗？”一名幼儿道：“如果在黑黑的屋子里就不会闪亮亮的了，因为没有光。”听到幼儿对光的讨论，教师问大家：“那你们都知道有哪些光吗？”

图3–2　幼儿在教室寻找闪亮亮的物品

幼儿提到很多光的来源，教师为大家总结并介绍道：“光可以分为自然光和人造光。自然光是自然界存在的可见光，如阳光，通常由高温产生，范围比较广。人造光是由人工设计制造的仪器、设备产生的光，如灯光。现在，我们知道了为什么有些东西是闪亮

---

① 此案例由北京市延庆区第三幼儿园李萍、张晨、姚鑫宇提供。

亮的了，因为有光。”

［解析］

《指南》中建议教师要“和幼儿一起发现并分享周围新奇、有趣的事物或现象，一起寻找问题的答案”。本次活动中，教师通过引导幼儿感知、观察和寻找周围的物体和材料，不断引导幼儿探索周围世界。幼儿在寻找闪亮亮的东西的过程中，能够发现光和闪亮亮物体的关系，从而积累了对光的认知。教师在幼儿探究过程中，通过不断地提问和追问促进幼儿大胆思考，为后续的科学探究积累了丰富的感性经验。

活动二：电从哪里来

幼儿发现手电筒会发亮，并对手电筒发亮的原因非常感兴趣。幼儿发现有的手电筒是充电式的，有的手电筒是带电池的。教师问：“那给手电筒充电的电又是从哪里来的呢？”这个问题引起了大家的讨论兴趣（图3-3）。

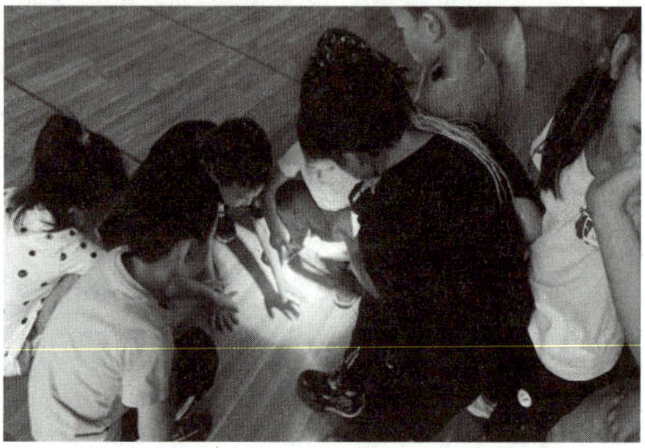

图3-3　幼儿探究电的来源

依依说：“电是从插座来的，手电筒插上就可以有电。”铭铭说：“电池自己就有电。”果果说：“风也可以发电，有大风车可以发电。”佳乐迫不及待地说：“水可以发电，水高速旋转，就可以产生电。”嘉奕举手说：“老师，我知道太阳就可以发电，山上有很多的太阳能板，咱们班也有太阳能发电带动跑起来的小汽车。我们把它放到阳光下，太阳能板就可以充电，小车就可以跑了。”因此，我们决定把太阳能小车放到图书区的阳台上，等待小车充好电。

后面大家纷纷举手，急切地想要表达自己的想法。为了满足幼儿想要表达的欲望，教师请幼儿与周围的小伙伴一起分享自己知道的小知识，然后再集体分享。看到幼儿对这个话题了解得非常多，教师说：“既然大家知道这么多种发电的方式，那我请小朋友们把你们知道的发电方式记录下来，然后在活动区分享给大家。”

［解析］

《纲要》中指出“幼儿的科学教育是科学启蒙教育，重在激发幼儿的认识兴趣和探究欲望”，且“科学教育应密切联系幼儿的生活进行”。生活中电无处不在，电和幼儿的生活相关，幼儿也对其有强烈的探究兴趣。活动中，教师通过谈话和实践操作的方式，引导幼儿探究“电从哪里来”，在保证安全的前提下为幼儿提供充分探索的机会。教师通过追问的方式引导幼儿回忆原有经验，思考电产生的原因。同时，面对幼儿浓厚的探究和表达兴趣，教师为幼儿提供了充分表达自身想法的空间和时间，鼓励幼儿互相分享、交流。

活动三：水果电池

幼儿观察手电筒时对电池产生兴趣。后续活动中，幼儿一直在进行关于电池的各种探究，畅聊自己看到的各种不一样的电池。看到大家对电池如此好奇，教师查阅相关材料，发现了一种水果电池。于是教师提议和幼儿一起制作水果电池（图3-4）。教师带领幼儿找来了很多的梨和实验材料。幼儿对梨可以当电池表示疑惑。教师请幼儿分组观察桌面上的实验材料，引导幼儿思考材料的作用，并总结道："灯泡线的长短不同代表了正极和负极，就像电池有正负极一样。灯泡长针是正极，需要跟红色线夹子相连接；灯泡短针是负极，需要跟黑色线夹子相连接。"

图3-4　幼儿在分组进行水果电池实验

幼儿制作水果电池，只连接了线路，却不知道水果应该怎么放。幼儿开始尝试用铜片切水果，铜片可以把水果划出汁水，但是怎么把水果连接到电路上又成了一个问题。

辰辰组经过不断尝试，发现铜片和锌片插在水果里面，就可以把水果和线路连接起来了。有了这一组的经验分享，其他组的幼儿也纷纷开始模仿。可是，大家的灯泡怎么都不发光？看到幼儿沮丧的样子，教师提示幼儿："为什么我们要区分出铜片和锌片两种不同的颜色呢？"幼儿开始认真思考，辰辰举手说："老师，每根线上需要连接两个小片，是不是两边应该连接不一样颜色的呀？"幼儿迫不及待地更改自己组的线路连接方式。大家不断地尝试，终于嘉怡组传来了好消息，他们组兴奋地大喊道："我们成功了，灯泡亮了。"大家纷纷投来羡慕的眼神，转头又投入自己的实验中。

［解析］

《纲要》中指出，幼儿的科学教育"重在激发幼儿的认识兴趣和探究欲望。要尽量创造条件让幼儿实际参加探究活动，使他们感受科学探究的过程和方法，体验发现的乐趣"。教师善于捕捉幼儿的兴趣点，并适时提供必要支持，鼓励幼儿进一步探究电池。在进行"水果电池"实验时，教师为幼儿提供了丰富的材料，以便幼儿进行探究。在实验过程中，教师没有急于教授幼儿电路连接的方法，而是通过一个个开放式问题引导幼儿自己动脑积极思考，动手操作尝试，充分发挥幼儿的主动性和创造性。幼儿在一次次的试错中积累经验、总结反思、改进方法。幼儿在尝试连接电路的过程中不断尝试解决问题，显示出敢于探究和尝试、不怕困难的学习品质。因需而学，学有所用，教师将幼儿学习的主动权还给幼儿，充分彰显了幼儿的教育活动主体地位。

思考与实践

姓名：________ 班级：________ 学号：________

1. 简述幼儿园科学活动的教育内容。

2. 结合所学知识，谈谈案例中科学教育的价值体现在哪些方面，教师可以采取何种策略进行指导。

案例："电"的威力

活动时间结束，幼儿在户外玩滑梯时，佳一跑过来跟我说："老师，刚才我摸滑梯的时候被电了一下。"这个时候，佳祺从滑梯上滑下来，萱萱指着佳祺的头发说："老师，你看佳祺的头发竖起来了。"在玩滑梯的过程中，幼儿不断跟我诉说着"电"的威力，整个户外时间充满了幼儿"传电"的欢声笑语。

实践评价表

序号	评价项目	评价内容	学生自评	教师评价
1	认知评价（40分）	明确幼儿园科学教育的目标，了解幼儿园科学教育的内容（10分）		
		掌握幼儿园科学活动设计原则（10分）		
		掌握幼儿园科学活动设计策略（20分）		
2	技能评价（30分）	能够根据幼儿园科学教育的内容要点，遵循幼儿园科学活动设计原则，选择适宜的内容组织和实施科学活动（20分）		
		能够选择适宜的指导策略并灵活地运用到科学活动实践中（10分）		
3	素养评价（30分）	形成正确的科学活动设计与指导理念（30分）		
总计		100分		

附：案例讨论提示

1. 幼儿在主动探究的过程中发现了“电”的威力，“电”引起幼儿的兴趣，并促使幼儿独立思考。

2. 教师可通过开放式提问鼓励幼儿进一步思考和探究；教师要给予幼儿充分的观察时间，调动幼儿多感官观察和发现；等等。

模块总结

模块二　幼儿园数学活动设计与指导

模块情境

开学初，大班幼儿在户外游戏时，瑶瑶惊奇地发现，操场上的苹果树有了不同的变化。瑶瑶兴奋地拉着教师的手，说："老师，快看，苹果树上结苹果啦！"身旁的几名幼儿也好奇地跟了过来，大家对树上的苹果很感兴趣。幼儿在发现和观察苹果树的基础上讨论了苹果的颜色和种类，随后有的幼儿提出问题："苹果树上结了这么多苹果，到底有多少个呢？怎么能数清楚呢？"教师见状，因势利导，经过一番讨论和投票，与幼儿共同开展了"幼儿园里的苹果树"主题探究活动。

你赞成案例中教师的做法吗？如果你是这个班级的老师，你会怎样引导幼儿数清楚树上的苹果？

模块学习目标

1. 明确幼儿园数学教育的目标。
2. 知道各年龄段幼儿数学教育的内容。
3. 能够说出幼儿园数学活动的实施要点，愿意根据所学知识积极调整数学活动设计和实施方案。

理论基础

一、幼儿园数学活动的教育目标

《纲要》指出："幼儿园的教育内容是全面的、启蒙性的，可以相对划分为健康、语言、社会、科学、艺术等五个领域，也可作其他不同的划分。"幼儿园数学教育包含在幼儿园科学领域的教育之中，是科学领域教育的重要组成部分。相较其他领域知识经验的学习，由于数理逻辑知识具有一定的抽象性和逻辑性，幼儿往往不易掌握。幼儿园数学活动的教育目标可以概括为以下四个方面：

1. 对生活中的数学知识、数学现象感兴趣，有好奇心和求知欲；
2. 能够运用各种感官，积极动手操作，探究事物的数量关系；
3. 能够运用自己的方式表达数学探索中的发现，积极交流探索的过程和结果；
4. 能够运用已有的数的相关经验解决日常生活中的问题。

二、幼儿园数学活动的教育内容

（一）数概念以及简单的数运算

小班幼儿应学习手口一致地从左到右点数5以内的实物，能说出总数，能按实物范例和指定的数目取出相应数量的物体，学习常用的量词。

中班幼儿应认识10以内的数字，了解其含义，会用其表示物体数量。

大班幼儿应学习10以内的单双数和相邻数，学习顺着数和倒着数；学习10以内数的分解和组成，体验总数与部分数之间的包含关系，部分数与部分数之间的互补与互换关系；学习10以内数的加减，认识加号、减号，初步理解加减法的含义，学习用加减法解答生活中的一些简单问题。

（二）量、量的比较与自然测量

小班幼儿应认识“1”和“许多”及其关系；学习用一一对应的方法比较两组物体的数量，感知多、少和一样多。

中班幼儿应学习目测数群，学习不受物体空间排列形式和物体大小等外部因素干扰，正确判断10以内的数量；学习10以内的序数；感知和体验10以内自然数列中相邻两数的等差关系。

大班幼儿应学习按物体量的差异和数量的不同进行10以内正、逆序排序；学习等分实物或图形，学习自然测量；认识10元以内的人民币，能说出它们的单位名称，知道它们的面值不同。

（三）认识简单的几何图形

小班幼儿应认识圆形、正方形、三角形；在教师的引导下能注意周围环境中物体的形状和数量。

中班幼儿应认识长方形、梯形、椭圆形；学习用各种几何体（积木或积塑）进行拼搭和建造活动。

大班幼儿应认识常见的几何体图形（正方体、长方体、球体、圆柱体），能根据图形特征进行分类。

（四）分类、排序和对应

小班幼儿应学习按物体的一个特征（颜色、大小、形状等）进行分类；学习按物体量（大小、长短）的差异进行4以内物体的排序，学习按物体的某一特征进行排序。

中班幼儿应学习概括物体（或图形）的两个特征；学习按物体的某一特征和数量进行分类；学习按物体量（粗细、高矮等）的差异进行7以内的正、逆序排序；学习按一定的规律排序。

大班幼儿应学习按物体两个及以上特征进行分类，按某一特征的肯定与否定进行分类，学习层级分类和多角度分类。

（五）认识时间和空间方位

小班幼儿应初步理解早上、晚上，白天、黑夜的含义，学习正确运用这些时间词汇；学习区分和说出以自身为中心的上下方位；学习判断两个物体之间明显的上下位置关系，说出什么在什么上面，什么在什么下面。

中班幼儿应初步理解昨天、今天、明天的含义，知道它们之间的关系，学习正确运用这些时间词汇；学习区分和说出以自身为中心的前后方位；学习区分和说出物体之间的上下、前后位置关系；学习按指定方向运动；能注意和发现周围环境中物体量的差异、物体形状和它们在空间中的位置；等等。

大班幼儿应学习以自身和客体为中心区分左右，会向左、向右运动；在日常生活中能注意自己（或物体）在空间中的位置和运动方向；认识时钟，学会看整点、半点，学习看日历，知道一星期中每天的名称和顺序；学习一些表示时间的词汇，在日常生活中感受和注意时间的长短和更替，知道珍惜时间。

三、幼儿园数学活动的实施要点

（一）注重活动的操作性

活动的操作性要求教师在活动过程中为幼儿提供适宜的材料、玩教具和环境，鼓励幼儿通过探索、摆弄等方式建构数学经验。操作可以是集体操作结合个人操作，也可以是教师示范性操作结合幼儿验证性操作等形式。无论何种形式，都应是幼儿自愿自发地操作。

1. 教师要说明活动规则和要求，明确操作目的

幼儿在操作前需要了解本次操作的目的、规则和要求，尽可能避免在操作过程中出现游离、盲从、不知所措的现象。教师也要清楚，操作的目的在于启发幼儿动脑思考，培养幼儿对数学的兴趣，发展幼儿的思维能力，因此，教师不能只重视操作的结果，更要重视操作的过程。

2. 教师要充分考虑并创设适宜的操作条件

教师要准备充足的操作时间和操作空间，提供层次丰富、数量充足的操作材料，满足不同年龄段幼儿独自操作或小组合作操作的需要，为幼儿提供交流讨论的机会。

3. 教师要引导幼儿在操作过程中和结束后及时进行归纳总结

教师要注意观察幼儿在操作过程中的言行表现，关注幼儿遇到的困难或取得的进步，并提供及时的支持、指导和反馈。教师要及时引导幼儿对发现的现象进行归纳和总结，整理感性经验，使之与已有的数理逻辑经验建立联系。

4. 操作要体现年龄差异和个体差异

教师要把握本班幼儿的年龄特点和能力水平，据此设定操作目标，提供丰富且适宜的操作材料。面对同一材料，不同的操作方式会呈现出不同的认知难度，因此，教师应该鼓励幼儿尝试使用适合自己能力水平的操作方式。教师为幼儿提供发展的“支架”，最终促进每个幼儿在自己原有水平上得到发展。

（二）突出活动的生活性

活动的生活性要求教师将数学活动与幼儿的生活紧密地联系在一起，积极寻找生活中的数学元素，在日常生活中进行数学探索，解决生活中的数学问题。

1. 教师要善于发现生活中的数学元素

生活中蕴藏着许多数学元素，教师要善于发现适合幼儿年龄特点的数学内容，找寻生活中有趣的数学现象，启发幼儿思考。

2. 教师要根据幼儿已有的生活经验组织数学活动

教师应了解本班幼儿已有的生活经验水平，结合幼儿的兴趣点，开展联系生活实际的数学活动，让幼儿通过参与活动学习解决日常生活中遇到的数学问题。

（三）体现活动的游戏性

活动的游戏性要求教师根据幼儿活泼好动、喜欢游戏的特点，将抽象的数学知识融入游戏之中，帮助幼儿通过数学游戏建构数学认知。

1. 教师应注意幼儿游戏的年龄特点

幼儿在不同年龄阶段呈现出不同的游戏特点。小班幼儿多采用独自游戏和平行游戏的方式，中班幼儿进行联合游戏，大班幼儿开展合作性游戏。教师应为小班幼儿创设情境式的数学游戏，对于中大班的幼儿，教师则要设计一些规则类数学游戏。

2. 教师应设计简单的数学游戏情境

对于幼儿来说，单纯的数理逻辑知识比较枯燥，幼儿学习时容易感到疲倦和厌烦。教师可以通过创设游戏情境来吸引幼儿的兴趣，使幼儿体会数学探索的乐趣。教师需注意，游戏情境要简单，不宜过于复杂，以免分散幼儿的注意力。

3. 教师可以采用多种形式进行数学游戏

除以上所述的操作性数学游戏和情境性数学游戏外，教师还可以采用其他数学游戏形式。例如，根据幼儿活泼好动的特点设计运动类数学游戏，如投球计数或跳绳计数等；根据幼儿思维直观性的特点设计感官类数学游戏，如“神秘口袋”摸图形等；根据中大班幼儿喜欢比赛的特点设计竞赛类游戏，如比比谁最快辨认出“单数宝宝”和“双数宝宝”等。

（四）注意活动中的交流讨论

活动中的交流讨论要求教师在幼儿操作完材料后，有意识地引导幼儿对操作中得到的数学经验进行归纳和总结，并与同伴分享交流，互相启发。

1. 交流讨论要以幼儿的操作为基础

幼儿通过观察、操作、比较，对数学材料有了一定的感性经验。教师要围绕幼儿操作过程中的感性经验发起随机讨论或有计划的讨论，实现幼儿间的分享交流和互相启发。

2. 教师要积极引导幼儿讨论，注意个体差异，支持讨论的延伸

教师应以鼓励者、倾听者的身份融入幼儿的讨论中，注意在讨论过程中引导幼儿对其观点进行辨别、修正和归纳。教师应当关注能力相对较弱的幼儿，以及性格内向、不善表达、自卑紧张的幼儿，为这些幼儿创设参与讨论的机会。教师要引导幼儿由简单讨论逐渐过渡到深度讨论，并将讨论内容延伸至各个领域。

（五）留意幼儿在活动中的探索发现

幼儿的探索发现一方面是指幼儿从周围环境中寻找数学知识，另一方面是指教师通过提供材料和范例，引导幼儿自主探索，发现事物的数、量、形等方面的数理知识。

1. 教师要为幼儿提供适合探索发现的环境

教师要为幼儿提供宽敞明亮的操作空间，提供充足的数学探索材料，提供自由而宽松的探索氛围，鼓励幼儿积极探索发现，引导幼儿主动尝试，在分享发现中收获自信。

2. 教师要相信幼儿具有独自探索发现的能力

教师要为幼儿的探索发现活动提供充足的时间，尽可能为幼儿排除无关因素的干扰，耐心等待幼儿的自主探索。教师不能急于求成，不能为了让幼儿尽快获得成功而主动向幼儿告知答案。教师要善于观察，在适当的时机为幼儿提供支持，逐步引导幼儿解决问题，相信幼儿具有自主探索发现的潜能。

3. 探索发现可以结合游戏的形式

探索发现本身就带有神秘性和趣味性，如果教师能够结合游戏情境，就更能吸引幼儿的兴趣，对于年龄较小的幼儿来说更是如此。教师可以创设小游戏，吸引幼儿参与活动，启发幼儿主动探索操作、尝试体验。

（六）注意数学语言的运用

数学语言是一种载体，包括文字语言、符号语言和图形语言。数学语言通常体现在数学思维活动之中。幼儿园数学活动中所使用的数学语言通常比较简单，以符号语言和图形语言为主。例如，在幼儿进行初步的加减运算时，教师可以引导幼儿使用“合起来”“总共”“去掉”等语言，这样不仅可以帮助幼儿更好地理解数学运算，而且可以向幼儿逐步渗透“加”“减”的概念以及“+”“-”符号的使用。

四、活动案例解析

大班课程故事：幼儿园里的苹果树①

主题来源及脉络

大班幼儿在户外活动时发现幼儿园操场上的苹果树结了好多苹果，幼儿都饶有兴趣地围过来讨论。教师见状，因势利导。经过一番讨论和投票，教师与幼儿共同开展了“幼儿园里的苹果树”主题探究活动。幼儿在发现和观察苹果树的过程中提出了苹果的颜色、种类、数量、营养价值等问题。教师和幼儿共同商讨后绘制了初步的主题脉络图（图3–5）。在进行了“我眼中的苹果树”活动后，与数学相关的探索活动开始了。

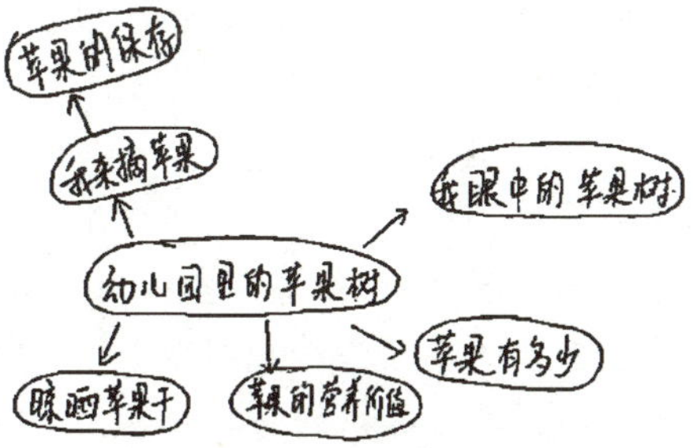

图3–5　“幼儿园里的苹果树”主题脉络

活动一：我为苹果树做标记

画苹果树的时候，童童手拿着笔很认真地对自己画的苹果进行点数，数完后，她开心地和旁边的诗雯说：“你快看，这棵树上有14个苹果。”诗雯对童童说：“我怎么数的是8个呀？”她们你一言我一语，吸引了旁边幼儿的关注，大家都开始研究这棵树上到底有多少个苹果（图3–6）。

教师对幼儿进行提问：“我们如何正确数出苹果的个数，不重复数也不少数呢？”经过讨论，大家决定尝试乐乐的想法——把苹果做上标记。大家就如何做标记也各抒己见。下午的学习与游戏时间，教师把照片投放到一体机屏幕上，并为幼儿分发了纸和

---

① 此案例由北京市延庆区第三幼儿园吴璇、周丽星、程濛濛提供。

笔。教师带领幼儿一起对每张照片上的苹果进行记录，将所有的数字相加。

活动二：苹果到底有多少

刚开始，对于“2+2=?”这样的算式，幼儿可以很轻松地算出准确答案。可是越往后相加的数就越来越多，有很大一部分幼儿算不出得数了。即使有个别幼儿可以利用相加进行数量运算，得出的结果也是错误的。

于是教师对幼儿进行提问式引导：“这么多数相加我们不会算，那我们可以用什么东西来代替这些数字呢？”

图3-6　幼儿在数苹果

均泽听到这个问题后，就指着墙上的墙饰说：“我们可以拿雪花插片代替数字。”瑶瑶说：“还可以用我们经常玩的积木代替数字。”于是，每组幼儿选了一种可数的玩具，用玩具来代替数字，数出照片上的苹果数量。数数过程中，桐桐提出：“可以用玩具筐把数过的玩具装起来，这样就不会数乱了。”大家很快得出，一共有16个苹果。

［解析］

案例中，幼儿在数苹果时遇到了困难，但是幼儿没有放弃。幼儿在教师的层层追问和引导下能够自主想办法数苹果。大班幼儿具有初步探究能力，能用一定的方法验证自己的猜测。案例中的教师提供了可供幼儿探索操作的材料，满足幼儿操作的需要，提供适宜探索的操作环境，为幼儿探索创造条件。在数苹果的过程中，幼儿通过借助实际情境和操作的方式，用雪花插片和幼儿理解的“加”的实际意义，最后得出苹果树上的苹果数量。虽然在过程中遇到很多突发问题，但是教师能以此为契机，引导幼儿充分思考，想出解决办法。幼儿利用“以物代数”的方法，解决了实际生活中遇到的困难。数学在幼儿的生活中处处可见，教师要善于利用自然资源支持幼儿学习数学、探究数学，激发幼儿学习数学的兴趣。

活动三：苹果少几个

国庆节回来，霖霖说：“老师，您看之前我们做记号的树枝上没有苹果了。”其他幼儿听到霖霖说的话，纷纷抬起小脑袋看向苹果树：“苹果去哪里了？我们快看一看树上还剩多少苹果吧。”每名幼儿都着急地数苹果，大家的答案都不一致。琳琳说：“我们还是像上次数苹果那样，让老师把剩下的苹果照下来，我们回班里再数吧。”

回到班里，教师为每名幼儿分发纸和笔，幼儿有了之前数苹果的经验，很快就把这次的苹果统计完了。安安说：“我是通过‘1+1=2’，然后‘2+4=6’‘6+2=8’算出来的。”小白说：“我是数点数出来的，还剩下8个苹果。”

借助实物或其他替代物，幼儿已经能够较好地掌握10以内数的加法运算了，但是还不能很好地理解“减”的实际意义。于是，教师提出问题：“和之前比，苹果到底少了多少呢？”

有的幼儿很快就说出来，少了8个。安安说：“因为8+8=16，所以我知道少了8个。”

但是还有很多幼儿不知道到底少了几个，他们不会像安安那样算数，那应该怎么办呢？

宸宸说："老师，我们可以拿出16个雪花插片，再从里面拿出今天数过的苹果，剩下的就是我们少了的苹果。"教师肯定了宸宸的好办法，并请他拿雪花插片进行操作（图3-7）。经过幼儿的共同验证，大家发现苹果树少了8个苹果。

图3-7　幼儿利用雪花插片进行验证

［解析］

案例中，教师没有用传统的讲解方式让幼儿认识"加"和"减"，而是引导幼儿通过生活和游戏中的实际情境与操作，理解"加"和"减"的意义。"苹果到底有多少"活动帮助幼儿形象地理解了"加"的意义，而"苹果少几个"活动帮助幼儿直观地理解了"减"的意义。幼儿通过操作替代物，加深了对数、量及数量关系的感知和理解，感受到了生活中许多问题都可以用数学的方法来解决，体会到了自己动手解决问题的乐趣。幼儿通过探索和发现，将抽象的数学知识和自身经验相结合，成功地解决了生活中遇到的实际问题。

思考与实践

姓名：________ 班级：________ 学号：________

1. 试举例说明幼儿园数学活动的实施要点。

2. 请结合所学知识帮助实习老师王老师分析下面材料所反映的现象，并且试着阐述幼儿计数能力发展的一般过程。

小班的数学区角进了新的材料，幼儿都很感兴趣，好几名幼儿被“母鸡妈妈数鸡蛋”的游戏吸引。实习老师王老师观察到萱萱可以很清楚地顺着数1～10，但是手却在胡乱地点。军军手能够按实物顺序一个一个点，嘴里却胡乱数。洋洋手口能有节奏地配合，却不能够一一对应地配合。王老师对这个现象产生疑问：为什么小班幼儿数不好数呢？

实践评价表

序号	评价项目	评 价 内 容	学生自评	教师评价
1	认知评价（40分）	掌握幼儿园数学教育的概念（10分）		
		掌握幼儿园数学活动的教育目标（10分）		
		掌握幼儿园数学活动的教育内容（10分）		
		掌握幼儿园数学活动的实施要点（10分）		
2	技能评价（30分）	能够根据幼儿的年龄特点设计相应的数学活动目标，组织相适应的数学活动（15分）		
		能够说出教师在实施幼儿园数学活动时的注意事项（15分）		
3	素养评价（30分）	树立科学的儿童观（15分）		
		树立正确的教育理念和崇高的职业理想（15分）		
总 计		100分		

附：案例讨论提示

1. 小班幼儿极易出现按物点数时手口不一致的现象。点数实物需要幼儿的手、眼、脑协同一致，而5岁前，幼儿的大脑皮质抑制机能发展较差，手眼协调性差，加之口头数数并不熟练，极易导致手口不一致的现象。

2. 幼儿计数能力的发展顺序是：口头数数—按物点数—说出总数—按数取物。

模块总结

模块三　幼儿园美术活动设计与指导

模块情境

户外活动结束后，陈老师准备带领中二班的幼儿开展自己精心准备的水果主题美术活动。活动开始了，幼儿却沉浸于与同伴分享今天户外活动时观察到的昆虫，并没有投入已然开始的美术活动中。小宝忙着给周围的小伙伴讲蝴蝶美丽的翅膀，橙橙和乐乐在争论看到的昆虫到底是蜻蜓还是豆娘，并很不服气地用画笔画出自己看到的特征……幼儿对陈老师精心准备的水果主题美术活动并不感兴趣。

陈老师精心准备的美术活动，为什么没能吸引班级幼儿的兴趣？在设计与指导幼儿园美术活动时，教师应该注意哪些问题？

模块学习目标

1. 了解幼儿园美术活动的目标与内容。
2. 掌握幼儿园美术活动设计与指导的要点。
3. 能够利用所学知识设计并指导幼儿园美术活动。

理论基础

《辞海》将“美术”解释为“社会意识形态之一。通常指绘画、雕塑、工艺美术、建筑艺术等”。美术强调由艺术家经过一定的审美想象和艺术构思，通过一定的物质媒介塑造具体形象的作品，在实现个人审美创作的同时，将个人情感态度赋予作品。幼儿园美术活动作为幼儿园艺术领域活动的重要组成部分，对幼儿发现美、表达美、创造美等能力的培养至关重要。

一、幼儿园美术活动的教育目标

幼儿园美术教育是指教育者在遵循幼儿园教育的总体要求下，根据3～6岁幼儿的年龄特征和身心发展规律，有目标、有计划地对其开展美术活动，一般包含美术欣赏活动与美术造型活动。美术活动作为艺术活动的重要形式之一，其教育目标在《纲要》中被划归于艺术活动目标中，分别为：

1. 能初步感受并喜爱环境、生活和艺术中的美；

2. 喜欢参加艺术活动，并能大胆地表现自己的情感和体验；

3. 能用自己喜欢的方式进行艺术表现活动。

如上所示，从感受到表现，幼儿艺术审美能力和艺术创造能力的培养，是幼儿美术教育的核心目标。

《指南》中指出，幼儿艺术领域学习的关键在于充分创造条件和机会。由于幼儿对事物的感受和理解方式与成人不同，他们表达认知和情感的方式也有所区别。因此，成人应该充分尊重和理解幼儿在艺术方面的表现。基于《指南》精神的指导，幼儿园美术活动的教育目标可以概括为以下三个方面：

1. 喜欢并能够欣赏自然界、日常生活中事物的形式美和内容美，能用自己的语言、动作等描述美的方面，对美具有敏感性；

2. 初步学习和尝试多种绘画工具和材料，用自己喜欢的方式大胆创作和表达；

3. 通过美术创造自由表达自己的感受，体验美术创造的乐趣。

综上所述，幼儿园美术活动的教育总目标是帮助幼儿建构审美心理结构，培养和促进其在审美感知、审美创造和审美情感三个方面的发展。

二、幼儿园美术活动的教育内容

（一）美术欣赏活动

小班幼儿应愿意参加美术欣赏活动；能欣赏色彩鲜明、造型简单的物品和美术作品；能欣赏同伴的美术作品。

中班幼儿应能欣赏与他们的生活经验相关的易于理解的同伴美术作品、成人美术作品、生活物品、节日装饰、环境布置等，并产生与之一致的情绪情感；能欣赏并初步理解作品形象和主题的含义；初步欣赏并感受作品的造型美、色彩美和构图美。

大班幼儿应能欣赏感兴趣的绘画、工艺、建筑、雕塑等艺术作品，并能初步发现美术作品和周围环境中的美；了解作品简单的背景知识，感受和理解作品所表达的形象和主题意义；欣赏并体会作品的造型美、色彩及情感表现，构图的对称、均衡、韵律与和谐之美；积极参与美术欣赏活动，学习用语言、动作、表情等方式表达对作品的感受和联想。

（二）美术造型活动

幼儿园美术造型活动一般可分为绘画活动和手工活动。

1. 绘画活动

小班幼儿应愿意参加绘画活动；认识油画棒、蜡笔、水彩笔、水粉画笔和纸等绘画工具和材料，并掌握基本的使用方法；学习用线条（直线、曲线、折线）和简单形状（圆形、方形等）来表现生活中熟悉的、简单的物体轮廓特征；了解红、黄、蓝、橙、绿、棕、黑、白等颜色，并能运用多种颜色进行绘画；学习区分并尝试绘制主体色和背景色；学习将主要形象安排在画面的中心位置。

中班幼儿应学习多种绘画方法（如水粉画、水墨画等）；学习使用各种线条表现物体的基本结构和主要特征；认识12种颜色并能区分同种色的深浅变化，学习用较丰富的颜色进行绘画；初步学习在画面中安排物体的上下和左右位置关系。

大班幼儿应学习运用多种绘画工具和材料，通过不同的绘画方式表达自己独特的思想情感；学习以完整的方式表现所感受到的或想象中的物体结构和简单情节；学习深浅颜色和冷暖颜色的搭配，并能用颜色表达自己的情感；学习表现简单的前后、远近等空间关系，以及主体与背景之间的关系。

2. 手工活动

小班幼儿应愿意参加手工活动和尝试各种手工工具和材料；学习用糨糊、胶水等黏合剂粘贴沙子、种子等点状材料；学习撕、拼贴、折（对边折、对角折）、印纸等面状材料；学习使用搓、团圆、压扁和黏合等方法，塑造简单的立体物体形象。

中班幼儿应能正确使用多种手工工具和材料；能用较为丰富、复杂的点状材料（如木屑、纸屑等）粘贴出简单的物体形象；学习用纸折出（按中心线折、双正方形折、双三角形折）、剪贴出简单的物体形象；学习用捏的方法塑造简单的立体和平面物体形象；初步学习利用各种点状、线状、面状和块状的自然材料以及废旧材料制作玩具。

大班幼儿应能较熟练地使用和选择手工工具和材料；学习使用多种点状材料拼贴物体形象，表现简单的情节；学习用多种手工方法用纸折出物体的各个组成部分，并组合成整体的物体形象；学习通过目测将各种面状材料进行分块剪裁和折叠剪裁，以拼贴平面的物体形象或制作立体的物体形象；学习结合伸拉的技巧和其他泥工技法，塑造结构较复杂的物体形象，突出主要特征并表现简单情节；综合运用各种工具、材料和技巧，制作玩教具、礼品、演出服装、道具等，并注意装饰的美感。

三、幼儿园美术活动的实施要点

（一）幼儿园美术活动主题的选择

1. 贴近幼儿真实生活

幼儿处于不断认识世界的阶段，一日生活中的点滴都是幼儿丰富和提升自身认知经验的契机，真实的生活是他们学习的内容。因此，活动主题的选择应贴近幼儿的生活。可以是生活中真实的人物、事物或具体事件；可以是幼儿通过家人、朋友、媒体等多渠道了解到的感兴趣的内容；也可以是幼儿基于生活经验，运用想象进一步加工的内容。

2. 关注主题的时效性

教师可以多留意主流媒体报道中关于美术作品或热点话题的宣传方向。例如，教师留意到近年所在城市对《千里江山图》的宣传与推广，于是围绕这一主题，创新在幼儿园中开展相关美术创作或欣赏活动的形式；又如，教师可以围绕“我国自主建造、独立运行的载人航天空间站的建成”等热点话题，带领幼儿创新开展相关美术创作活动，引导幼儿对美术活动产生兴趣，同时培养幼儿对科学探索的兴趣，培养幼儿的民族认同感和爱国热情，为幼儿树立正确的理想信念打好坚实基础，实现教育的整合。

3. 结合本土优秀文化

本土文化是在地理环境、社会文化、民俗历史等多种文化形态的融合中沉淀形成的，其独特性能够有效避免“统一教材”同质性的问题。本土优秀文化与幼儿生活密切相关，教师组织开展与本土优秀文化相结合的美术活动，有利于提高幼儿参与美术活动的积极性，增强幼儿的文化认同、文化自信，也有利于传承和发扬本土优秀文化。

4. 体现多领域的整合

多领域整合符合幼儿的兴趣和发展需要，能促进幼儿的全面发展。幼儿的教育活动体现出多领域和学科之间的内在联系，教师可以基于社会建构理论，构建多元化的活动主题。在整合主题的同时，要有意识地加强各领域之间的相互渗透、有机结合。例如，在美术活动中，教师可以采用语言领域的猜谜语等形式导入教学活动。

（二）幼儿园美术活动目标的确定

1. 将《指南》《纲要》与幼儿实际情况相结合

幼儿园美术活动的目标应在遵循《指南》《纲要》等总目标的基础上，结合幼儿的年龄特点和本班幼儿的实际情况来确定。

2. 保持活动目标与活动内容的一致性

美术活动目标的设定不应当脱离美术领域的活动内容，应该围绕美术领域活动的重难点展开，避免出现目标侧重点脱离美术领域而转向其他领域的情况。

3. 活动目标具体、明确，可操作性强

美术活动目标应当具体、明确，避免出现模糊、笼统的设计和表述。目标的可操作性强有利于活动环节的落实，便于教师在活动中结合幼儿的行为表现等反馈信息及时调整指导策略，便于教师在活动结束后依据目标的实现程度分析活动的落实效果。

（三）幼儿园美术活动的准备工作

1. 认知经验准备

在美术活动正式开展前，教师要注意观察和了解幼儿现有认知发展水平，确保幼儿具备活动所需的认知经验。为此，教师可以根据美术活动的实际需要，带领和引导幼儿细心观察相关的人物、事物，巩固对有关形象的认知经验，做好充分的认知经验准备。

2. 环境准备

幼儿园美术活动中，环境准备包括心理环境的准备和物质环境的准备两方面。

（1）心理环境的准备

教师应为幼儿营造宽松、舒适的心理环境，引导幼儿主动、积极参与美术活动。在宽松的心理状态下，幼儿可依据自己的兴趣和需要，大胆想象并完成创作。

（2）物质环境的准备

幼儿园一般配备专门的美术区角供幼儿开展美术活动。在位置的选择上，教师尽可能选择光线充足且不刺眼的位置，临近卫生间等水源地，以便于幼儿进行操作。

幼儿园开展美术活动，物质材料一般由教师根据教学需要自行准备，或由教师带领幼儿共同准备和补充，也可以请幼儿与家长共同准备。物质材料的准备应注意以下内容。

① 材料安全，无毒无害。确保幼儿的安全是幼儿园保教工作的突出重点。教师应选择无毒无害的材料，避免劣质材料的流入与使用；同时，要细心筛查，避免尖锐、过

大或过小材料的出现，防止安全问题发生。

② 材料数量充足，种类丰富。教师应提供数量充足、种类丰富的材料，并对区域内的工具材料（如画册、纸笔、颜料等）根据实际需要及时更换调整，以满足幼儿的基本操作需要，避免幼儿在材料选择与分配环节发生争执，影响美术创作活动的有序开展。

③ 注意材料操作难度的渐进性。幼儿园美术材料的投放应当体现出难度的渐进性。幼儿的精细动作与思维水平处于不断发展完善的阶段，教师应在了解幼儿阶段性发展水平的基础上，结合幼儿年龄特点和个体差异，选择并投放操作难易程度不同的材料，供幼儿根据实际情况自由选择。

④ 材料的存放位置便于幼儿拿取。材料应放置在幼儿便于拿取的高度。方便取放材料有利于美术活动的开展，也有利于幼儿独立意识和秩序感的培养。

此外，教师应当为幼儿提供作品展示的平台。一方面有利于在活动后存放幼儿的作品，另一方面能够将幼儿的作品融入班级环境创设之中，增强幼儿的自信心和荣誉感，提升幼儿参与美术活动的热情。

（四）美术活动过程中的互动

1. 操作的说明与示范

幼儿尝试自己动手创作前，教师可以面向全体幼儿演示材料的基本使用方法，通过清晰明了的语言表述向幼儿介绍操作过程中的要求和注意事项，避免幼儿在操作中出现安全问题，或者因不会使用操作材料而失去对美术活动的兴趣。教师应根据幼儿的能力发展水平和个体差异，灵活调整教学内容和指导方式。需要特别注意的是，教师的说明与示范要适度，切勿在幼儿经验和能力不足的情况下采用过于简略的说明，导致幼儿难以理解操作要求与方法，丧失活动参与兴趣；当幼儿有一定的经验、能力时，切忌示范过于细致，避免使幼儿的美术创作变成幼儿对教师技法的单纯模仿，阻碍幼儿想象力与创造力的发展。

2. 及时发现幼儿的困境并提供帮助

幼儿园开展的美术活动一般以集体教学或小组教学为主。在美术活动开展过程中，教师应加强巡回观察指导，关注幼儿的创作过程。对于进展顺利的幼儿，给予及时有效的鼓励与表扬；对于处于创作停滞状态的幼儿，要通过细心观察和与幼儿交谈等方式了解幼儿所处的困境，鼓励并引导幼儿突破瓶颈。

教师为幼儿提供积极的帮助和支持时，要注意保障幼儿作为创作主体的地位。教师可以以同伴的身份引导幼儿构思和操作，但要注意避免出现代替幼儿操作等包办行为。

（五）“读懂”幼儿的美术作品

在幼儿园美术活动中，幼儿作品的完成并不意味着活动的结束。教师要鼓励幼儿面向集体或同伴，大胆介绍自己的作品和细节，这既能培养幼儿表达和分享交流的能力，又能增强幼儿的自信和美术创作的热情。幼儿的美术作品能够反映幼儿的思想情感、审美想象、精细动作发展水平和个性特征等，因此，教师要善于发现和分析幼儿作品中的细节表现。

四、活动案例解析

遇见扎染，布里生花[1]

在“颜色”主题活动的开展中，幼儿调查了身边的颜色，对颜色有了基本的了解。通过绘本《变变变》和“彩虹糖”的实验，幼儿惊叹不同颜色碰撞而产生的魔幻变化。教师在美工区给幼儿投放了很多不同的颜色材料和操作工具，以支持他们继续探索颜色。在观察幼儿加餐时，教师发现吸管也可以作为新的投放材料。

活动一：吹画

在喝酸奶时，教师发现幼儿总是喜欢喝到最后“吹”酸奶。借着幼儿都喜欢“吹”这个行为，教师想到了酸奶吸管也可以作为材料投放到区域中，于是教师开始和幼儿一起讨论与颜色相结合的关于“吹”的游戏。

教师说：“你们总是吹酸奶，如果让你用吸管吹颜料，你觉得能怎么吹？”

菠萝说：“放纸上吹。”

杧果问：“吹一嘴怎么办？”

安安说：“吸管离开嘴。”

大家对“怎么吹”都很好奇，于是大家一起观看吹画视频，通过视频学习完成一幅吹画作品的方法和步骤。

溪溪：“得弯腰低头吹。”

在掌握基本方法后，幼儿开始第一次尝试。在尝试的过程中，有的幼儿出现困难。

菠萝说：“老师，我吹不出来呀。”

游游说：“老师，我这个跟他的不一样。”

教师问道：“怎么吹能吹得动呢？”

教师请能吹动颜料的幼儿到前面来示范，通过幼儿吹画示范，幼儿发现：吹的时候需要吸管对着颜料吹，并且是有力气地短短地吹一口气，和吹酸奶时轻轻长长地吹的方法不同。这一发现使幼儿突破了吹画的难点。

泺诗恍然大悟：“吸管得对着颜料吹才能吹动呀。”

幼儿再次进行尝试，这一次大部分幼儿有了明显的进步，能够有意识地尝试用吸管对着颜料吹（图 3-8）。

在吹的过程中，教师发现幼儿除没有掌握方法以外，他们的肺活量较小，部分幼儿不能吹长长的气，没有爆发力，导致颜料无法被吹开。

基于这一现象，教师在接下来的几次活动中都穿插了锻炼幼儿肺活量的小游戏。教师准备了一些彩色纸片、皱纹纸屑，开展了“天女散花”等游戏。吹的动作与幼儿的吞咽能力有关，游戏不仅可以锻炼幼儿的肺活量，而且有助于锻炼面部肌肉群，为幼儿语言能力的发展奠定了基础。

在多次尝试“天女散花”等游戏后，幼儿的肺活量明显变大，能把纸屑吹得更高更远，并且逐渐掌握了吹气时的爆发点，以及向重点位置吹能吹更远的好办法。活动结束

---

① 此案例由北京市延庆区第三幼儿园孟昆、刘晗、时畅提供。

图3-8　幼儿尝试用吸管吹画

后，师幼一起收拾整理了教室，这不仅可以增强幼儿的责任意识，还能够培养幼儿的自理能力。

在吹画的过程中，幼儿需要手、口、眼协调配合才能完成，这锻炼了幼儿的精细动作。精细动作能力是指幼儿主要凭借手以及手指等部位的小肌肉或小肌肉群的运动，在感知觉、注意等多方面心理活动的配合下完成特定任务的能力，它不仅是个体早期发展的重要方面，还是个体其他方面发展的重要基础。在吹这个动作上，幼儿需要面部肌肉群的发力来完成。在吸管对准颜料的过程中，幼儿需要有足够的专注力以及手部肌肉控制能力。看似简单的吹画，幼儿需要控制精细动作、保持专注力才能完成。

［解析］

此次美术活动的对象为中班幼儿，基于过往“颜色”主题活动的开展，幼儿已形成了对颜色的初步认知。绘本阅读活动和实验活动的相继开展，进一步激发了幼儿对颜色变化现象的兴趣。为满足幼儿的兴趣与需要，教师在美工区投放相关工具，以支持幼儿更深入、更持续地自主探索活动。此后，教师根据在一日生活中对幼儿的细心观察，了解到幼儿喜欢吹这一行为，于是将吸管作为新材料投放到区域中的教育巧思应运而生。教师通过创新形式，将“颜色”“吸管”“吹”三个要素进行整合，在引导幼儿共同讨论的基础上引出吹画这一美术活动。

在吹画活动中，面对幼儿“怎么吹”这一疑问，教师考虑到幼儿的年龄特点与认知发展水平，带领幼儿共同观看视频进行初步了解。在这一过程中，教师引导幼儿细心观察，总结吹画的基本方法。在幼儿掌握基本的操作步骤和方法后，教师邀请幼儿开始自己的创作尝试。

当部分幼儿在吹画过程中遇到困难时，教师没有直接给出正确答案，而是邀请能吹动颜料的幼儿做示范，并且引导幼儿仔细观察，总结经验。这一教育形式不仅有利于幼儿互相学习、积极思考，而且有助于促进幼儿语言表达能力的发展和自信的提升。

在幼儿尝试吹画的过程中，教师细心观察，及时发现幼儿吹气方法和肺活量方面存在的问题，结合幼儿的年龄和身心发展特点，有针对性地调整活动细节。教师创设的

“天女散花”游戏，能够锻炼幼儿的肺活量，也有助于幼儿活动面部肌肉，为语言能力发展奠定基础。在整理环节，教师引导幼儿共同收拾整理场地，赋予美术活动结束的仪式感，也有利于培养幼儿的秩序感、责任意识和独立精神。

该活动着眼于幼儿兴趣，贴近幼儿生活。在活动过程中，教师充分尊重幼儿的主体地位，有意识地将幼儿已有的认知经验与一日生活相结合。活动内容的设置符合幼儿发展需要，不仅能够促进幼儿手、眼、口的协调配合，促进幼儿小肌肉群的发展，而且能够促进幼儿社会性的发展。

活动二：初遇扎染

吹画活动结束后，幼儿擦桌子时发现纸巾染色了，他们的兴趣集中到染色上。

琳琳兴奋地说：“老师，你看优优的纸变色了。”优优拿着纸巾走向教师：“我的纸巾是五颜六色的。”

随着他们的呼喊，好几名幼儿也接连去拿纸巾，试图擦桌子上的颜色，让自己的纸巾也变好看。

追随幼儿的兴趣，教师寻找了很多关于布染色的资料，最后选择了适合幼儿阶段开展的活动——扎染。首先教师和幼儿一起欣赏扎染作品，对扎染有初步的感知和了解。

忻毅惊喜地说：“哇，这个图案好美呀！”安安指着说：“这些图案都不一样。”景熙问道：“这个图案是画上去的吗？”杰杰说：“应该是用颜料染上去的。”玉玉疑问地说：“我觉得不是，如果染上去那还有白色呢？”

幼儿忽然都很安静，不说话了，有的还皱皱眉头。他们的表情和行为告诉教师，他们小小的脑袋里还有很多疑问。对幼儿而言，“扎染”还是个相对抽象的词，而且在他们的生活中也并不常见，所以理解起来相对困难一些。

安安兴奋地说：“刚才看的布都好漂亮呀。”

教师说：“刚才你们看到布上好看的图案，都是用扎染的方法形成的。”

哲岳疑问地说：“扎染？是用针扎吗？”游游好奇地问：“扎染是给纸涂颜色吗？”佳怡说：“扎染就是用纸吸颜色吧！”

此时，教师为幼儿播放提前准备好的扎染视频，帮助他们初步了解扎染的方法、材料与形式。

木溪瞪着眼睛说：“原来是用白布扎染，在白布上面染上颜色，就是扎染。”

琳琳用小手比画着说：“还要用到皮筋，就像是给女孩扎辫子，可以用皮筋、筷子、夹子把布捆成各种样子。”佳怡说：“我知道了，原来扎染是拿白色的布放桌上，用皮筋扎辫子，刷一刷漂亮颜色，刷出来的花纹像向日葵一样漂亮。”暐暐说：“我觉得扎染是染色，把颜料染在白布上，让白布变得多姿多彩。”

通过观看视频，幼儿对扎染有了初步的了解，他们都积极地发表自己的观点和看法。

教师对幼儿的发言进行总结：“是呀，扎染就是用绳捆扎白色的布，用颜料浸染，颜料在布上留下深浅不一的颜色，这样就会变成各种各样的花纹。扎紧的地方上不了色，就会出现白色花纹。”

幼儿听得很认真。教师又向幼儿简单介绍了扎染在我国的基本分布情况：“扎染是中国民间传统而独特的染色工艺，扎染工艺分为扎结和染色两部分。现在的扎染主要分为云南白族扎染、巍山彝族扎染和四川自贡扎染。”

之前在玩颜色的活动中，幼儿已经有了一定的染色经验，但是还没有接触过扎染的形式与方法。扎染活动在丰富幼儿园美术活动的同时，也让他们了解了我国的民间传统工艺。幼儿通过视频和图片的方式，初步了解扎染的材料、工具、方法，为开展扎染活动奠定基础（图3–9）。

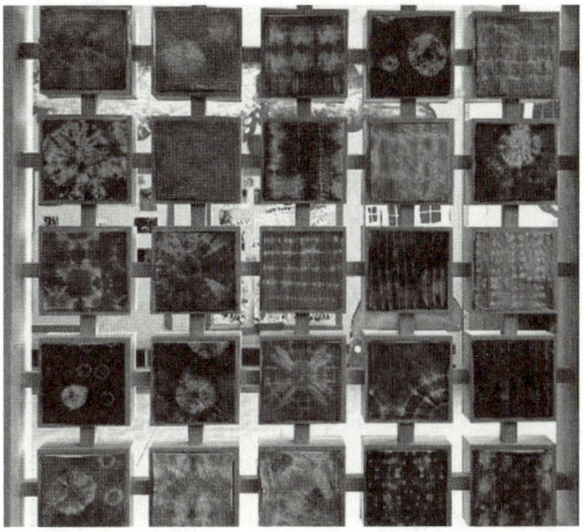

图3–9　幼儿的扎染作品

［解析］

在吹画活动的基础上，教师细心观察幼儿的表现，及时捕捉到幼儿对纸巾染色这一现象的兴趣。为支持幼儿的兴趣，教师在查阅资料后，结合幼儿的阶段现状与发展特点选择了适合的扎染活动，引导幼儿进一步探索扎染的秘密。

在活动中，教师将欣赏扎染作品作为活动导入，引导幼儿积极、自主地探讨，激发幼儿的探究兴趣，进而引出扎染这一活动主题。通过播放扎染视频，帮助幼儿对扎染产生初步认知，并由此引导幼儿积极讨论和分享观点。在幼儿讨论交流的基础上，教师进一步总结，并作延伸性的介绍，使幼儿在原有经验水平上进一步提升，加深了幼儿对我国民间优秀传统工艺的了解。本次活动既是吹画活动的延续，也是为后续有计划、有目的地引导幼儿开展扎染美术创作做铺垫。

在本次活动中，教师充分重视幼儿在一日生活中的发现和兴趣，所选活动扎根于幼儿生活中的自主探索，符合幼儿的兴趣需要，也有利于我国民间优秀传统手工技艺的传承与弘扬。在活动中，教师为幼儿提供的支持和引导，不仅有利于充分调动幼儿的参与兴趣，激发幼儿对扎染的探索与创作热情，而且有利于培养幼儿的合作交往能力以及文化自信。

思考与实践

姓名：________ 班级：________ 学号：________

1. 幼儿园美术活动包括哪些内容？

2. 请结合所学知识分析王老师开展的美术活动有哪些优缺点。如果由你来组织蜗牛主题的美术活动，你会做哪些准备工作？活动中又该如何对幼儿进行适宜的指导呢？

周一户外散步时，幼儿园菜园子里的一只蜗牛引起了中三班幼儿的兴趣。看着幼儿围着蜗牛兴致勃勃地展开各种讨论，王老师决定将本周五的美术活动主题改为蜗牛。王老师提前准备了白纸与彩笔，由于担心幼儿画不出蜗牛，王老师在活动中要求幼儿跟着自己的示范与要求，一笔一笔地画蜗牛。活动中，王老师时不时地大声提醒着幼儿“小眼睛看老师”，以保证幼儿的注意力集中于教师身上。巡视指导中的王老师也非常忙碌：“你看你画的和老师画的一样吗？”“你的蜗牛太小了，纸这么大呢。”“别急着画，我们等其他小朋友一起画下一步。”尽管不停地为幼儿提供指导，也努力把控教学的节奏，可是幼儿很快便显得对画蜗牛失去了兴趣，说话的、玩耍的、随意涂画的……课堂秩序逐渐混乱起来，王老师只好草草结束活动。

实践评价表

序号	评价项目	评　价　内　容	学生自评	教师评价
1	认知评价（40分）	掌握幼儿园美术教育的概念（5分）		
		掌握幼儿园美术活动的教育目标（10分）		
		掌握幼儿园美术活动的教育内容（10分）		
		掌握幼儿园美术活动的实施要点（15分）		
2	技能评价（30分）	能够判断幼儿园美术活动主题选择、目标设定和准备工作的适宜程度（10分）		
		能够根据幼儿园美术活动实施要点设计并实施幼儿园美术活动（20分）		
3	素养评价（30分）	树立科学的美术教育观（15分）		
		拥有较高的艺术素养（15分）		
总　计		100分		

附：案例讨论提示

可以结合幼儿园美术活动实施要点中的板块划分，从主题选择、活动准备、互动等方面分析活动的优缺点。美术教育要保持开放性，体现对幼儿主体性的尊重，发挥幼儿的创造性，激发幼儿的想象力，而不能过于关注固定技法的传授。

模块总结

模块四　幼儿园音乐活动设计与指导

模块情境

王老师发现班上的小朋友们很喜欢《孤勇者》这首歌，但是他们只会哼唱几句，唱不清楚歌词内容。王老师想，孩子们对这首歌这么感兴趣，应该很好教。结果组织活动的时候，刚开始孩子们很兴奋，可是当王老师一句一句教歌词时，孩子们开始走神，甚至有孩子问："老师，什么时候能玩游戏？"

为什么会出现这种情况？如果你是王老师，你会怎么做？

模块学习目标

1. 了解幼儿园常见的音乐活动类型及其相关基础知识。
2. 掌握幼儿园常见音乐活动的一般组织步骤，能够设计并组织幼儿园音乐活动。

理论基础

一、幼儿园音乐活动的教育目标

《指南》对幼儿园音乐教育目标提出了明确的要求，从感受与欣赏、表现与创造两方面进行了具体阐述。

感受与欣赏方面：

1. 容易被自然界中的鸟鸣、风声、雨声等好听的声音所吸引；喜欢倾听各种好听的声音，感知声音的高低、长短、强弱等变化。乐于模仿自然界和生活环境中有特点的声音，并产生相应的联想。

2. 喜欢听音乐或观看舞蹈、戏剧等表演；能够专心地观看自己喜欢的音乐演出或作品，有模仿和参与的愿望。欣赏音乐时常常用表情、动作、语言等方式表达自己的理解。

3. 欣赏音乐作品时会产生相应的联想和情绪反应。

表现与创造方面：

1. 经常自哼自唱或模仿有趣的动作、表情和声调；能模仿学唱短小歌曲。

2. 能跟随熟悉的音乐做身体动作。

3. 能用声音、动作、姿态模拟自然界的事物和生活情景。

4. 经常唱唱跳跳，愿意参加歌唱、律动、舞蹈、表演等活动；愿意和别人分享、交流自己喜爱的音乐作品和美感体验；积极参与音乐活动，有自己比较喜欢的活动形式；音乐活动中能与他人相互配合，也能独立表现。

5. 能用自然的、音量适中的声音基本准确地唱歌；能通过即兴哼唱、即兴表演或给熟悉的歌曲编词来表达自己的心情；能用基本准确的节奏和音调唱歌。

6. 能用拍手、踏脚等身体动作或可敲击的物品敲打节拍和基本节奏，能用律动或简单的舞蹈动作表现自己的情绪或自然界的情景。

二、幼儿园音乐活动的教育内容

幼儿园常见的音乐活动可分为歌唱活动、韵律活动、打击乐活动和音乐欣赏活动。

（一）幼儿园歌唱活动

幼儿园歌唱活动指用嗓音进行的音乐活动。《毛诗序》说："情动于中而形于言，言之不足故嗟叹之，嗟叹之不足故永歌之，永歌之不足，不知手之舞之，足之蹈之也。"歌唱是人类表达生命情感的途径，也是幼儿最喜欢的音乐形式之一。

1. 幼儿园歌唱活动的形式

不同的歌曲可以用不同的歌唱形式，不同的歌唱形式会产生不同的呈现效果。

（1）小班常用的歌唱形式

① 独唱：一个人独立完成歌唱活动。

② 齐唱：多人一起整齐地唱同一首歌。

③ 歌表演：边唱歌边做动作。

④ 接唱：两组人（每组人数不限）你一句我一句或你半句我半句地接着唱。

（2）中大班可学习的其他歌唱形式

① 领唱齐唱：一人或少部分人唱歌曲的主要部分，集体唱次要部分。如儿歌《我有一双勤劳的手》非常适合采用这种歌唱形式。

② 对唱：两组人（每组人数不限）进行的问答式歌唱。广为流传的《刘海砍樵》就属于两人对唱。

③ 轮唱：不同声部按一定的间隔，一前一后唱同一首歌。例如，第一声部唱完"一闪一闪亮晶晶"，即将唱"满天都是小星星"时，第二声部开始唱第一句歌词。

④ 合唱：多人用两个及以上的声部唱歌。合唱中不一定所有声部都要唱歌词，也可以是哼鸣旋律、相同节奏朗诵歌词等。

2. 幼儿歌唱活动材料的选择

幼儿歌唱活动材料以歌曲为主。在日常生活中，幼儿不仅可以接触到经典的儿童歌曲，还会直接或间接地接触到多样的流行歌曲。教师在选择歌唱活动材料时应从幼儿实际出发，考虑幼儿的年龄特点和身心发展水平，选择适合幼儿、积极向上、有利于促进幼儿身心健康发展的歌曲。教师在选择幼儿歌曲时应考虑以下三个方面。

（1）歌词特点

① 语法简单，适宜用动作表现。幼儿的语言理解能力相对较弱，对于语法结构复杂的歌词，幼儿理解起来比较困难。因此，教师应选择语法简单的歌曲，歌词的内容最

好是幼儿较为熟悉和感兴趣的，如《两只老虎》《数鸭子》等。

② 富于美和想象，富于教益。歌词的形式应具有韵律美、规律美，善用象声词、衬词、无意义音节等富于自由性、新颖性、情感性的材料；歌词的内容要富于幽默、童趣、想象和爱，并能用适当的修辞手法表达丰富的感情，如比喻、拟人、夸张等。如《颠倒歌》从生活经验出发，把事实颠倒，充满幽默、富于想象，深受幼儿喜爱。

（2）曲调特点

① 音域较狭窄。音域是指最低音和最高音之间的范围。幼儿的音域是从较狭窄的范围向低音、高音同时扩展的。一般来说，不同年龄阶段适宜的音域如图3-10所示。

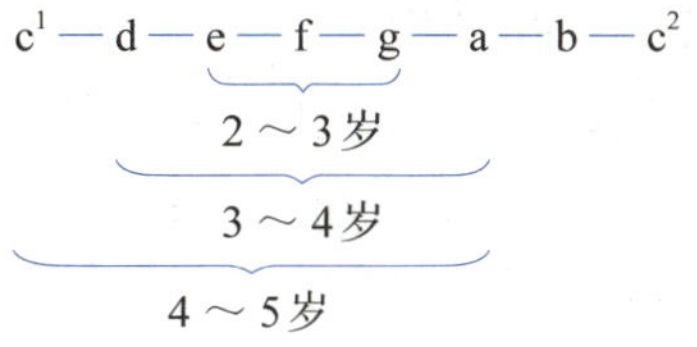

图3-10　不同年龄段幼儿适宜音域

② 节奏较简单。小班幼儿适宜唱以二分音符、四分音符、八分音符，二拍子和四拍子为主的歌曲。由于幼儿的呼吸较浅且短，速度较快和较慢的歌曲都不适合幼儿。4岁之前宜以中速为主。中大班幼儿可以在小班基础上加入少量的十六分音符、附点、切分节奏，三拍子、六拍子，弱拍起唱，少量有速度变化的歌曲也可以作为中大班歌唱活动的材料。

③ 旋律较平稳。幼儿容易掌握的是三度及三度以下的音程，但对半音的掌握较为困难。因此，对幼儿来说，适宜的旋律应以五声音阶为主（即do、re、mi、sol、la），可以有少量的三度以上的跳进，以增加旋律的趣味性，但不宜跨度太大。

④ 结构较短小工整。乐句的数量和长度决定歌曲的结构。小班歌曲的乐句数量以2～4句为宜。二拍子和四拍子的歌曲，每句四拍为宜。中大班歌曲可增加至6～8句。三拍子歌曲，每句六拍为宜。乐句之间长度、节奏宜基本相同。大班歌曲在中班基础上可以增加间奏、尾奏等成分。

⑤ 词曲关系较单纯。小班幼儿适宜的歌曲以一字对一音为主，小班以后逐渐掌握少量的一字对两音或一字对多音的词曲关系。总体来说，幼儿适宜一字对一音的较为单纯的词曲关系。

（3）兼顾教育性

歌唱活动应体现教育的价值。优秀的歌曲可以兼顾思想教育和审美教育，例如歌曲《一分钱》不仅歌词朗朗上口、贴近生活实际，旋律活泼欢乐，而且传达了“拾金不昧是优秀品质”的思想。

（二）幼儿园韵律活动

韵律活动是符合幼儿认知方式和情感表达需求的活动，深受幼儿喜爱。幼儿园韵律活动是教师基于幼儿动作经验所组织的音乐活动，是通过调动幼儿自身的动作来表现音乐内容的活动。

1. 幼儿园韵律活动的动作

韵律活动中的动作一般包括基本动作、模仿动作和舞蹈动作。

基本动作是在反射动作基础上发展的生活动作，如走、跑、跳、爬、点头、弯腰等。

模仿动作是幼儿模仿特定事物外在形态和动作状态时所做的身体动作，如花鸟鱼虫、自然现象、生活自理、游戏、劳动等。

舞蹈动作是程式化的艺术表演动作，幼儿学习的舞蹈动作以基本舞步为主，较少进行臂和手的练习，如小碎步、垫步、跑马步等。

2. 幼儿园韵律活动的类型

幼儿园韵律活动主要有律动、舞蹈和歌表演三种类型。

律动是指按照音乐的旋律、节拍、性质做各种有规律的简单动作，主要包括基本动作和模仿动作。基本动作包括走、跑、跳、蹲、点头、弯腰、抬手、屈膝等。模仿动作包括模仿小动物走路、模仿机器人、模仿成人劳动等。

幼儿园舞蹈的表现形式主要有独舞、双人舞、三人舞、群舞等。幼儿的舞蹈动作主要通过模仿习得，这是舞蹈与律动的主要区别。

歌表演是一种边唱歌边做动作的表演形式，也可以归为歌唱活动。

3. 幼儿园韵律活动材料的选择

幼儿园韵律活动的材料选择主要从音乐、动作、道具三个方面考虑。

（1）音乐

音乐应具有节奏清晰、结构工整、旋律优美、形象鲜明的特点。清晰的节奏和结构有利于幼儿用动作表现。优美的旋律可以给幼儿最初的美感体验，吸引幼儿的兴趣。鲜明的形象便于幼儿想象，激发审美情感。一般来说，适宜作为歌唱活动材料的音乐也适宜开展韵律活动。

（2）动作

小班幼儿以模仿动作、基本动作的学习为主，适量增加小碎步、小跑步等基本舞步。中大班幼儿对模仿动作仍然有较大的兴趣，并对动作的形式美有更高的要求，可以逐步增加蹦跳步、垫步、踵趾小跑步、侧点步、进退步、秧歌十字步等基本舞步。

（3）道具

道具在韵律活动中较少使用，如需选择道具，首先应保证道具的安全性。其次，道具应操作简单，便于表现动作。道具的主要作用是帮助幼儿用动作感知音乐，不能因操作复杂而增加幼儿的学习负担。最后，道具应美观。幼儿园音乐教育是学校美育的重要途径，即使是小小的道具也应具有一定的审美价值。

（三）幼儿园打击乐活动

幼儿演奏打击乐器不需要太多的技巧，就可以在参与创造音乐的过程中最直接地感受、体验音乐的魅力，这也是幼儿最自然地表达音乐、在音乐中获得快乐的方式。

1. 幼儿园常见的打击乐器

幼儿园常见的打击乐器根据音高可以分为无固定音高的乐器和有固定音高的乐器。

（1）无固定音高的乐器

无固定音高的乐器主要包括铃鼓、串铃、沙锤、响板、碰铃、木鱼、双响筒、蛙鸣筒、三角铁、锣、镲等。

（2）有固定音高的乐器

有固定音高的乐器主要包括低音木琴、中音木琴、高音木琴、钟琴、音筒、音块。这些乐器都是用敲击棒有弹性地敲击乐器产生声音。有固定音高的乐器对幼儿手腕控制力要求较高，比较适合中大班幼儿使用。

2. 幼儿园打击乐活动材料的选择

（1）乐器

幼儿园打击乐器应选择音色好、大小及重量适宜、符合幼儿动作发展水平的乐器。例如，铜制碰铃比铁制碰铃音色好，铃鼓直径超过15厘米对幼儿来说抓握不便。小班幼儿适宜使用的乐器有铃鼓、串铃、碰铃、沙锤、响板等；中班幼儿在此基础之上，可以学习木鱼、锣、镲、蛙鸣筒等乐器；大班幼儿在此基础之上，可以学习双响筒、三角铁等乐器。

（2）音乐

打击乐器演奏的音乐可以直接使用歌唱活动、韵律活动中已有的音乐材料，也可以选择节奏清晰、结构工整、旋律优美、形象鲜明、有规律对比因素的新的音乐材料。

（3）配器方案

配器方案是指能够充分表现音乐内容和艺术风格的乐器使用方案。成人常用五线谱或简谱的配器方案来记谱，五线谱使用音符，简谱使用符号“×”。但这种记谱方式对幼儿来说理解、记忆较为困难。因此，幼儿打击乐器演奏方案以“变通总谱”的形式呈现，主要包括以下三种。

① 动作总谱。动作总谱是指用动作呈现配器方案。此处的动作选择可参考韵律活动动作选择要点。教师不应设计笨拙、密集的动作，以免幼儿掌握总谱时产生困难。当幼儿用动作掌握总谱后，可加入乐器。

② 图形总谱。图形总谱是指用幼儿能理解的形状、色彩等符号呈现配器方案。例如，鱼代表木鱼，波浪线代表铃鼓持续摇奏。

③ 语音总谱。语音总谱是指用嗓音呈现配器方案。教师可选用有意义的字、词、句、象声词、衬词、无意义音节等作为乐谱材料。

变通总谱通常会混合使用，待幼儿借助变通总谱熟悉音乐和配器方案后，教师再把动作、图形、语音替换成相应的乐器。

（四）幼儿园音乐欣赏活动

著名的音乐教育家达尔克罗兹（Emile Jaques-Dalcroze）认为，音乐欣赏活动有自己的特点与价值，是音乐教育重要的组成部分，对幼儿的发展有着不可忽视的影响。组织幼儿进行音乐欣赏活动时，教师应根据幼儿的认知需要、经验基础和学习特点，有目的、有计划、有组织地引导其对乐曲进行领略欣赏和反复体验。因此，尽管上述音乐活动中已经有大量音乐欣赏环节存在，此处仍需对专门的音乐欣赏活动进行简要介绍。幼儿园音乐欣赏活动的音乐材料选择可综合考虑以下三个方面。

1. 自然界和生活环境中的声音

《指南》中指出，艺术领域的目标之一是让幼儿喜欢自然界与生活中美的事物。自然界的蛙鸣、鸟啼、风声、雨声，生活环境中说话的声音、游戏的声音、汽车鸣笛的声音，都是幼儿积累声音经验的素材。

2. 音乐作品

幼儿可欣赏的音乐作品包括专门为幼儿创作的音乐作品和世界各国优秀的音乐作

品。为幼儿创作的音乐作品包括儿童歌曲、乐曲、儿童音乐剧和儿童影视配乐。优秀的音乐作品包括著名音乐片段、歌舞剧等。

3. 材料选择的要点

（1）音乐作品完整、形象鲜明

无论是歌曲还是器乐曲都应满足前文所述各类活动中音乐的特点。一般情况下，高年龄段幼儿的学唱歌曲可以作为低年龄段幼儿的欣赏材料。器乐曲作为幼儿的欣赏材料之一，通常选择相对完整、形象鲜明的片段，如《瑶族舞曲》第一乐段的第一主题。

（2）辅助材料多样化

幼儿在欣赏音乐时一般需要辅助材料帮助其感知、理解。辅助材料主要包括动作材料、语言材料、视觉材料。动作材料的选择与设计具体可参考韵律活动。但需要注意的是，欣赏活动的重点在于感知音乐而非用动作表现音乐，因此，欣赏活动可在韵律活动的基础上降低动作的难度。语言材料主要指用故事、诗歌、散文、儿歌等文学形式传达音乐意境的材料。视觉材料主要包括自制图谱、图片、视频等可视化材料。这三种材料可以综合使用。

三、幼儿园音乐活动的实施要点

（一）幼儿园歌唱活动

教师在组织幼儿园歌唱活动时要综合考虑歌唱材料、幼儿已有经验、幼儿的年龄特点等方面。一般来说，幼儿学唱新歌包括以下步骤。

1. 发声练习

此环节的主要目的是嗓音热身，帮助幼儿的身体对即将开始的歌唱活动做好准备工作。进行发声练习时，教师应选用幼儿感兴趣的方式，如学动物的叫声或模仿大自然的声音，如“小猫喵喵喵”“小雨沙沙沙”“北风呜呜呜”等。

2. 初步学唱

初步学唱主要包括初步学习歌词和曲调。此环节的主要任务是帮助幼儿对新歌曲有初步的整体认识。常用的方法是听教师范唱、欣赏歌曲、动作感知、有节奏朗诵、图谱呈现直观形象等。教师在范唱时要尽量做到发音清晰明确、歌声富有感染力，使幼儿在听清歌词的同时对歌曲产生初步的美的感知。

3. 游戏巩固

此环节的主要目的是吸引幼儿练习歌曲，帮助幼儿学会唱新歌。练习的方法不能单一、机械，要避免枯燥地反复练习。教师应根据幼儿的学习特点，引导幼儿在游戏中自主、愉悦地学习歌曲。例如“懒惰虫”活动中，教师在唱完歌曲后增加对话：“你是懒惰虫吗？”“我不是，因为我……”从而引出“找懒惰虫”的游戏。

4. 适宜挑战

该环节必须在上一环节完成之后进行，而且应该根据幼儿的学习水平来设计。适宜的挑战能够促进幼儿发展，使幼儿在原有水平的基础上得到提升。可考虑的挑战内容有：歌词创编、动作创编、其他表现形式的歌曲再现、道具使用、人际合作或竞争等。

（二）幼儿园韵律活动

一般来说，幼儿园韵律活动可按照以下步骤实施。

1. 为音乐编配故事

故事既能够使幼儿对音乐活动产生兴趣，也能够帮助幼儿更容易理解音乐的结构。在编配故事时要注意，故事不宜太长，只需要清楚包含必要情节、贴近音乐的风格即可。讲述故事时间不宜超过3分钟。教师在讲述故事时，应尽可能具有渲染力，充分发挥故事激发幼儿兴趣的作用。

2. 为故事编配动作

动作既可以是教师编配的，也可以是幼儿编配的。动作应与故事情节相吻合，在不同的情节处做相应的动作。实际上，教师在设计活动时，此环节与第一环节常交叉进行。要注意，教师编配的动作尽可能简单，使幼儿能够轻松自如地随乐做动作。待多数幼儿基本掌握简单动作后，再循序渐进地增加动作的难度，增强动作之间的衔接性。

3. 用动作感知音乐

此步骤的主要目的是让幼儿对音乐有初步的整体感知。常用的方法是教师跟随音乐的前部分或完整部分做动作，幼儿模仿动作。

4. 适宜的高级挑战

在幼儿对音乐有初步的整体感知的基础上，加入适宜的挑战任务，如增加动作难度、创编动作、角色扮演、队形变化、游戏等。有趣的任务挑战能够帮助幼儿对音乐的感知越来越清晰、越来越丰富。

（三）幼儿园打击乐活动

一般来说，幼儿园打击乐活动可按照以下步骤实施：

第一，欣赏音乐，随乐做身体节奏活动，初步感知音乐的旋律、风格。

第二，模仿学习或创编变通总谱，无乐器动作练习数遍。

第三，在熟练掌握变通总谱的基础上，有乐器分声部练习。

第四，多声部齐奏，集体练习。

第五，适量增加挑战，如挑选指挥、调整演奏方案、调换使用乐器、增加特色乐器等。

（四）幼儿园音乐欣赏活动

一般来说，幼儿园音乐欣赏活动可按照以下步骤实施。

1. 初步感知音乐作品

该环节的主要目的是帮助幼儿初步了解音乐作品。一般来说，教师可从欣赏完整作品、欣赏作品某个部分、使用辅助材料等角度入手。

2. 反复感知音乐作品

该环节的主要目的是帮助幼儿更细致地感受音乐作品的风格、情感、结构等要素。通常可以分段欣赏或整段欣赏。需要注意，分段欣赏可以帮助幼儿更准确地感受音乐的细节，但会对感知音乐的完整性产生阻碍，因此，分段欣赏和整段欣赏两种方法可综合使用。在欣赏过程中，教师可适当借助其他领域的活动或与音乐相关的其他活动，帮助幼儿深入理解音乐作品。例如，先分段欣赏，为幼儿喜欢的段落设计动作；再整体欣赏，引导幼儿随乐律动。

四、活动案例解析

中班歌唱活动：懒惰虫

一、活动目标

1. 感知歌曲的弱起节奏，学唱歌曲《懒惰虫》。

2. 在游戏中理解歌词，学说“你是懒惰虫吗？”“我不是，我每天都……”的问答句。

3. 感受歌曲的诙谐有趣，愿意做一个勤劳的孩子。

二、活动重难点

1. 重点：学唱歌曲《懒惰虫》。

2. 难点：唱准弱起节奏。

三、活动准备

1. 物质准备：课件。

2. 经验准备：幼儿对常见昆虫有一定的了解。

四、活动过程

1. 情景导入

师：森林里最近出现了一只懒惰虫，一起去找一找！

2. 初步学唱

（1）教师出示课件，四只虫子中间有一只懒惰虫，请幼儿说一说什么是懒惰。

（2）幼儿仔细听教师范唱，回答问题：当了懒惰虫，会出现什么事情？

（3）幼儿再听教师范唱，确认歌词内容。

3. 游戏巩固

（1）在森林里找懒惰虫。

师：懒惰真不好。小朋友们猜一猜：这些虫子里，谁会是懒惰虫？

① 教师根据幼儿猜测，演示提问步骤——手指虫子唱一遍歌曲；唱完提问：“×××，你是懒惰虫吗？”

② 配班教师播放课件，虫子回答：“我不是懒惰虫，因为我每天都……”

③ 幼儿继续猜谁是懒惰虫，老师带领幼儿一起提问第二只虫子，第三只虫子可以请个别幼儿尝试提问，第四只虫子请幼儿集体进行提问。

（2）在身边找懒惰虫。

师：它们都不是懒惰虫，懒惰虫到底在哪里？有没有可能在我们的身边？

① 师幼共同提问配班教师，配班教师也不是懒惰虫。继续寻找。

② 师幼共同提问个别幼儿（歌曲结束时摸到的幼儿）。

③ 幼儿提问好朋友，唱完后可以轮流提问。

4. 创造性演唱

师：懒惰虫找到了，它一直在大树后面睡觉呢，我们把它喊出来吧。

（1）配班教师播放课件，毛毛虫出来，说懒惰真不好，它以后要像小朋友一样做一只勤劳虫。

（2）教师带领幼儿尝试创编《勤劳虫》歌词，并演唱。

（3）配班教师播放课件，毛毛虫学得勤劳后变成了一只美丽的蝴蝶。

五、活动延伸

1. 在表演区提供音乐和服装材料，供幼儿自主进行戏剧表演。
2. 开展“我认识的昆虫”科学活动。

懒惰虫

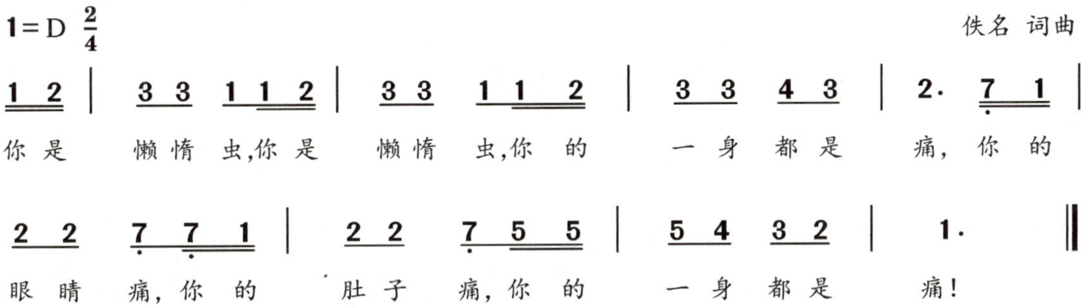

[解析]

该活动结合歌曲《懒惰虫》的特点，将活动设计成找懒惰虫的游戏，既符合歌曲本身诙谐、欢快的特点，又符合幼儿在游戏中学习的方式。教师把简单重复的歌词加问答对话的形式融合在游戏中，大大增加了歌曲的趣味性。

活动目标撰写规范、全面、清晰、详细、可行，不仅有音乐领域的目标，还包含语言领域的发展目标，使读者对活动的重难点一目了然。活动流程层次分明，步骤清晰，体现了设计者的儿童观和教育观。活动延伸环节充分考虑了区域活动的价值，为幼儿在区域活动中练习、获得集体活动的经验提供了机会。

实施此教学活动时要特别注意，在学唱儿歌前，要引导幼儿感知、理解懒惰的含义，知道这是不好的行为，避免幼儿在欢快的旋律中误解懒惰的含义。

思考与实践

姓名：________ 班级：________ 学号：________

1. 请根据所学知识分析：哪个年龄段的幼儿适合开展歌唱活动“大西瓜”？

大西瓜

选自《小小智慧树》

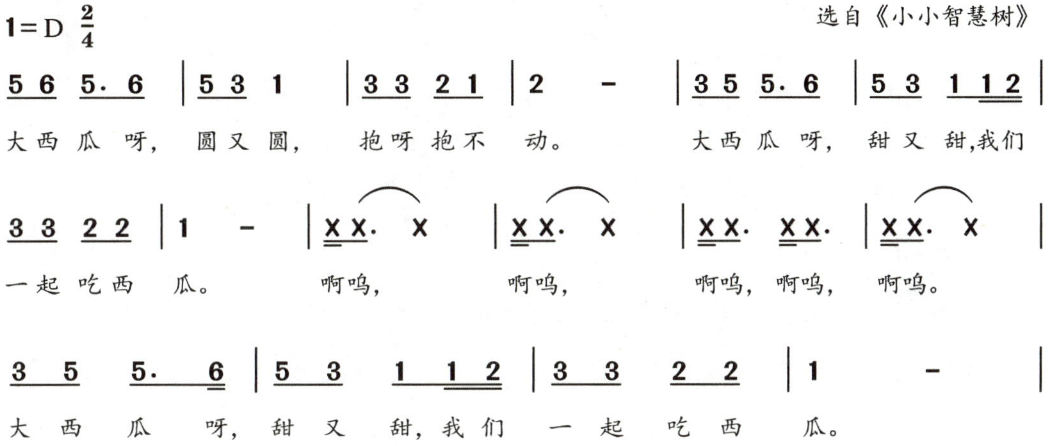

____

____

____

2. 除了歌唱活动，还可以利用这首歌曲开展什么活动？请具体说明。

____

____

____

____

____

____

____

____

____

实践评价表

序号	评价项目	评　价　内　容	学生自评	教师评价
1	认知评价（40分）	了解幼儿园常见音乐活动类型（5分）		
		掌握幼儿园歌唱活动、韵律活动、打击乐活动、音乐欣赏活动的基础理论（15分）		
		掌握幼儿园歌唱活动、韵律活动、打击乐活动、音乐欣赏活动的实施要点（20分）		
2	技能评价（30分）	能够为不同类型的音乐活动选择适宜的音乐材料（10分）		
		能够运用实施要点设计并实施幼儿音乐活动（20分）		
3	素养评价（30分）	形成正确的幼儿音乐教育观念和审美观念（15分）		
		对幼儿音乐教育感兴趣、乐意探究（15分）		
总　计		100分		

附：案例讨论提示

1. 适合小班下到中班上的幼儿。结合音乐材料的选择知识点回答该题。
2. 韵律活动或打击乐活动。根据音乐活动的实施要点回答该题。

模块总结

项目练习

姓名：________ 班级：________ 学号：________

一、单项选择题

1. 幼儿学习数学的基本方法是（　　）。

A. 观察法　　B. 讨论法　　C. 实验法　　D. 操作法

2. 在歌唱活动中，帮助幼儿清晰准确地表现内容和富于感染力地表达情感的方法，主要是（　　）。

A. 倾听录音范唱　　B. 欣赏录音带中的优秀表演

C. 倾听教师精湛的弹奏　　D. 教师正确的范唱

3. 教师在组织中班幼儿进行歌唱活动时，合理的做法是（　　）。

A. 要求幼儿用胸腹式联合呼吸法唱歌　　B. 鼓励幼儿用最响亮的声音唱歌

C. 鼓励幼儿唱八度以上音域的歌曲　　D. 要求幼儿用自然声音歌唱

4. 在“秋天的树”美术活动中，教师不适宜的做法是（　　）。

A. 让幼儿按照教师的范画绘画　　B. 组织幼儿观察幼儿园的树

C. 提供各种树的照片，组织幼儿讨论　　D. 引导幼儿观察有关树的名画

二、简答题

1. 简述幼儿园科学活动的实施要点。

____

____

____

2. 简述幼儿园数学活动的实施要点。

____

____

____

3. 简述幼儿园美术活动的准备工作。

____

____

____

三、论述题

有人认为，学前教育专业的师范生不应该在弹、唱、画、跳等技能训练方面投入太多时间，而应该学习如何带领幼儿组织活动。请结合所学知识，论述你的观点。

四、材料分析题

在“瓶子与水”活动中，教师先将瓶子分发给幼儿，给幼儿足够的时间自己观察，再请幼儿将瓶子放在水里数次。经过观察和思考后，幼儿向教师提出问题：“水为什么会冒泡？”教师并没有直接告诉幼儿答案，而是在此问题的基础上又开展了一系列的探究活动。

活动中教师的做法是否恰当？试分析该教师在科学活动中使用了哪些指导策略。

扫码查看
参考答案

项目四

预设型幼儿园主题活动设计与实施

思政点拨

引导学生初步认识预设型幼儿园主题活动的教育价值，树立科学的教育观，结合时代发展新需求，争做新时代“四有”好老师。

项目学习目标

知识目标

1. 了解预设型幼儿园主题活动的概念与意义，掌握预设型幼儿园主题活动的特点。
2. 理解预设型幼儿园主题活动目标的要求，知道怎样识别主题核心内容。
3. 了解预设型幼儿园主题活动网络设定的依据，知道主题活动网络图的类型。

能力目标

1. 能判别预设型幼儿园主题活动特点在主题活动中的体现。
2. 掌握预设型幼儿园主题活动内容选择的原则，能自主设计主题活动。
3. 能根据预设型幼儿园主题活动的核心内容，设计不同类型的主题网络图。

素质目标

1. 树立科学的教育观。
2. 争做新时代“四有”好老师。

项目知识框架

- 项目四 预设型幼儿园主题活动设计与实施
  - 模块一 预设型幼儿园题活动概述
    - 预设型幼儿园主题活动的概念
    - 预设型幼儿园主题活动的意义
    - 预设型幼儿园主题活动的特点
  - 模块二 预设型幼儿园主题活动设计与实施
    - 预设型幼儿园主题活动内容的选择
    - 预设型幼儿园主题活动目标的设定
    - 预设型幼儿园主题活动网络的架构
    - 预设型幼儿园主题活动环境的设置
    - 活动案例解析

项目问题导入

新学期开始了，幼儿纷纷走进幼儿园，在幼儿园中，他们会面对生活中的各种现象和问题，如一年四季的变化、传统节日的氛围等。为了帮助幼儿能更快地适应幼儿园生活，教师通常会提前预设内容丰富的主题活动。幼儿在教师的帮助下，参与各种主题活动，在幼儿园快乐地生活。

本项目将从预设型主题活动的基本概念、意义、特点、设计和实施五方面来进行学习，其中，预设型主题活动的设计与实施是重点。设计与实施部分以具体的幼儿园主题活动真实案例为基础，帮助学生更高效地掌握预设型主题活动的基本概念以及设计原则。

模块一　预设型幼儿园主题活动概述

模块情境

春天到了，万物复苏，很多幼儿都发现了春天到来的足迹。为了让幼儿能够感受春天、喜爱春天，了解春天的特征，教师开展了主题活动“春天来了”，希望能够通过主题活动来帮助幼儿丰富对春天的认知。在活动前，教师梳理和总结了幼儿对春天的已有经验，基于此，从五大领域各个方面设计了和春天特点相关的各项活动。活动中，幼儿通过直接感知、实际操作和亲身体验等多种方式了解春天的季节特点，感受春天的美以及动植物的生长变化。基于教师设计好的主题及活动，幼儿逐渐丰富了对春天的认识。

本案例中，教师预设的主题活动有什么意义？对幼儿的学习有哪些促进作用？

模块学习目标

1. 理解预设型幼儿园主题活动的概念与意义，掌握预设型幼儿园主题活动的特点。
2. 分析预设型幼儿园主题活动的特点在主题活动中的体现。

理论基础

一、预设型幼儿园主题活动的概念

幼儿园主题活动是指在一定的时间内，教师和幼儿围绕一个中心内容来开展的教育教学活动。以下所介绍的预设型主题活动，特指在进行幼儿园主题活动之前，教师根据生活实际、传统文化等多方面内容，结合幼儿园实际情况、幼儿学习需求和实际学习能力，提前对知识和资源进行适当安排，对学习内容进行设计，有计划、有目的地开展的主题活动，也可以简单理解为在活动实施时以教师为主导的主题活动。

二、预设型幼儿园主题活动的意义

（一）促进幼儿的主动学习

预设型幼儿园主题活动中，教师从一个固定的主题出发，最大限度地创设真实的活动情境，激发幼儿的学习兴趣。在活动中，教师依据教学目标引导幼儿发挥学习的自觉性，通过多样化的教育手段维持幼儿的学习热情，提升幼儿的学习欲望，使幼儿在主题活动中逐渐发展各项能力。教师需要对幼儿的基本技能以及学习水平有足够的了解，活动的设计与组织应贴近幼儿生活并满足其发展需求，方能激发其学习的主动性。

（二）增强教师组织活动的目的性与计划性

预设型幼儿园主题活动强调教师在活动前的预设能力，即充分了解幼儿的学习水平与需求后，有确定活动主题、目标、网络图以及设计教案的能力。在设计活动的过程中，教师要充分思考如何调动幼儿的学习积极性，如何让主题活动有目的、有计划、有逻辑地进行，活动目标是否适宜幼儿的年龄特点，活动内容是否符合实际，教育活动能否引发幼儿兴趣，等等。这一系列的思考过程能够确保教师对活动有整体的把控。

（三）保持教师随时关注幼儿的自觉性

由于活动以教师的预设为主，所以教师需要关注预设是否符合幼儿的学习需求，注重幼儿活动后的发展水平，以便随时调整活动。因此，预设型主题活动既能让幼儿在较为完善的主题活动中获得学习的乐趣，又能够增强教师随时关注幼儿的意识。

三、预设型幼儿园主题活动的特点

（一）教师的主导性强

预设型主题活动的活动目标、活动内容和活动形式均由教师主导设计。教师根据幼儿的年龄特点以及兴趣需求，提前设定好活动目标、主题网络和具体教学活动，幼儿只需跟随教师设计好的内容参与主题活动。因此，预设型主题活动在强调教师主导性的同时往往会抑制幼儿自主性的发挥。

（二）知识的系统性强

预设型主题活动中，教师会以一个固定的话题为中心，提前系统梳理活动的各个环节，按照固定的脉络依次进行。预设型主题活动以一个话题为中心不断延展，这个话题贯穿主题活动的始终，几个小活动构成一个小主题，几个小主题最终构成大主题。

（三）内容的综合性强

预设型主题活动以领域与学科为主，在不同学科相互作用、相互融合的基础上得以产生，使幼儿在解决问题的过程中学习，进而达到促进幼儿全面发展的目的。以主题活动“我爱我的祖国”为例，在这一主题中，有艺术领域传统文化艺术作品的创作，有社会领域不同地区风土人情的感知，有语言领域“介绍我的家乡”活动，等等。

（四）组织形式的多样性

幼儿园活动以生活活动、集体教育活动、区域活动和户外活动为主。在预设型主题活动的设计过程中，教师可以将活动内容融入一日生活的各个环节。以主题活动“我爱我的祖国”为例，在生活活动的谈话环节中，可以开展“说说我的家乡”的谈话活动；在集体教育活动中，可以开展一系列支撑主题的教育教学活动；在区域活动中，可以合理利用美工区、建筑区等进行区域活动，如扎染、水墨画、中国建筑欣赏等；在户外活动中，可以组织幼儿开展中国传统民间游戏。

思考与实践

姓名：________ 班级：________ 学号：________

1. 预设型幼儿园主题活动的概念是什么？具备哪些特征？

2. 请分析案例中体现了预设型幼儿园主题活动的哪些特征。

案例： 我是整理小能手

大班开展了“我是整理小能手”的主题活动，教师结合幼儿即将进入小学这一契机，以自我服务能力的提升为主要切入点开展主题活动。同时开展社会领域活动“调查我的小书包”、艺术领域活动“设计我的小书包”等活动，帮助幼儿全面发展。

实践评价表

序号	评价项目	评 价 内 容	学生自评	教师评价
1	认知评价（60分）	掌握预设型幼儿园主题活动的概念（20分）		
		掌握预设型幼儿园主题活动的意义（20分）		
		掌握预设型幼儿园主题活动的特点（20分）		
2	技能评价（10分）	能够依据预设型幼儿园主题活动的特点对具体案例进行分析（10分）		
3	素养评价（30分）	树立科学的教育观（15分）		
		争做新时代“四有”好老师（15分）		
总 计		100分		

附：案例讨论提示

预设型幼儿园主题活动有多种特征，需要从主题活动案例的具体实施入手，结合具体案例实际分析，不应空泛地罗列特征。

模块总结

模块二　预设型幼儿园主题活动设计与实施

模块情境

在小组研讨会中，教师们在讨论本月应该开展的主题活动。有的教师说："马上就要到五一了，应该开展一个以劳动为主题的活动。"也有的教师说："现在正是花开得最好的时节，可以开展以'春天的花'为主题的活动。"教师们从多个领域出发，希望能够在活动设计上提升幼儿的多方面能力。最终，在研讨会结束后，每个班级的教师都选定了自己班级想要创设的主题活动，并且根据各自的主题确定了活动的整体目标以及各领域的活动内容。

案例中预设型主题活动的内容是根据哪些方面选定的?

模块学习目标

1. 掌握预设型幼儿园主题活动内容选择的原则，多途径选择活动内容。
2. 能够根据主题核心内容，尝试设计不同类型的主题网络图。
3. 能够依据主题活动设计原则设计预设型幼儿园主题活动。

理论基础

一、预设型幼儿园主题活动内容的选择

《纲要》中明确指出，幼儿园教育活动内容的选择既要适合幼儿的现有水平，又要有一定的挑战性；既要符合幼儿的现实需要，又要有利于其长期发展；既要贴近幼儿的生活来选择幼儿感兴趣的事物和问题，又要有助于拓宽幼儿的经验和视野。很多幼儿园会围绕幼儿自身的生活经验、社会实践、传统节日节气和生活习惯培养等内容形成主题，然后再依据主题设计相关的教育教学活动。在预设主题活动内容时，应遵守以下四个原则。

（一）尊重幼儿兴趣原则

兴趣是幼儿最好的老师。主题活动的选择应该以幼儿为本，尊重幼儿的兴趣，从幼儿的兴趣点出发，结合幼儿现阶段年龄特点以及发展水平，选择有利于发展幼儿兴趣的活动，使幼儿能在轻松愉快的活动中自觉地学习，主动获得发展。

（二）以活动为主原则

儿童心理学家皮亚杰的建构认知理论认为幼儿是在活动中实现自身发展的。教师在

预设主题活动时，要以幼儿活动为主。在预设活动时很容易出现以教师视角来开展活动的现象，容易造成说教过多，教师主导一切的局面。因此，在预设过程中，教师要思考如何让幼儿在活动中获得发展，并且适当地引导幼儿能够自主自发地参与活动，激发幼儿的学习兴趣。

（三）内容开放性原则

幼儿园活动的预设有很多的选择。在预设主题活动时，不同的教材或者课程模式都有其可以借鉴的地方，教师应该开放式地选择借鉴，而不是将某一套教材或者课程模式作为唯一的选择对象。尽量摆脱对单一教材的依赖，而根据幼儿的兴趣、需求和年龄特点等有选择性地借鉴和预设。

（四）多领域整合性原则

《纲要》中明确指出，幼儿园的教育内容可以相对划分为健康、语言、社会、科学和艺术五个领域。各领域的内容相互渗透，从不同的角度促进幼儿情感、态度、能力、知识、技能等方面的发展。由此可见，在预设主题活动内容时必须考虑到各个领域之间的融合，才能促进幼儿身心的全面发展。

二、预设型幼儿园主题活动目标的设定

主题活动的目标是对幼儿参与主题活动以后将获得什么发展的明确具体的表述，主要描述幼儿参与主题活动之后的变化。主题活动目标在主题活动中处于核心位置，是主题活动的出发点和归宿。确立主题活动目标的基础是对幼儿学习中各领域活动总目标以及年龄段目标的研读和把握，也包括对教学内容和幼儿情况的深入细致的分析。设定目标要考虑以下三个要点：

第一，多领域全面发展。要满足多领域整体发展，而不是只预设某单一领域目标。在预设主题活动时，要从多个领域出发，这样才能促进幼儿全面发展。

第二，目标设定具体明确。主题活动目标的设定要具体，要能说清幼儿参与主题活动后可以获得哪些成长，而不是大而空地泛泛而谈，应关注所设目标的可操作性。

第三，难易程度适合幼儿。在设定目标时，不能为了追求完成预设活动而将目标定得过高，而应考虑幼儿自身的发展水平。难度要适宜，不能太过于简单，也不能太难。

三、预设型幼儿园主题活动网络的架构

（一）预设型幼儿园主题活动网络设定的依据

主题活动网络充分体现着主题活动实施的具体思路以及操作路径。

第一，要考虑幼儿多方面发展的需求。例如：为通过主题活动帮助小班幼儿提升自理能力，可设计“我的小手真能干”等符合幼儿现阶段发展需求的主题网络。呈现预设主题活动的网络图能够使教师统揽主题活动的发展脉络，对主题实施的各个方面有一个整体的概念，有利于教师在实施主题活动的过程中有一个总体认识，做到心中有数。

第二，要坚持幼儿为本的原则，遵循《纲要》《指南》等文件的要求。以此为依据来预设活动，会使主题目标的确立更加准确和全面，会使活动更加贴近幼儿本年龄段的

发展水平。

第三，要关注幼儿当下的兴趣所在，以幼儿的兴趣为重点来设计主题。这样更有利于调动幼儿参与活动的积极性，也能让预设的主题内容更加贴近幼儿的生活。

第四，要依据《纲要》中五大领域的内容来进行设计，促进幼儿的全面发展，关注幼儿在各领域的发展。

（二）预设型幼儿园主题活动网络的形式

1. 表格式主题网络

表格式主题网络是教师较为常用的一种主题网络设计形式。表格式主题网络可以清晰地展示主题的全貌，其中既包括主题目标、环境创设和家园互动等，也包括各领域活动名称。教师可以根据表格的呈现，直接选择、设计和开展具体的活动，使用较为便捷。如主题活动“我爱幼儿园”以表格式主题网络呈现，分别从主题活动背景、目标、资源、家园共育、环境创设和相关教育活动等方面进行整理。

2. 思维导图式主题网络

思维导图式主题网络是指以一个总主题为核心，根据总主题所能涉及的各小主题内容逐渐分支，每一个小主题都是从总主题衍生出来的，且均能与总主题建立联系。例如“我爱我的祖国”主题中的“国庆节我发现了……”“中国的发明”“中国的骄傲”“我是中国人”四个小主题，均是由总主题“我爱我的祖国”衍生出来的。小主题“中国的发明”可以进一步展开四大发明的内容，在造纸术环节，还可以继续衍生出“纸是怎么来的?”“感受造纸的乐趣”等内容。

3. 树形式主题网络

树形式主题网络是主题网络的一种常见形式，一般以事物的关联性来确立分支小主题。树形式主题网络以主要内容为主线，采用树干加树枝的方式呈现。例如“暖暖的冬天”主题，就是以“你好冬天”“冬天我不冷”“冬天运动暖暖的”“动植物怎样过冬天”来展开。

主题活动网络的设计以教师预设为主，但是在预设的过程中也可以有意留白，以便为后期的部分生成活动做准备。

四、预设型幼儿园主题活动环境的设置

在主题活动中，适宜的环境和材料可以有效地激发幼儿的学习兴趣，推动幼儿的发展。主题和环境是相辅相成、互相成就的，幼儿与环境的互动是教师了解幼儿的主要途径，环境也能够在一定程度上促进家园互动。主题墙或者室内环境的创设与布置应该以体现幼儿探究过程为主，整体观感简洁、清楚、大方，能让幼儿读懂，避免出现过于烦琐、教师负担过重、内容喧宾夺主、外观太过花哨等现象。

五、活动案例解析

小班主题活动：清谷天的快乐

一、主题由来和设计意图

小班幼儿对季节的变化敏感，喜欢接触大自然，对周围的很多事物和现象感兴趣。

教师在和家长讨论幼儿近期在家的兴趣时，了解到幼儿在近期生活中，对春天的变化、植物种植非常感兴趣。春季特征、植物种植等能够有效地和春季节气结合起来，清明和谷雨就是春季特征较为明显的两个节气。开展节气教育具有传承中华文明、滋养幼儿心灵、陶冶幼儿情操、提升幼儿智力的现实意义。基于此，教师从节气入手，开展“清谷天的快乐”主题活动。

二、主题活动目标

1. 通过观察感受季节特征。
2. 运用多种形式体验节气习俗，对我国的传统节气感兴趣。
3. 能用自己的方式进行艺术创作，展示自己对春天的认识。
4. 喜爱种植，掌握基本的种植方法，愿意大胆探究并尝试，感受种植的快乐。

三、重点活动区材料投放和支持重点

（一）艺术区

材料投放：彩泥、彩纸等手工材料。

支持重点：引导幼儿用搓条、揉圆、捏等多种操作方式来捏一捏、画一画春天的花草树木等。

（二）家庭区

材料投放：面粉、豆馅，盆、擀面杖。

支持重点：带领幼儿一起了解青团等食物，帮助幼儿了解制作青团的步骤。

四、家园共育

教师为家长推送幼儿在园活动的精彩瞬间，同家长分享喜悦。同时推送与节气相关亲子活动，请家长与幼儿园相互配合，共同完成亲子互动活动。

在进行家庭亲子活动的过程中，邀请家长为幼儿记录下精彩瞬间，可发至班级微信群中分享，教师根据分享内容及时给予合适的反馈。

五、特色活动

（一）有趣的足球比赛

蹴鞠（踢足球）是清明节的习俗之一。在开展活动之前，幼儿每天在家和家长一起练习。活动当天，幼儿自己寻找幼儿园中可以当球门和足球的材料，共同商讨足球赛的游戏规则，展开一场别开生面的足球赛，感受运动的快乐。

（二）好喝的谷雨茶

喝谷雨茶是谷雨的习俗之一。幼儿通过闻一闻、摸一摸、泡一泡，观察谷雨茶茶叶的形状，品尝谷雨茶的味道，体验谷雨习俗。

六、主题网络

“清谷天的快乐”主题活动网络如图4-1所示。

七、活动设计

活动一：美味的青团

（一）活动目标

1. 初步了解清明节的来历以及节日习俗。
2. 愿意制作青团，感受清明节吃青团的快乐。

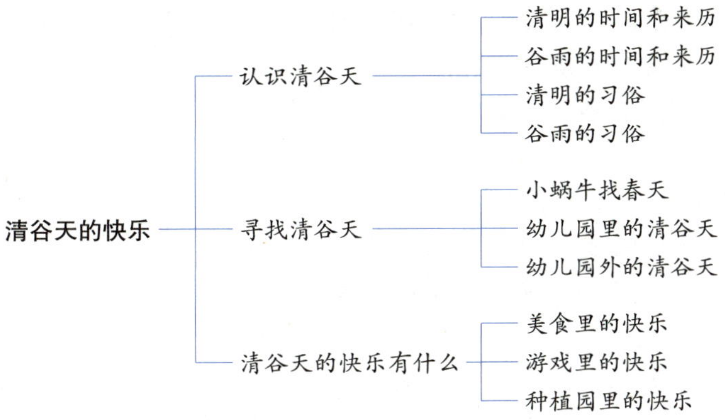

图 4-1　“清谷天的快乐”主题网络

（二）活动准备

1. 经验准备：幼儿知道青团是清明节的美食。

2. 物质准备：制作青团的糯米、豆沙馅，操作图片、视频。

（三）活动重难点

重点：在制作食材的过程中用捏、揉等多种制作方法完成。

难点：能够按照正确的步骤制作青团。

（四）活动过程

1. 教师出示青团的图片，请幼儿观察青团的形状。

2. 教师介绍制作青团会用到的材料。

3. 观看制作青团的视频，教师和幼儿一起制作青团。

4. 将青团蒸熟，请幼儿品尝，说一说青团的味道。

5. 将制作好的青团送到别的班级中一起分享。

活动二：好喝的谷雨茶

（一）活动目标

1. 知道谷雨节气的习俗之一是喝谷雨茶。

2. 通过看一看、摸一摸、闻一闻感受谷雨茶的特点。

（二）活动准备

1. 经验准备：幼儿知道谷雨节气的来历。

2. 物质准备：茶壶、茶叶、水。

（三）活动重难点

重点：能够通过探索的形式了解和认识不同的茶叶，愿意泡茶（注意水温，谨防被烫到）。

难点：能够按照正确的步骤泡茶。

（四）活动过程

1. 教师播放视频，同幼儿一起了解谷雨茶的来历。

2. 教师向幼儿介绍泡茶的用具，请幼儿观看教师的操作，初步认识泡茶步骤。

3. 请幼儿选择自己喜欢的茶叶，摸一摸、泡一泡、闻一闻，体会和观察茶叶的变化。

4. 教师和幼儿一起用正确的步骤泡茶。

5. 师幼共同品茶，分享谷雨茶的味道。

活动三：水果种子

（一）活动目标

1. 知道苹果、梨、火龙果的种子在哪里。

2. 愿意种植水果的种子，进行后续的观察。

（二）活动准备

1. 经验准备：幼儿知道水果里有种子。

2. 物质准备：各种不同的水果。

（三）活动重难点

重点：自主寻找和发现水果的种子。

难点：用种植的方法将种子种进土里。

（四）活动过程

1. 教师向幼儿展示苹果、梨、火龙果等水果，请幼儿猜一猜这些水果的种子在哪里。

2. 教师帮助幼儿将各种水果切开，引导幼儿找到不同水果的种子，说一说这些水果的种子都是什么样的。

3. 请幼儿再次猜一猜，这些水果的种子能干什么，能不能种出新的水果树。

4. 请幼儿自己寻找可以种植的工具，将水果的种子种起来。

5. 鼓励幼儿日常进行观察和照顾。

［解析］

本次主题活动趣味性强，以习俗体验以及民间游戏为主要活动。幼儿在活动中亲身体验，增强了活动的操作性，幼儿对清明和谷雨的节气习俗有了更加深刻和直观的认识。在进行主题活动的过程中，总目标的达成度较高。对于小班幼儿来说，亲自动手体验的活动更容易激发他们的兴趣。在这次节气活动当中，幼儿愿意自己搜集材料，并且和同伴分享，有了科学探索与主动表达的意愿。食品制作的形式也能够让幼儿做事情更加专注、积极。整个系列活动中，幼儿充分体会到了食育活动的快乐。小班幼儿的年龄特点比较明显，因此在节日节气活动的设置上，以游戏和食育体验为主，能够激发幼儿主动参与和学习的兴趣。在活动过程中，平日里比较内向的幼儿也能够展现出自己优秀的一面，幼儿的自信心和组织力也极大增强，美食制作成功后，更加有成就感。

思考与实践

姓名：________ 班级：________ 学号：________

1. 自主预设一个主题活动，请简要说明如何选定主题活动的内容以及设定目标，并说明在该主题下的环境应该如何创设。

____

____

____

2. 请分析案例中体现了预设型幼儿园主题活动内容选择的哪些原则。

案例：我和我的好朋友

自中班开始，幼儿的交往需求日渐增多。经过了一年半的幼儿园生活，幼儿基本都拥有了自己园内和园外的朋友，并日渐渴望能够拥有更多的朋友。幼儿对“好朋友”的概念也有了比较清晰的认识。为了让幼儿提升社会交往能力，学会解决朋友间的冲突，对集体产生归属感，教师预设了“我们做朋友”这个主题，围绕“我和我的好朋友”“我们怎样交朋友”“朋友一起真快乐”三个方面来开展活动，希望通过活动，帮助幼儿学会了解朋友，礼貌真诚待人，会解决朋友间的矛盾，认识不同的性格特点，从而达到相互帮助、共同进步的目的，进一步感受自己与好朋友共同成长的快乐。

____

____

____

____

____

____

____

____

____

____

____

____

实践评价表

序号	评价项目	评价内容	学生自评	教师评价
1	认知评价（30分）	掌握预设型幼儿园主题活动内容选择的原则（10分）		
		掌握预设型幼儿园主题活动目标设定的要求（10分）		
		掌握预设型幼儿园主题活动网络的类型（10分）		
2	技能评价（50分）	能够自主设计一个主题活动（50分）		
3	素养评价（20分）	树立科学的儿童观（10分）		
		树立正确的专业理念和崇高的职业理想（10分）		
总计		100分		

附：案例讨论提示

预设型幼儿园主题活动的设计应主要从幼儿的角度出发，包括幼儿的兴趣以及内容选择等。同时，要结合实践的具体内容来进行分析和解释。

模块总结

项目练习

姓名：________ 班级：________ 学号：________

一、单项选择题

1. 从生活中选择幼儿感兴趣的事物和问题作为教学内容的主要原因是（　　）。（2021年下半年《保教知识与能力》真题）

A. 教师容易制作教具　　B. 便于教师教学

C. 符合家长的希望　　D. 符合幼儿的学习特点

2. 在预设主题活动内容时要考虑到的五个领域包括（　　）。

A. 健康、语言、社会、科学、音乐　　B. 健康、语言、社会、科学、美术

C. 健康、语言、社会、科学、艺术　　D. 健康、语言、社会、数学、艺术

3. 在预设主题活动内容时要遵循以活动为主的原则，这里的活动指的是（　　）。

A. 教师设计的活动　　B. 幼儿自主自发的创造性活动

C. 教师指导的活动　　D. 幼儿的小组活动

4. 选择预设型主题活动内容时要以开放的态度选择借鉴教材或课程模式，不能盲目照搬，这里所体现的原则是（　　）。

A. 尊重幼儿兴趣原则　　B. 以活动为主原则

C. 内容开放性原则　　D. 多领域整合性原则

二、简答题

1. 简述预设型幼儿园主题活动网络的形式。

____

____

____

2. 简述预设型幼儿园主题活动的意义。

____

____

____

3. 简述预设型幼儿园主题活动网络设定的依据。

____

____

三、论述题

论述预设型幼儿园主题活动的优缺点，并举例说明。

四、材料分析题

秋天来了，中班的教师们决定基于幼儿的兴趣开展一个关于秋天的预设型主题活动。李老师为了加深幼儿对秋天水果的认知，为幼儿准备了不同的水果图片以及水果模型。王老师没有直接投放材料，而是与幼儿商量，支持他们自己去寻找、搜集所需材料。

请分别对两名教师的做法进行评析。

扫码查看
参考答案

项目五

生成式探究性主题课程

思政点拨

帮助学生不断更新自身的专业知识与专业能力，关注专业发展前沿，争做时代新人，形成与时俱进、勇于创新的精神。

项目学习目标

知识目标

1. 理解生成式探究性主题课程的基本内涵。
2. 了解生成式探究性主题课程的核心原则。
3. 了解课程故事的实质作用。

能力目标

1. 运用探究式五步教学法设计生成活动。
2. 掌握生成式探究性主题课程中主题及活动生成的方法。
3. 掌握课程故事常见写作范式。
4. 能评析课程故事。

素质目标

1. 关注专业发展前沿，争做时代新人。
2. 形成与时俱进、勇于创新的精神。

项目知识框架

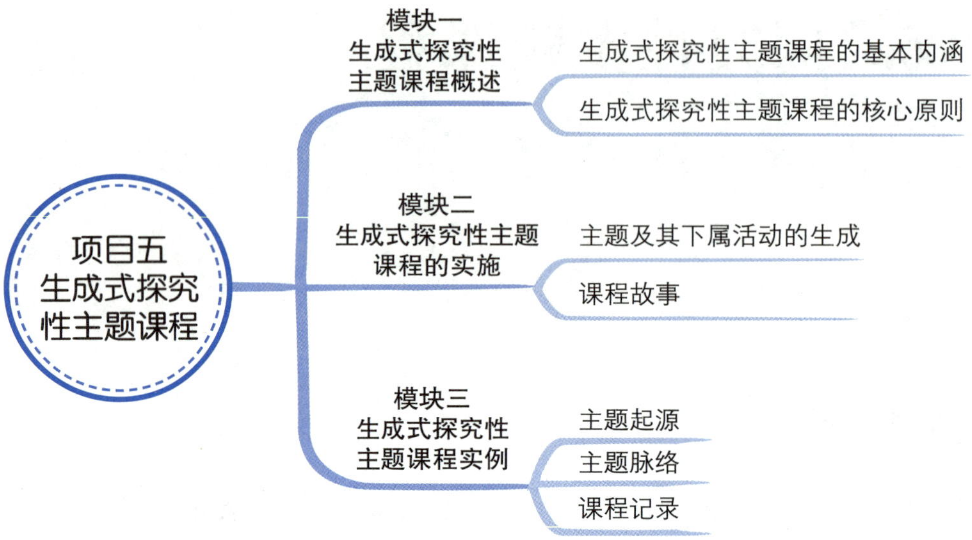

项目问题导入

小班幼儿离开家长走进幼儿园的陌生环境中，心里难免有些紧张与害怕。嘟嘟每天都边哭边说：“老师，我害怕。”当老师询问他害怕什么时，嘟嘟回答道：“我害怕幼儿园。”嘟嘟的哭诉引起了班级诸多幼儿的共鸣，在老师的引导下，幼儿们纷纷吐露了让自己害怕的事情：“幼儿园的一天真的太长了。”“我害怕睡午觉，没有妈妈也不能喝奶粉。”“妈妈不要我了。”①

在上述案例中，有哪些引发生成课程的契机呢？幼儿的言行透露出他们的什么需求与兴趣？可以形成什么样的课程主题？教师应如何通过与幼儿讨论共同决定课程内容、建构课程脉络？在幼儿园教育实践中，实施生成式探究性主题课程有哪些方法及要点？让我们带着这些问题，一起来认识生成式探究性主题课程这一新型课程的含义及实施的基本原则，了解课程生成的方法，明晰课程故事的撰写范式，赏析优秀生成式探究性主题课程案例。

① 此案例由北京市延庆区第三幼儿园何宇佳、刘熠函、昝鑫、张伊冉提供。

模块一　生成式探究性主题课程概述

模块情境

“各种各样的笔”主题活动的生成源于幼儿在日常活动中使用粗细不同的笔书写名字时发现的问题。在教师引导解决问题的过程中，幼儿的兴趣转移到对各种各样笔的关注上。结合大班幼儿即将升入小学的现实需要，教师以追随幼儿的兴趣和满足幼儿的发展为目标，开展了一系列活动。从收集身边的笔开始，师幼共同开展了笔的拆装大赛、“霍克尼爷爷的水粉笔”、正确使用笔、“粗心的小画家”、“阿罗有支笔”、收集及统计废旧笔、废旧笔再利用等活动。幼儿的兴趣不断发展，探索持续深入，在学习品质及五大领域方面都得到了有效的锻炼。[①]

案例中的课程如何诠释了生成式探究性主题课程的基本内涵？教师在组织实施课程的过程中遵循了哪些核心原则？

模块学习目标

1. 借助案例说明生成式探究性主题课程的基本内涵。
2. 分析案例中体现的生成式探究性主题课程核心原则。

理论基础

一、生成式探究性主题课程的基本内涵

生成式探究性主题课程是一种融合诸多优秀教育理念的新型动态化幼儿园课程。幼儿园主题课程即在一定时间段内，教师带领幼儿基于某中心话题展开讨论，从情感、知识、技能等不同维度，探究与中心话题相关的现象、问题，组织一系列相关活动，使幼儿获得整合性经验的过程。生成使课程突破固有教材、教案的桎梏，转变教师高控、预设的模式，让课程真正源于幼儿的真实生活。探究强调幼儿以主动探索的方式进行学习，促使幼儿饱含热情地认识真世界，兴致盎然地解决真问题。主题则凸显项目式或探究性主题的特点，课程中的活动环环相扣，让幼儿从课程中获得的经验形成一定的逻辑体系。生成式探究性主题课程以幼儿园主题课程为母体，在保留其基本特性的基础上，

① 此案例由北京市延庆区第三幼儿园吴璇、程濛濛、周丽星提供。

创新性地融入生成式课程和探究性教学法两大元素，实现对传统幼儿园主题课程的改良升级。简而言之，生成是主题课程内容来源的主要方式，探究是主题课程实施的重要手段，主题是课程实施的载体。

（一）生成

早期的“生成”一词由美国心理学家莫林·维特罗克（Merlin C. Wittrock）提出，是指一种基于理解的学习过程，在此过程中，个体将新知识与其原有知识结构建立有意义的联结。将“生成”与“课程”建立联系的先导者是美国学者伊丽莎白·琼斯（Elizabeth Jones）与约翰·尼莫（John Nimmo），二人合著了《生成课程》一书，该书汇集了诸多开展生成式课程的生动案例。生成课程在我国落地已有一定年头，但是关于生成课程概念的界定与理解却尚未达成共识。

1. 生成课程的目标

不同于传统课程中提前许久制定好，且基本不容改变的活动目标，生成课程一般是在一次活动结束后、下次活动开始前，拟定简单的目标即可。生成课程的目标是一种概述的方向性目标，每次拟定活动目标仅需使用简单明了的词、句概述，甚至仅仅是关键经验。生成课程的目标具有极强的灵活性，从拟定目标至活动开展的过程中，教师都可以依据幼儿兴趣及需求的变化，调整为更适宜的目标，甚至可以放弃原定活动目标。

2. 生成课程的内容

生成课程的内容包罗万象，并不会局限于特定的教育理念或既有的教材，而是以幼儿当下的兴趣、需要为基础，由幼儿参与课程内容的决策，使生成课程不断延展。关于生成课程的内容，有两点需要特别说明：一是当下性，二是幼儿参与课程内容的决策。当下性强调教师准确把握幼儿当下的兴趣及需要，准确判断幼儿的兴趣，辨别幼儿当下急需提升的能力，将课程资源与幼儿兴趣、需要相匹配，这是生成课程内容选择的特点。幼儿参与课程内容的决策则体现了课程内容由师幼共建的特点，以往课程内容多由教师决策，而在生成课程中，从选择哪些主题方向，到具体开展什么活动内容，教师可以充当活动发起者、建议者的角色，但是最终决策要听幼儿的意见，尤其是中大班。

3. 生成课程的方法

生成课程并没有固定的方法，各种行之有效的教学方法都可以用于生成课程之中，例如教师有目的地引导幼儿调动多种感官认识新事物的观察法，采用游戏角色、游戏环节激发幼儿学习热情的游戏法，使用精心设计的问题启发幼儿深入思考的提问法，等等。教师可以根据生成课程的实际需要，选取其中的某种方法或将几种方法组合使用。正如常言道“教无定法，贵在得法”，无须刻意区分生成课程与其他课程的方法，关键是能够根据课程所需选用适宜幼儿年龄特点的方法，并正确使用这些方法。无论选用何种方法，切记要保证幼儿在课程中的主体地位，谨防教师高控制、课程高结构等问题。

4. 生成课程的评价

与有固定活动目标、以目标为导向的课程相比，生成课程更加注重过程性评价，幼儿在活动中呈现出的状态、个性化的表现、收获的成长都是评价的着眼点。生成课程所预设的导向性目标较为宽泛，具体的教育价值是伴随活动的开展而不断显现的，注重过程性评价是与生成课程特点相适应的必然选择。与此同时，注重过程并不意味着忽视结果，生成课程同样关注活动结果，生成课程所追求的结果更多体现在促进幼儿全面发展的长期效应上。

（二）探究

探究既是教师“教”的方法，又是学生“学”的方法。在探究式的教与学中，问题十分重要。教师使用问题引发、促进幼儿的探究，幼儿在发现问题、分析问题、解决问题的探究过程中获得能力的发展。

1. 探究是幼儿主动、积极解决问题的过程

相比教师全程输出、幼儿被动接受的纯讲授式教学，探究在幼儿积极、主动参与活动方面有着绝对的优势。从发现问题到分析问题再到解决问题，问题贯穿幼儿探究的全过程。好的问题是幼儿深入、持久探究的动力，教师也可以利用问题支持、促进幼儿的探究。

2. 探究是幼儿亲身体验、尝试错误的过程

当前幼儿园教师在设计活动时，已有了让幼儿操作的意识，但在组织活动的过程中往往又会对幼儿的操作加以层层限制。例如在制作冰糖葫芦的活动中，教师原意是让幼儿在亲身体验清洗、串串儿、熬糖、裹糖等糖葫芦制作工序的过程中，了解传统美食的制作步骤，观察糖的变化，体验劳动的辛苦与喜悦。然而在活动实际实施中，为了能顺利制作出“成功的”糖葫芦，从材料的配比到工具的操作，基本由教师包办；山楂数量有限，清洗仅由小组代表在洗漱间完成；熬糖的工作由教师全权负责，不锈钢的锅具加上教师设置的安全距离，“看清楚”最终变成听老师“讲明白”；由于熬糖花费了大量时间，最后裹糖的步骤沦为幼儿在教师安排下的“摆拍”环节。本应以操作为主的探究性学习，仍呈现为教师讲、幼儿听，教师指挥、幼儿照做的学习模式。

探究性教学强调幼儿在活动中的亲身体验，教师要尽可能为幼儿提供宽松的探究氛围、丰富的探究材料、充分的探究机会，以便幼儿在操作中获取直观感性经验。在幼儿园中，探究性学习难以得到保障的原因除了资源的限制，还有成人思维的桎梏。仅以目标为导向，过分追求完美结果，一味强调成果至上，都阻碍着幼儿探究性学习的开展。幼儿的每一次探究性学习并非都能直接指向成人想要的成功结果，通过不断试错，最终找出正确答案才是幼儿自由探索的常态。面对幼儿的反复尝试，教师应充满耐心。在保障安全的前提下，即使教师发现幼儿已误入“歧途”，也不用急于施以援手。每一次探索的过程、出现的错误都是幼儿成长的契机。

3.“探究五步教学法”

“探究五步教学法”是教师更好地实施生成式探究性主题课程的法宝。

第一步，教师帮助幼儿明确活动任务或目的，并制订相应的计划。

第二步，以活动的任务、目的为导向，幼儿开始探索。教师给予幼儿充分的探索空间，让幼儿能亲身体验或动手操作；在保障幼儿安全的前提下，允许幼儿试错。教师不干涉幼儿的探索，但要使用拍照、录像的方式对幼儿的探索进行观察、记录。

第三步，在幼儿获得直观感性经验的基础上，教师借助照片、视频引导幼儿对活动进行反思、讨论，分享成功经验，探讨所遇问题的解决办法。以核心经验和能力发展为落脚点，教师帮助幼儿梳理经验、寻找问题、纠正错误、示范正确言行、概括总结。

第四步，幼儿重新进行亲身体验或动手操作的探索。

第五步，再次回顾总结。相比第三步中的反思与总结，此时教师应尽可能地帮助幼儿提升经验水平，拔高课程高度，挖掘课程深度，引导幼儿将所学知识、情感、技能运用到日常生活中。

在实际的课程实施中，教师不必被“五步”的设计所限制。倘若幼儿有充足的前经验，“五步”可自然缩减。如在“我会洗手”的活动中，在一日生活中，幼儿已足够熟悉洗手这件事，且师幼已能意识到洗手中可能遇到的问题，教师就可以直接从“探究五步教学法”的第三步展开活动，帮助幼儿共同梳理经验、解决问题，然后请幼儿亲身体验尝试正确洗手，最后再次概括总结。若问题仍有进一步探索的空间与价值，则“五步”也可以增加。如在“炒瓜子”的活动中，经过三轮探索，幼儿反复调整火候、调料、炒制方法等，最终成功炒制出令人满意的瓜子。每一轮探索，紧随其后的是反思与总结。“探究五步教学法”的核心是幼儿在反复探索获得直观感性经验的基础上，通过经验梳理与问题解决，使能力得以螺旋上升式发展。

（三）主题

主题课程规模可大可小，但必须具备两大条件，一是有中心话题，二是围绕中心话题实施系列活动。主题课程通常可分为两种类型：拼盘式主题课程与探究性主题课程。

1. 拼盘式主题课程

顾名思义，拼盘式主题课程即以一个中心话题为课程实施的关键词，围绕中心话题开展不限数量、领域的各类活动。主题下属活动间不必有内在的联系，活动实施的先后顺序基本无特定要求，每一具体活动开展与否对主题课程的实施无伤大雅。当前幼儿园中实施的主题课程多为拼盘式主题。

拼盘式主题课程具有一定优点。首先，教师有充足的时间精心设计活动流程，准备丰富的活动材料，万事俱备自然得心应手，课程具有较强的可实施性。其次，教师实施拼盘式主题课程能提前规划主题网络，预设活动内容，更易实现课程内容兼顾五大领域。最后，教师可以照搬既有的优秀活动案例，甚至有全套的课程供教师选用。拼盘式主题课程仍具有教师预设为主、课程高结构化的特点。

2. 探究性主题课程

探究性主题课程，主题下属活动间存在一定的逻辑关系，活动与活动间层层递进、环环相扣。活动实施有一定的先后顺序，前一活动是后一活动的铺垫，后一活动是前一活动的拓展，无法轻易调换活动次序；每一活动的开展与否都会影响到主题课程实施的持续性。探究性主题课程层层深入的特性更能促进幼儿深度学习的发生，此类主题课程往往更具深度。探究性主题下的活动更凸显依据幼儿实际兴趣与需求而开展的特点，这就要求教师能够通过观察，及时捕捉教育契机，对教师的专业素养有一定要求。

二、生成式探究性主题课程的核心原则

（一）兴趣性原则

兴趣性原则指教师要善于通过观察、倾听、交流，找准幼儿的真兴趣，追随幼儿的真兴趣，提供适宜的支持，由幼儿做课程的主人。教师可以通过以下三点对幼儿兴趣的真假加以甄别：首先，真兴趣应基于"儿童的视角"，而非成人所理解的"儿童视角"。其次，真兴趣具有相对的稳定性，幼儿可以在一段时间内保持好奇。最后，真兴趣有一定的探究价值，能让幼儿有所收获。

（二）生活性原则

生活性原则指课程应源于幼儿的生活，与幼儿的生活建立密切联系。幼儿的直观感受、切身体验、所遇问题往往都蕴含着生成课程的教育契机，教师要注意把握幼儿当下的真实生活。不同地域生活的幼儿所能接触到的自然条件、社会文化既存在共通性，又有其特殊性。综合考虑，才能真正生成基于幼儿当下真实生活的活动。

（三）当下性原则

当下性原则一方面指向课程的时效性，即课程内容要与当下的生活、当下幼儿的兴趣相契合；另一方面强调课程难度应处于幼儿的最近发展区，符合幼儿当下的发展水平。此外，还应明确在关注当下的同时注重幼儿的长远发展，如学习品质的形成、社交能力的发展等。

（四）直观性原则

直观性原则与前运算阶段幼儿的思维发展相适应，教师应尽可能为幼儿提供看得见、摸得着的材料。如受条件限制，也应尽可能提供模型、教具、视频、照片等加以补充。

（五）操作性原则

操作性原则要求尽可能多地给幼儿提供动手操作的机会。动手操作、亲身体验是幼儿获得直观感性经验的有效途径。要特别强调的是，操作应是幼儿自发、自愿、积极、主动的行为，而非在教师预设的情境中，按照教师的意愿、要求、指令操作。

（六）丰富性原则

丰富性原则指生成式探究性主题课程下属活动应尽量涵盖五大领域七大学科的内容，有丰富的活动可以开展。一般情况下，一个大的主题活动（活动数量超过5个），其下所属活动应该兼顾五大领域。而从整月或整学期的时间维度上来看，还应做到五大领域均衡。除了内容的丰富，活动的形式、方法等也应做到多样化。

（七）开放性原则

开放性原则指生成式探究性主题课程的目标、内容、方法、评价等方方面面都无须设限。教师应做到灵活调整课程与活动，可以增减、改动目标，可以调整教育节奏，可以变更活动的场地、时间，活动原定的内容、环节、程序都不再是教育质量提升的桎梏。

（八）教育性原则

教育性原则指活动要能助力幼儿的学习与发展，确保幼儿在参与活动的过程中学

有所获。生成式探究性主题课程不需要一味求新求异，坚守教育的初心使命才是根本所在。教师可以经常总结反思，课程中幼儿是否实现了知识增长、能力提升与情感体验。

（九）可行性原则

可行性原则要求教师从多个角度综合考虑活动的适宜性。要特别强调：一是幼儿安全，凡是可能会对幼儿身心健康造成不良影响的活动都要避免；二是课程资源，种类丰富、数量充足、易于获取、经济实惠等都是需要考量的方面。

（十）游戏性原则

游戏性原则是指在活动中尽可能增加游戏环节，以增强活动的趣味性。也可将幼儿喜爱的游戏作为课程生成资源，发挥游戏对幼儿学习与发展的积极作用。无论是“课程游戏化”还是“游戏课程化”，只要能提升活动趣味、激发幼儿兴趣、促进幼儿发展的方法，教师都可以大胆尝试。

思考与实践

姓名：________　班级：________　学号：________

1. 尝试向他人介绍生成式探究性主题课程，并说出其核心原则。

____

____

____

____

____

____

____

____

2. 请分析案例中的幼儿为什么不能听从杨老师的指挥排队。请参考“探究五步教学法”的模式，以“排队”为主题设计一次生成活动，帮助幼儿学会排队。

案例：排队

幼儿园一日常规的集体生活中，排队是保障幼儿安全、提高活动效率的有效措施。近段时间，总能看见小班的杨老师大声喊着幼儿的名字，试图引导幼儿排好队，以便有序开展活动。然而事与愿违，声嘶力竭的杨老师往往面对的还是满脸茫然、乱作一团的幼儿。

____

____

____

____

____

____

____

____

____

____

实践评价表

序号	评价项目	评 价 内 容	学生自评	教师评价
1	认知评价（30分）	了解生成课程的目标、内容、方法、评价（10分）		
		了解主题课程的分类（10分）		
		了解生成式探究性主题课程的基本内涵（10分）		
2	技能评价（40分）	能够识别生成式探究性主题课程（15分）		
		能够运用“探究五步教学法”设计生成活动（15分）		
		掌握“探究五步教学法”的步骤（10分）		
3	素养评价（30分）	树立科学教育观（15分）		
		拓宽专业视野，关注专业发展前沿，争做时代新人（15分）		
总 计		100分		

附：案例讨论提示

“探究五步教学法”的核心是幼儿经验的螺旋式上升，请勿拘泥于“五步”。在“探究五步教学法”中，幼儿的“做”十分重要，但不能是盲目地做，教师应帮助幼儿明确做什么与怎么做。在此基础上，幼儿每次的“做”才可能行之有效。

模块总结

模块二 生成式探究性主题课程的实施

模块情境

进入幼儿园后，幼儿周边的生活环境发生了巨大的变化，幼儿园的生活环境和生活方式与家庭生活截然不同，会让新入园的幼儿感到不适应。因为分离焦虑而产生负面情绪的现象普遍存在，所以教师认为缓解幼儿害怕的情绪很有必要。与此同时，通过对幼儿的观察与倾听，教师发现幼儿对绘本《走开，绿色大怪物》也有着浓厚的兴趣。

琦琦边回忆边说："这本书特别好玩，每一页都不一样。"

含含边指着书边说："因为有洞洞。"

胜胜思考着说："喜欢这本书的走开，大怪物就走开了。"

于是教师说："这个绿色大怪物，就像小朋友们害怕的幼儿园、午睡、吃饭，打败这个怪兽，我们就会喜欢上幼儿园。"

基于上述观察与思考，教师与幼儿将绘本与害怕的情绪融为一体，并经过幼儿的投票，最终在班级开展了主题课程"走开，大怪物"。①

案例中的教师是如何确定课程主题的？你能判断出这是大概生成于什么时间的课程吗？请说明缘由。

模块学习目标

1. 了解主题及其下属活动生成的方法。
2. 掌握课程故事常见写作范式。

理论基础

一、主题及其下属活动的生成

在生成式探究性主题课程中，主题及其下属活动的形成是随着活动的推进而不断形成的，教师可以通过观察、倾听、谈话、调查家长等手段，发现幼儿的兴趣与需要，与幼儿共建主题及其下属活动。

① 此案例由北京市延庆区第三幼儿园何宇佳、刘熠函、昝鑫、张伊冉提供。

（一）主题起源

在生成式探究性主题课程中，主题的形成主要有两种不同的类型：一种是学期初，在“留白”阶段，由幼儿投票选出学期初始的主题；另一种是随着活动的拓展，主题逐渐浮出水面，不断形成新的主题。

开学初3～5天的时间被称为留白期，此阶段教师可以自由组织各种活动，可以是预设活动，也可以是零散的生成活动，园所不作统一要求。在留白期，教师的工作就是通过观察、倾听等手段找出至少3个幼儿感兴趣的主题方向，并使用教育性、丰富性、趣味性、直观性等原则判断主题的适宜性，随后与幼儿围绕主题展开谈话，再请幼儿通过投票选出最终的主题，最后由师幼共同架构初步的主题网络。至此，学期初的第一个主题基本确定。在第一个主题形成后，随着幼儿兴趣与需要的变化，活动会自然延展、扩散。当某一系列活动的数量超过5个，教师便可将其归拢构成新的主题。新旧主题间通常存在一定的联系，但也允许基于幼儿的兴趣与需要，形成相对独立的新主题。

（二）活动生成

观察、倾听、谈话是教师发现幼儿兴趣、了解幼儿需求、捕捉教育契机的有效手段。教师可优先使用观察与倾听寻找生成活动的契机，如观察、倾听后仍不清晰课程如何生成，再与幼儿谈话。

观察与倾听贯穿一日活动的各个环节，是一个长期、持续的行为，应覆盖全场域。教师应兼顾全体幼儿，并做到从幼儿视角看待问题、分析问题。观察与倾听中，要重点关注幼儿的兴趣与需要，从课程开发的角度思考活动生成的可能性。相比观察、倾听，谈话是寻找教育契机最直接的方式，谈话时要关注师幼双主体间的平衡，谨防教师说得过多。此外，充分利用家长资源也是加深对幼儿的了解的有效手段。

（三）活动扩展的方法

1. 事件发生联结法

事件发生联结法指由一个活动引出其他活动，每一活动开展的过程中不断生成新的活动。例如班级在开展认识土豆的活动时，提出制作土豆相关美食；在准备制作美食前发现了园所的烘焙室，依此进一步探索了园所教室、功能室等空间布局；在制作美食的过程中又了解了各类工具的使用方法。每一活动开展的过程中都蕴藏着下一活动生成的契机。

2. 物理空间联结法

物理空间联结法指以共处相同的物理空间为契机，不断生成活动。例如班级正开展种植主题的活动，在挖土的过程中有幼儿发现了一只蜗牛，吸引了班级幼儿的注意力，由此又生成了与蜗牛相关的活动。运用此方法要求教师给予幼儿自由探索的空间，并善于利用幼儿的发现。

3. 内容相似联结法

内容相似联结法指教师通过提炼活动内容的共性，在活动间建立有机联结。例如柿子、柚子、橘子，都可归纳为水果主题；腐烂的银杏果、榴莲、臭豆腐、脏袜子，都具有“臭”的特质。

4. 围点打援联结法

围点打援联结法指为了A活动的顺利开展，连带着开展了B活动、C活动，连带开展的活动对A活动起着辅助、促进的作用。例如为了更好地“测量影子的长短”，教师先后组织幼儿寻找各种测量工具，了解不同测量单位，练习规范书写数字。待万事俱备，测量影子自然水到渠成。

5. 问题探究联结法

问题探究联结法指以问题为导向，活动间环环相扣。幼儿的问题五花八门，既有单一的问题，也有一系列的问题，前者可以生成零散的探究活动，后者则能构成探究性主题课程。

二、课程故事

课程故事又称课程叙事，是近年来兴起的一种课程记录形式。

（一）课程故事的内涵

课程故事是对课程痕迹的记录。课程故事为读者描绘出已经开展过的课程，通过阅读文字、欣赏照片、观看视频等不同形式，读者能清晰了解课程实施的来龙去脉，仿佛亲临活动现场。课程故事是对幼儿言行的再现。在课程故事中，读者能找到大量精彩纷呈、童趣十足的幼儿言行。在这些言行中，有的能促进课程框架的构建，有的能引发新活动的生成，有的能推动探究的深入，有的能展现幼儿的学习与发展。通过对幼儿言行的呈现，幼儿课程主人翁的地位跃然纸上。

课程故事是幼儿发展的分析。课程故事使用夹叙夹议或先叙后议的形式剖析幼儿在课程中的学习与发展。例如某班开展的“幸福影城”主题课程，选择并布置适宜的观影场地，丰富了幼儿的空间方位知识，增强了幼儿解决问题的能力；给电影院起名，提升了幼儿对文字的敏锐度；设计电影海报，提高了幼儿的艺术表达能力与创造力；宣传观影信息，锻炼了幼儿的表达能力与社会交往能力；承办观影活动，培养了幼儿的规则意识与责任感。

课程故事是教师成长的载体。课程故事中对幼儿主体地位的凸显，势必要求教师转变教育理念，承担起观察者、倾听者、记录者、支持者、引导者的角色。课程故事中教育价值的分析，势必要求教师提升专业能力。

课程故事是家园联系的桥梁。课程故事能呈现幼儿在园学习、生活、游戏的真实情境。家长阅读课程故事，了解幼儿在园生活，课程故事成为家园沟通的新载体。

（二）课程故事的写法

课程故事主要由主题名称、主题起源、主题脉络、活动过程、学习与发展、教学反思六个板块组成。

主题名称可以简洁明了，也可以施以艺术化、童趣性的加工，但需要让读者清晰地识别出主题内容。

主题起源主要交代主题的来源及其教育价值。因此在撰写主题起源板块的内容时，第一部分往往是描述教师通过对幼儿的观察、倾听与交谈，捕捉幼儿的兴趣所在；第二部分通常是教师的思考，用以阐明主题的教育意义。若是开学初的第一个主题，还应有第三部分，即简单介绍幼儿感兴趣的其他主题，并记录幼儿投票选出最终主题的过程。

主题脉络即主题初定后，师幼围绕主题展开讨论，初步建构主题下属活动网络，并附上初步的主题网络图。

活动过程是课程故事中占据最大篇幅的板块。活动过程部分，活动的数量应有5个及以上，写作方式可以是夹叙夹议或先叙后议。每一具体活动的写作，都应先写明活动名称，在开头交代活动的来源，然后对活动具体内容展开描述。活动内容的描述要做到主线清晰、详略得当，并匹配重点活动的过程性照片。若某一主题下的活动包含若干子主题，在活动记录板块还可将具体活动按子主题加以区分。

学习与发展板块主要是参考《指南》，从学习品质及五大领域方面，概括性地梳理出主题课程下班级幼儿整体的发展情况。

教学反思板块应分点呈现，先概述要点，再对要点展开说明。反思应深刻、真切。

思考与实践

姓名：________　班级：________　学号：________

1. 在生成式探究性主题课程中，活动拓展的方法有哪些？结合你所了解的生成课程说明活动拓展的方法。

2. 观摩一节生成课程，并撰写相应的课程记录。

实践评价表

序号	评价项目	评 价 内 容	学生自评	教师评价
1	认知评价（30分）	了解生成课程主题起源的类型（10分）		
		了解并熟悉活动生成的方法（10分）		
		了解课程故事的实质作用（10分）		
2	技能评价（40分）	能够运用不同方法拓展活动（20分）		
		能够独立撰写课程故事（20分）		
3	素养评价（30分）	树立科学教育观（15分）		
		拓宽专业视野，关注专业发展前沿，争做时代新人（15分）		
总 计		100分		

附：课程记录撰写提示

课程故事的撰写并没有统一的标准，但这并不意味着课程故事的撰写可以毫无章法地自由发挥，特别是初步接触课程故事写作时，参照一定的逻辑、要求，写作才会“下笔如有神”。还要留意课程故事和课程记录二者不能直接画上等号，下笔前想清楚要写的内容十分重要。

模块总结

模块三　生成式探究性主题课程实例

模块情境

最近几年课程故事很火，很多幼儿园都在写课程故事，虽然写的都是课程故事，但是不同幼儿园呈现的课程故事样态差异很大。除了课程故事呈现的样态差异很大，课程故事所反映的课程开展形式、方法也存在很大的差异。有些课程故事以教师预设的活动为主，有些课程故事以追随幼儿兴趣的生成活动为主。

什么才是真正的生成课程？真正的生成课程，其呈现出的课程故事样态是什么样的呢？

模块学习目标

1. 挖掘课程故事所体现的课程开展思路。
2. 能解读课程故事，初步判断课程开展的质量。

理论基础

本模块以主题活动“有趣的水”中的部分内容作为课程故事案例，进一步介绍生成式探究性主题课程。这个案例虽然不完美，但是很真实，是很优秀的生成课程故事，很适合初学者理解生成课程。此案例也显示出：生成式探究性主题课程并非想象的那么难做，只要教师用心去做，即便是普通教师也可以做好生成式探究性主题课程。解析部分不是案例原始内容，而是穿插进去的对此案例的剖析，以方便读者更好地了解生成式探究性主题课程的内涵。

主题活动：有趣的水

主题起源

周四户外活动结束后，我带领幼儿一起来到凉亭下散步。由于最近阴雨天气较多，路面上出现了一些积水。幼儿们看到小水坑就像发现了新大陆一样，都想试试水的深浅，有的用脚尖点一下，有的用手摸一摸……

胡涵铭不敢踩，便问李欣悦：“你踩一脚试试？”

李欣悦用脚踩了一下，只见水花四溅。这时，幼儿们发出了“哇”的惊叹声。

秦熠灿疑惑地问：“为什么水会溅出来呀？”

肖博宇也好奇地说："我用脚点怎么不会像你那样？"

很多幼儿自发地玩起踩水坑的游戏，个个玩得兴高采烈。

水是生命之源，我们每天的生活都离不开水，可以说水与我们的生活密切相关。《指南》中提到要引导幼儿了解人们的生活与自然环境是密切相关的，树立尊重自然和保护自然的意识。看到幼儿对水很感兴趣，再根据《指南》的相关要求，我锁定了"水"这个主题方向。

[解析]

生成式探究性主题课程主张打破传统主题课程的预设，但是很多幼儿园在上学期末就预设好了下学期每个月的主题，或者上个月时就预设好了下个月的主题方向。也不乏有些幼儿园依据教材、教案，将全年各年级的主题都预设好，同一年龄段班级的主题都是统一的，甚至好几年都固定不变。这种过早预设主题的行为是生成式探究性主题课程所要禁止的。生成式探究性主题课程主张主题的确定要源于幼儿当下的生活、学习、游戏，教师通过观察、倾听、谈话来锁定幼儿感兴趣的一些主题方向，进而生成相关主题活动。

除水的主题外，在户外活动时，幼儿们总喜欢围在鱼池旁观察金鱼的颜色、大小。在一部分幼儿关注金鱼的时候，天上突然出现了一架飞机，可以看到飞机的大致轮廓，幼儿便开始讲述自己见过的飞机的样子：它有很大的翅膀、比我们看到的要大很多……

我在观察中还发现幼儿对金鱼泡泡也很感兴趣。我们确定出三个主题方向：水、金鱼、飞机。针对这三个主题方向，我与幼儿一起讨论可以开展什么活动。讨论结束后，幼儿分别对这三个主题方向进行投票，投票时，我与幼儿一起统计票数，最终"水"有23票（61%），"金鱼"有9票（23%），"飞机"有6票（16%）。因此，薄荷班将"水"作为最终主题。

[解析]

生成式探究性主题课程主张将课程的选择权、决定权交给幼儿。教师经过一段时间的观察、倾听、谈话后，甄选出一些主题方向。甄选时需要遵照的原则有：兴趣性原则、生活性原则、丰富性原则、教育性原则、直观性原则、当下性原则、操作性原则、可行性原则、安全性原则。教师将至少3个适宜的主题方向告知幼儿，也可以更多一些。幼儿针对每个主题方向进行简单讨论，然后再由幼儿投票决定接下来班级所要实施的主题。如此一来，课程的选择权、决定权就交到了幼儿手里，一般票数最多的主题方向便是最终的主题。如果票数最多的主题票数不到2/3，这个主题也是不适宜的，教师需要重新寻找一些新的主题方向。如果有两个主题的票数都很高，幼儿的兴趣都比较浓厚，也是允许两个主题同时开展的。

主题脉络

经过讨论与投票，我们班最终确定了"水"的主题。主题确定后，我邀请幼儿围绕"水"进行绘画，绘画结束后幼儿们进行了分享。

李欣悦高兴地说："我画的是妈妈在给花浇水。"

秦熠灿说："我妈妈在家做饭也会用水。"

分享过后，教师总结并进一步引导幼儿围绕"水"展开深入讨论。

我向幼儿提问:“小朋友画的、分享的这些内容都是关于水的作用的，它可以浇花、做饭、洗衣服等。那你们再想想，水除了供我们人类生活使用之外，还能够帮助谁?”

胡涵铭回答:“金鱼，楼下的金鱼也生活在水里。”

姚欣怡补充道:“鲸鱼、海狮也生活在水里。”

张苇桐想了想说:“水里还有贝壳、海草、海螺。”

熊明哲也说:“海洋馆里的海龟、海豚都生活在水里。”

随后幼儿们又陆续讨论出好多在水里生活的动植物。

基于幼儿的讨论，我们一起梳理出一个简单、初步的主题框架，大致确定了水的作用、水的游戏、水的特性、水的类型、水中动植物五个主题分支。

[解析]

生成式探究性主题课程主张让幼儿参与课程规划，决定主题下属活动的内容。当下依然有很多幼儿园习惯由教师预设好主题下属的内容。如此一来，不管教师怎么样精心预设，都毕竟是成人的立场，很难与幼儿的兴趣、能力、知识水平无缝对接。既然如此，为什么不将课程内容的规划权利交给幼儿呢?生成式探究性主题课程的具体活动内容主要由幼儿提出，围绕主题幼儿讨论出“想知道些什么”与“想做些什么”，这些便是具体的活动内容。教师负责梳理讨论的内容，进而建构出一个初步的课程网络图，此时的课程网络图就是课程计划。当幼儿的讨论不足时，尤其是小班，教师可以多给予一些引导。

课程记录

活动一：吹水墨画

每次开展区角活动时，总会有很多幼儿进入绘画区。对于画画这件事，幼儿好像乐此不疲。基于这一发现，我和幼儿一起讨论用水可以怎么作画。

张苇桐思考后说:“可以在水中加入颜料，搅一搅就成画了。”

梁爽附和:“也可以在墨汁里加水，用吸管吹画。我以前玩过。”

听到梁爽说可以用吸管吹墨汁，明哲问梁爽:“怎么用吸管吹啊?我只用吸管喝过饮料。”

李欣悦对此也表示疑问:“我第一次听说吸管还能吹出画来。”

幼儿对梁爽分享的“用吸管吹水墨画”非常感兴趣。因此，在他们的提议下，我们先开展了一个关于水墨画的活动。

在准备工作完成之后，我提醒幼儿要把袖子挽起来，不要把墨汁弄到衣服和手上。

欣悦拿起吸管在墨汁瓶中蘸了一下，快速地将吸管里的墨汁吹到白纸上，她又重复了几次这样的动作完成了水墨画。但在放吸管的时候，她不小心将墨汁蹭到了袖子上。羽墨在很专注地画画，边画边和旁边的熠灿说:“我画的是我家的小狗，它叫缪缪，是一只小黑狗。”在画小狗耳朵的时候，羽墨不小心将墨汁蹭到了脸上，他用手去擦，又把手弄脏了。熠灿在用吸管蘸墨汁的时候，动作幅度太大，不小心把墨汁打翻，导致上衣染上了一大片黑黑的墨汁。

尽管在活动开始前我提醒过幼儿不要把墨汁弄到衣服上，但在活动过程中，不少幼儿还是将墨汁染在了手上、衣服上。保育员帮助个别幼儿洗衣服上的墨汁，可是弄脏的衣服太多，保育员都有些忙不过来了。活动结束后，幼儿讨论着弄脏的衣服。

顺应幼儿的兴趣开展“吹水墨画”，整个活动过程中幼儿的参与度很高，注意力也很集中，没有出现坐不住的情况，在一定程度上促进了幼儿专注力的发展。此次活动中，我鼓励幼儿对材料进行探索，自由创作水墨画，对幼儿想象力和创造力的培养有促进作用，但由于考虑不周，导致部分幼儿衣服染上了墨水。

[解析]

“吹水墨画”是大主题“水”下的小活动，再进一步而言是分主题“水的功能”下属的小活动。这个活动并不在起初讨论的课程网络图里，是在主题确定后，教师基于对区角活动的观察生成而来。吹水墨画本身是一个很好的艺术领域活动，培养了幼儿的专注力以及大胆的艺术想象力、创造力。遗憾的是由于教师经验不足，没有提前给幼儿准备罩衣，导致部分幼儿的衣服被墨汁沾染。幼儿园课程一直强调活动要贴近幼儿的生活，洗衣服就是生活中的一部分，“无心插柳柳成荫”，下午教师引导幼儿开展了一个“洗衣服”的活动。

活动二：洗衣服

上午活动结束后，不少幼儿衣服上沾了墨汁，原来好看的衣服变得脏兮兮的。部分幼儿看到自己衣服脏了，担心回家会被妈妈数落。

李欣悦担心地说：“我的衣服都弄脏了，回去后我妈妈肯定会吵我的。”

胡羽墨对此也表示担心：“那怎么办呀？”

梁爽说：“要不你用水洗洗吧！阿姨正在卫生间帮我们洗衣服呢。”

熊明哲附和着说道：“对呀，水可以用来洗衣服。”

为了解决幼儿的担忧，我们决定开展清洗衣服污渍的活动。我先与幼儿讨论如何清洗脏衣服：“我们该如何洗呢？除了水，还需要什么东西吗？”

梁爽回答道：“洗衣粉，妈妈就是在衣服上脏的地方放洗衣粉，搓一搓就变干净了。”

雨桐想了想说：“在有墨汁的地方涂上肥皂，使劲地揉就变干净了。”

贝贝附和道：“可以用洗衣液，会有泡泡，洗完之后香香的。”

欣悦提出新的观点说：“可以用洗洁精吗？洗洁精也会出泡泡。”

我们在幼儿园找到这些材料后，将这些方案逐一验证，幼儿们积极地参与探索。

我把衣服放在水盆里，将衣服打湿加上洗衣粉反复揉搓，一件染满墨汁的衣服，慢慢变得洁净如初。幼儿看到洁白的衣服时都惊讶地发出“哇”的赞叹声。这时，秦熠灿也跃跃欲试，由于他弄脏的衣服比较厚，所以保育员找来了一块脏抹布让他尝试。

接下来，我们又使用洗衣液、肥皂、洗洁精进行了实验。

“洗衣服”活动是在“吹水墨画”活动中生成的，体现了师幼共同发现问题、分析问题、解决问题的过程。通过此活动，幼儿既可以清理掉衣服上的墨汁，又可以进一步了解水在人类生活中的重要性，还可以提升自身的劳动技能。课程源于生活，我们要做的不是费尽心思地从生活之外找寻课程，而是善于发现、挖掘日常生活中潜藏的教育契机。

[解析]

“洗衣服”是一个非常好的生成活动，这个活动不在头一天教师预设的活动范围之内，甚至上午刚开始开展“吹水墨画”活动时，教师都不曾想到下午会开展“洗衣服”

这个活动。恰巧的是“洗衣服”活动也与“水”有关。即便与水没关系，只要是“吹水墨画”活动延伸出来的，都可以作为生成活动。在幼儿的学习、游戏、生活中，教师带领幼儿关注与解决现实生活中的问题，这个过程本身就会生成一些新的活动。

“洗衣服”活动也具有一定的探究性。如何去掉衣服上的墨汁？教师并没有直接告诉幼儿具体的方法，而是先引导幼儿进行讨论。教师梳理幼儿讨论后的结果，然后寻找材料供幼儿亲手实验，幼儿通过观察、对比来检验出最有效的方法。这个过程就是探究的过程，是幼儿自主学习的过程。

活动三：船的秘密

“洗衣服”活动中我们用到了洗衣粉和洗衣液，在水中加入洗衣粉和洗衣液搅拌，结果水中漂浮起了许多泡沫。

肖博宇惊讶地说：“老师，这个上面有泡沫呀！”

张雨桐疑惑地问：“泡沫为什么漂在水上呀？”

马钰博附和道：“是呀，它为什么没有沉下去？”

面对幼儿的一系列问题，我一时也难以回答。于是我带着幼儿一起搜集资料，我们了解到：气泡的密度远远小于水的密度，且泡沫上的水与下面的水之间有引力，所以成为半球浮在水的上面。

了解泡沫为何会漂浮在水面后，马钰博问：“为什么船也可以漂在水面上？我在湖边看到有人坐在船上，但船并没有沉下去，它那么重为什么不会沉下去啊？”

针对马钰博提出的问题，我没有给出答案，而是和幼儿商量如何探究船浮在水面的秘密。

梁爽思考后说：“幼儿园没有船，而且船很大，幼儿园没有那么大的水池。”

明哲提议说：“我们可以折纸船啊，我在家折过纸船。”

雨桐询问说：“我不会折，你能教我吗？”其他幼儿也表示想向明哲学习折纸船。

我观察到明哲很兴奋地向旁边的幼儿讲述着如何折纸船。这种同伴之间的交流和学习不仅有助于幼儿社会性的发展，同时也能增强其自信心。

我提议说：“老师了解到很多小朋友不会折纸船，我们班明哲小朋友会折纸船，那今天让明哲小朋友当一回小老师，教我们折纸船吧。”

明哲很快走到前面，拿着蓝色的纸向幼儿展示折纸船的步骤，幼儿学得很认真。

幼儿折好纸船后，决定去户外水池里放纸船，观察纸船是否会沉下去。在活动中我扮演的角色是支持者和指导者，幼儿才是活动的主人。看到幼儿探索的积极性十分高涨，我便带着幼儿到户外进行实验和探索。

幼儿们把纸船放到水池里，围在水池边进行观察。

张雨桐提出疑问：“是不是因为我们的小船太轻了，所以沉不下去啊？”

熊明哲提议说：“我们拿个小石头放到小船上试试。”于是熊明哲找到一个小石头放到小船上，船还是没有沉下去。后来又换了个大点的石头，小船沉了下去。

通过在户外的观察以及查阅资料，幼儿发现了船不会沉的秘密是浮力托着小船，使得它可以浮在水面。他们还发现了不同形状的船在水面漂浮的时间是不同的。

幼儿看到泡沫浮在水面的现象，引发了船浮在水面上的思考。但是由于幼儿园没有真的船供他们观察和探索，幼儿便想出用纸船代替。他们自己动手准备材料、寻找实验场地。活动的开展过程也是问题深入探究的过程，在活动过程中幼儿的动手操作能力、探究能力都得到了发展。小船浮不了多久就浸透而沉底，导致幼儿观察的时间有限。不足之处是，我为幼儿提供的是同一种纸，下次可以让幼儿自己选择不同材质的纸，或者使用其他材料来制作小船，比较哪种材质的船在水上漂浮的时间更久。

[解析]

幼儿在洗衣服过程中发现了泡泡，进而引发了有关浮力的思考。吹泡泡是幼儿普遍比较喜欢的活动，尽管教师知道吹泡泡是一个不错的预设活动，但是教师并没有生成有关吹泡泡的活动，这是因为没有幼儿提到吹泡泡这个事情。教师通过观察、倾听，发现幼儿对浮力、折船更感兴趣，在追随幼儿兴趣的基础上生成了“船的秘密”活动。

在教折纸船的过程中，教师运用了“小先生”教学法，鼓励会折纸船的幼儿扮演“小老师”，由幼儿来教幼儿，幼儿的兴致更浓厚，教师起着辅助作用。在小船放入水中后，幼儿进行了探索：为什么小船不会沉？为什么有的小船漂浮的时间更长？教师并没有直接告诉幼儿答案，而是带领幼儿一起查资料、做实验，引导幼儿自己寻找答案。

活动四：浇水之旅

在放小船的过程中，秦熠灿发现离水池不远处有一盆小花，活泼爱动的他从水池中捧水浇花，他的这一举动引来了一些幼儿的围观。于是下午，我和幼儿一起拿着水桶和杯子去了后院，后院里有门卫叔叔种的各种花和蔬菜。门卫叔叔向幼儿们介绍了各种蔬菜和花的名称，之后我们便开始了分组浇水之旅。

刘莎说：“不可以浇太多水，不然花会被淹死的！”

姚欣怡提议：“那我们蹲下来慢慢地浇不就好了吗？”

突然我的耳边传来了幼儿告状的声音：“老师，老师你快看，秦熠灿浪费水，把水都浇到外面了。”

看到熠灿的举动，我也很诧异，于是问他：“你怎么把水浇到外面了呢？”

他的回答让我很惊讶，他说：“老师，外面的竹子也需要浇浇水。”

我们的生活离不开水，植物的生长也离不开水。给植物浇水可以培养幼儿的耐心、细心和责任心，也能让幼儿在生活中获得关于植物的知识，在操作与体验中不断拓宽知识面。

在给植物浇水的过程中，很多幼儿对鲜艳的花朵产生很大兴趣。

张苇桐提出了自己的疑问：“它的花瓣怎么都是一层一层的？”

肖博宇也疑惑地问道：“这个花为什么比其他花朵大？”

毛一一说：“你看，这里面还有一条一条的（花蕊）。”

基于幼儿的讨论与疑问，我邀请幼儿回家观察不同的花。第二天来到幼儿园后，我邀请幼儿分享自己所观察的花，幼儿讲述了所观察的花的名称、颜色、习性等。对于自己感兴趣的事物，幼儿探索的积极性和学习能力是很强的。

人类有人类的语言，花也有花的语言。在介绍康乃馨时，依依说：“我要把康乃馨送给妈妈，她很辛苦。爸爸说康乃馨是母爱之花，可以送给妈妈和老师，是表达感谢的意思。”

刘莎立刻说："玫瑰花是表达爱的，妈妈生日的时候爸爸送给妈妈好多红玫瑰。"

吴浩源追问："那百合花呢？百合花有什么意思？"

我向幼儿们提问："有小朋友知道百合花表达什么意思吗？"

刘莎回答："我奶奶生病的时候，别人给奶奶送过百合花。妈妈告诉过我，百合代表着吉祥、顺利。"

一日生活皆教育，幼儿在发现问题、解决问题的过程中获得了知识，学会了浇水技能，也培养了耐心、细心和责任心。幼儿在日常生活中了解到不同的花所代表的含义。

[解析]

上一个活动教师带领幼儿将纸船放置在水池里玩耍，这个过程中有个别幼儿游离在活动之外，对水池附近的花花草草产生了兴趣。任何一个活动，不管活动内容多么精彩、丰富，不论教师多么优秀，都很难做到让全部幼儿非常专注地投入进来，这是正常的现象。所谓"众口难调"，幼儿的兴趣不可能每次都高度统一，这是集体教学大组活动无法避免的现象。因此，平时的大组活动只要确保大部分幼儿积极参与即可。

教师需要积极引导游离在活动之外的幼儿参与到当下的活动中，但是当引导没有效果时，教师需要尊重幼儿的兴趣爱好，不强行要求所有幼儿必须参与当下的活动。在确保安全的情况下，应当允许少量幼儿游离在主题活动之外。

在这个活动里，部分游离在活动之外的幼儿对水池旁边花花草草的兴趣引发了新的课程内容"浇水"。在植物区浇水的过程中，又生成了有关认识花朵、了解花朵寓意的活动。这里暴露出幼儿园的一个不足，就是种植区变成了门卫叔叔的种植区，幼儿园平时没有充分利用种植区的课程资源，这是需要改进的地方。

活动五：灭火

在四个活动结束后，我们进行了回顾。在与幼儿的讨论中，我提出了一个问题：水还有什么作用？

胡涵铭回答："还可以喝。"

李茗锦补充："还可以灭火，我爸爸是消防员，他告诉我可以用水灭火。"

一提到消防员灭火，幼儿们顿时来了兴趣，说出各种消防员灭火的事迹。根据幼儿的兴趣，我们观看了消防员灭火的视频，传授给幼儿一些火灾自救的办法。

在视频里，我们看到消防员用水灭火，幼儿也表示想进行灭火实验。为了让幼儿亲身体验灭火，同时考虑到安全问题，我拿着盆、打火机、废纸等，与幼儿一起去后院进行了灭火实验。

我先与幼儿讲好安全事项，让幼儿保持安全距离，然后将纸放到盆中点燃，邀请幼儿灭火。体验过后，回到班级，我向幼儿介绍了水可以灭火的原理。

此年龄段的幼儿处于直观形象思维阶段，能够通过亲身体验获得直接经验。幼儿积极参与灭火实验，既学习到了水可以灭火的知识，又提升了自身的安全意识。

[解析]

生成课程要尊重与追随幼儿的兴趣，但是这不意味着教师在教学活动中处于被动状态。有时"幼儿在前，教师在后"，教师为追随幼儿的兴趣而提供各种支持，这是值得鼓励与倡导的。有时也可以"教师在前，幼儿在后"，教师可以适当引导课程发展的方向。虽然教师可以引导，但是教师不能强求幼儿一定按照这个方向发展，只是试探性引导。如果幼儿没有兴致，教师就要舍弃自己的引导。在这个活动里，有关水的作用还有哪些，教师对幼儿进行了启发性提问，就是起着课程引导的作用。

教师前期在开展这个活动时，出于安全考虑，只是在教室里与幼儿一起讨论，并给幼儿播放视频。以前在集体教学活动时，教师一般都是在教室内开展活动，显然这个用水灭火的活动不适合在室内开展。在没有得到幼儿园管理层同意前，教师是不敢擅自外出做活动的。为了给予教师更大的教学自主权，幼儿园制定了课程改革细则："在学习与游戏时间，教师根据组织活动的需要，可以自行决定开展活动的地点，室内、室外均可。"教师带领幼儿在户外开展灭火实验，让幼儿对用水灭火有了更加直观的认识。

活动六：水的三态

在体验水灭火时，细心的幼儿观察到水浇到火上会冒出白色的"烟"。

姚欣怡疑惑地问："老师，为什么有那个白色的烟？那个烟是从哪儿来的呀？"

为了解答幼儿的疑惑，我与幼儿一起阅读了绘本《小水滴旅行记》。通过阅读绘本，幼儿了解到水有三种形态，分别为水、冰、气，同时知道了它们是可以相互转化的。

为了让幼儿对水的三种形态以及它们之间的转化有更直观的认识，我决定提供实物供他们探索。第二天，我带来了冰块、水（凉水与热水），当打开保温杯的盖子时，杯子瞬间冒出来一股"白烟"，幼儿兴奋地叫道"水蒸气"。我把冰块、热水、凉水分别放在不同的碗里，邀请幼儿感受冰块、热水和凉水的差异。幼儿发现：它们的温度是不同的，左边的水有点凉，中间的水是暖的，右边的冰最凉。

就在我们一起感受、分享时，贝贝发现冰有些融化了，说："老师，这个冰化了，上面有水。"其他幼儿也围过来观察融化的冰块。我适时引导道："你们知道冰为什么会融化吗？"

葫芦回答："因为教室里太暖和了，在暖和的地方冰块融化得就快。"

我又接着问："那你们知道如何让冰化得更快些吗？"有的幼儿说用手捂一捂，有的幼儿说放到热水里。看到幼儿对融化的冰块如此感兴趣，我就将材料（冰块、凉水与温水）放到了科学区，让感兴趣的幼儿继续自由探索。

过了一会儿，刘莎兴奋地告诉我："老师，我用手捂着冰块，它就化得快了。"

冯克平说："我把冰袋放到温水盆里，好像也化得快了。"

在此活动中，幼儿以不同的方式学习、了解水的三态。通过诙谐有趣的绘本故事，幼儿了解了水的变化，在实验操作中，幼儿亲眼观察不同形态的水，获得了感性经验。幼儿通过观察探索发现了水的变化并描述出来，促进了探究能力的初步发展。

［解析］

要想课程连绵不断地生成，教师就要做到对幼儿持之以恒地观察、倾听。在灭火的过程中，教师观察、倾听到一些幼儿对灭火中产生的雾气感兴趣，生成了"水的三态"活动。由此可见，观察、倾听是课程生成的重要途径，教师要成为一名好的观察者、倾听者。

生成课程并不意味着发现了某个课程生长点后就立马实施这个课程。课程的开展需要一些条件作为支撑，才能取得更好的效果。立马实施生成课程的前提是班级具备实施这个活动的可能，如果班级不具备立马实施课程的可能，就要给予教师一定的准备时间。准备时，教师可以做一些物质准备，也需要查询相关资料做些经验准备。这个准备的过程不能太久，时间拖得太久就会远离幼儿的兴趣。

活动七：茶叶

“水的三态”活动结束后，几名幼儿去了茶艺坊。茶艺坊也是一个很受幼儿欢迎的区角，我经常看到幼儿在观察花茶（由于幼儿年龄较小，担心喝茶叶会有副作用，所以一直未敢让幼儿泡茶叶，都是以泡花茶为主）。

冯克平兴奋地说："看，菊花慢慢变大了。"

梁爽开心地说："花开了，好香啊。"

幼儿邀请教师观察和品尝刚泡好的花茶。

梁爽说："老师，加了花的水比白开水更好喝。"

吴柄熹反驳："但是黄芪不好喝，味道好大啊。"

刘莎和老师说："老师，水也可以用来泡茶呀。"

看幼儿对泡茶如此感兴趣，我带来了多种茶叶，让幼儿亲身去体验、尝试泡各种茶。

1. 认识茶叶

幼儿观察了不同的茶叶，发现茶叶的颜色、形状、大小是不同的。通过查阅资料，幼儿发现茶叶分为很多种：龙井、铁观音、大红袍、普洱……

2. 品茶（看一看、闻一闻、品一品）

幼儿将自己感兴趣的茶叶放到玻璃杯中，我将热水倒入杯中，幼儿围在一起观察。当水的温度适宜喝时，我将茶水分给幼儿品尝。在品茶结束后，幼儿分享了自己的感受。

冯克平兴奋地说："茶叶泡入水里，水变颜色了。"

李函泽说："喝起来有点苦苦的。"

胡涵铭说："每一种茶叶味道不一样。"

3. 花茶的功效

幼儿每天都在茶艺坊品尝花茶，但不了解花茶对人身体的益处。在分享时，郭姝妤说："老师，奶奶告诉我茶叶可以降低血脂，就是可以让奶奶不那么胖。那我们天天在茶艺坊喝的茶有没有这个作用呀？"

幼儿从茶艺坊挑出了一些花茶来了解，有枸杞、菊花、玫瑰……教师和幼儿通过查阅资料了解到枸杞可以明目，菊花能够去火，玫瑰可以美容养颜……了解过后，幼儿在茶艺坊开始了讨论。

吴柄熹开心地说："我要为奶奶泡一杯有枸杞和玫瑰的茶，因为我奶奶的脸上长满了皱纹，眼睛也看不太清楚。"

吴浩源说："我要为爸爸配制菊花茶，因为他经常加班到很晚。"

在"茶叶"活动中，幼儿从观察茶叶、品尝茶叶，到了解茶的功效，再到为家人泡养生茶。幼儿的探究不断深入，他们学会了通过视觉、触觉、嗅觉等进行观察。幼儿在讨论泡养生茶时，会考虑家人的需求，逐渐地"去自我中心化"，其社会性得到发展。

[解析]

这是一连串的活动，并不是一个单一的活动，之所以将这些活动都放在一起，是因为这些活动都是围绕一个中心展开。在撰写课程故事时，教师可以把一些活动进行整合，不至于让活动显得过于零散。开展的活动有一些共同点：有实物、有操作。生成式探究性主题课程主张幼儿应该“做中学”，教师不可在没有实物、教具的情况下空洞地讲解。教师可以多给幼儿提供一些可供操作的实物，不仅是让幼儿看一看，更要让幼儿动用各种感官体验一番，获得感性的直接经验。

活动八：鸡蛋

了解过茶叶后，教师提问：“除泡水喝之外，你们知道茶叶还可以做什么吗？”

幼儿提出做面包、奶茶、茶叶蛋等，其中卞睿辰提出的茶叶蛋引发了幼儿浓厚的兴趣，他们纷纷分享了自己吃茶叶蛋的经历及发现。很快“制作茶叶蛋”成了班级幼儿的新愿望。

1. 制作茶叶蛋

幼儿激烈地讨论着如何制作茶叶蛋。在煮茶叶蛋之前，我将幼儿提到的材料放到桌子上，有八角、食盐、十三香等，介绍完材料之后便开始了制作。茶叶蛋出锅后，幼儿品尝着自己的劳动成果。

2. 长寿蛋

在分享完美味的茶叶蛋后，幼儿交流了品尝茶叶蛋的感受。因为是自己亲手制作的，所以鸡蛋显得格外美味。看到幼儿对鸡蛋热情高涨，我便提出了一个问题：“鸡蛋除可以煮茶叶蛋之外，还可以怎么做更美味呢？”

幼儿们你一言我一语地讨论着，有炒鸡蛋、做成皮蛋、蒸鸡蛋羹等。

梁爽提议：“鸡蛋放到长寿面里还可以作为长寿蛋，上次我过生日的时候妈妈就给我做过。”

我总结：“放到普通的面条里叫荷包蛋，放在长寿面里，人们就赋予它另一个名字‘长寿蛋’，也很好听！”

3. 护蛋行动

在分享完鸡蛋美食后，我提问：“你们知道鸡蛋是从哪里来的吗？”

有些幼儿说是鸡妈妈孵出来的，于是我们搜集、了解鸡蛋变成小鸡的过程。

我提问：“小鸡能健康顺利地破壳而出，靠的是鸡妈妈二十多天的保护。那小朋友们，你们知道我们的妈妈需要多久才能生出来宝宝吗？”

吴浩源回答说：“九个月。”

赵一诺反驳道：“八个月。”

幼儿们众说纷纭。孕育一个生命的艰辛只有体会了才清楚，于是第二天我们开展了“护蛋行动”，让幼儿当一天“鸡妈妈”保护蛋宝宝。这一活动能够让幼儿在体验鸡妈妈辛苦的同时，体会到妈妈照顾自己的辛苦。

在这一天里，幼儿无论做什么都带着蛋宝宝，尽管尽力做到小心翼翼，但是还是有许多幼儿没有成功保护好蛋宝宝。看到自己的蛋宝宝碎了，有幼儿伤心地哭起来。一天结束后，在保护蛋宝宝的分享环节，梁爽遗憾地说：“我没有保护好我的蛋宝宝，不小心把它掉到地上了。”张宇兴奋地说：“我的蛋宝宝还很完整，我好开心呀。”

每个生命都值得我们尊重，虽然有的幼儿因为蛋宝宝碎了很伤心，但也因此理解了保护一个生命的艰辛。

［解析］

由茶叶延伸出茶叶蛋，幼儿还提出茶叶可以做面包、奶茶。用茶叶做面包不常见，奶茶倒是很常见。教师只是生成了茶叶蛋这个活动，遗憾的是没有生成与奶茶相关的活动。课程的生成不是每次仅生成一个活动，一个活动开展完可以牵出一连串其他活动。上述案例至少还可以生成一个与奶茶相关的活动。课程源于生活，要与生活密切相关，贴近幼儿的生活经验。做茶叶蛋的活动就很好地体现了课程的生活性。

课程由茶叶蛋又延伸到鸡蛋，再延伸到“护蛋行动”。“护蛋行动”在幼儿园比较常见，此活动在此时开展比较适宜，因为当下班级正在围绕鸡蛋开展活动。这个活动并不是幼儿提出的，而是教师提出的，这并不影响课程的质量，反而能提升课程质量。首先，前面提到的两个活动联系得很紧密，此时开展这个活动并不突兀；其次，这个活动幼儿比较感兴趣，幼儿是乐于参加的。生成式探究性主题课程虽然强调要以追随幼儿的兴趣为主，但是也坚持认为课程应该是师幼共建的，教师也要积极发挥指引的作用。只是这里需要注意如何平衡好教师引导与幼儿主体之间的关系。

活动九：“突如其来”的蜜蜂

周五下午，我们刚从失去鸡蛋宝宝的痛苦中缓过来，这时从窗外飞进来一只迷了路的小蜜蜂。它的到来一下子就吸引了幼儿的注意力，幼儿们兴奋地大叫着“蜜蜂，蜜蜂”。由于当下幼儿对蜜蜂比较感兴趣，我便与幼儿一起讨论关于蜜蜂的话题。

1. 品尝蜂蜜水

在介绍蜜蜂的结构时说到了采蜜的部位，幼儿第一个想到的就是蜂蜜了。再结合水与蜂蜜的关系，我们先来品尝了蜂蜜水。

2. 制作蜜蜂

下午户外活动时，郭姝妤和蒋孝嫡在草丛里又发现了一只已经死掉的蜜蜂，他们的叫声引来一些幼儿的围观。

郭姝妤兴奋地说：“你们看蜜蜂还有爪子。”

蒋孝嫡补充：“它身上还有小毛毛。”

姚欣怡感叹：“它好小啊！”

回到教室，我与幼儿展开了讨论，有幼儿提议可以自己制作一只小蜜蜂。在询问了其他幼儿的意见后，我们决定第二天制作小蜜蜂。我们利用鸡蛋托制作出小蜜蜂的身体，利用棉签做蜜蜂的触角……

3. 蜜蜂运蜜

幼儿分享了制作小蜜蜂的感受。

李函泽说：“我在制作小蜜蜂的时候想到小蜜蜂那么小，还为我们采蜜真辛苦。”

我总结：“在制作小蜜蜂时，小朋友都有自己的想法和创意。李函泽提到蜜蜂采蜜的过程是非常坎坷的，那小朋友们想不想来体验一下蜜蜂采蜜的过程啊？”

经过我们的讨论，最终设定了蜜蜂外出采蜜的路线：走过独木桥、绕过障碍物、飞过小河……越过全部障碍物才能把蜂蜜运回家。随后我们开展了“蜜蜂运蜜”的体育活动。

游戏玩法：男女生分组，每人一个杯子，用杯子底部托着乒乓球走。途中要经过许多障碍物，如果乒乓球掉落就算失败，需从头再来。在规定时间内获得最多乒乓球的一组获胜。

由于游戏前未讲清楚规则，所以在活动结束后，一部分幼儿对今天活动的结果感到不太满意，这是以后在活动中需要改进的。我发现很多幼儿对有计划、有故事性的体育活动比较感兴趣，于是下午户外活动时我们又继续进行了此活动。这次在幼儿知道游戏规则的情况下进行比赛，不论输赢，幼儿都没有再出现强烈的负面情绪。

[解析]

蜜蜂闯进教室打乱了教学节奏，幼儿都不禁被蜜蜂吸引。教师没有斥责幼儿注意力的转移，而是暂停了当下的教学，允许幼儿好好地观察。做生成课程会遇到各种突发情况，教师可以将突发情况作为课程的生长点。幸运的是，蜂蜜水与水的主题是相关的，蜜蜂便融入了当下主题中。即便内容不相关，也可以融入当下的主题里。

“蜜蜂运蜜”活动偏向体育活动，在一个比较空旷的场地开展。此活动上午与下午各开展了一次，第二次活动的生成性更强。第一次活动如果定位为健康领域体育活动，第二次活动更偏向社会领域有关规则习得的活动。因为两个活动都是“蜜蜂运蜜”活动，教师只需要在撰写课程故事时阐述清楚为什么又开展了一次即可。

此主题活动内容较多，以上内容只是该主题下的一个分支。生成是课程内容的来源，教师通过观察、倾听、谈话，不断发现新的课程生成点，教师将这些活动串起来就是一个主题。活动开展时，鼓励幼儿自己发现问题、分析问题、解决问题，这就是探究。

[扩展阅读]

幼儿园里的棱角

活动一：棱角不可怕

在下午的学习与游戏时间里，幼儿开始了讨论，思考如何“去除”棱角且不伤人。经过讨论，幼儿决定用软软的物品盖住棱角。我询问幼儿：“哪里有软软的物品呢?”为了让幼儿有效且充分地寻找到教室里软软的物品，我提醒幼儿及时进行记录。

为了验证寻找到的物品是否有用，有的幼儿用头顶在桌角上，试一试头会不会痛；有的幼儿用手敲一敲玩具柜的棱角，看一看软软的东西会不会破。甚至幼儿能够联系已有的生活经验，主动打破空间限制，思考家中有哪些合适的软软的东西。

活动二：去除棱角办法多

第二天一早，很多幼儿从家里带来了包裹棱角的材料，有手套、解压玩偶、卫生纸、海绵胶、刷碗布、海绵、防撞条、捏捏乐等。随后幼儿围绕“是否用完所有材料?”以及“选择一种最合适的材料?”两个问题展开讨论。为了提高讨论效率，幼儿主动分成8组，每组选择了2～3种材料进行尝试。最终幼儿一致认为解压玩偶最合适，可以使棱角包裹美观，而且幼儿们都喜欢。

活动三：厉害的502胶水

决定了使用材料后，幼儿在操作的过程中又发现了新问题：“如何在棱角上固定软软的解压神器?”君君建议用宽胶带，瑶瑶表示双面胶比胶带粘得牢，钦钦提出海绵胶又软黏性又强。幼儿纷纷同意钦钦的方法，认为海绵胶是最实用的工具，于是一起动手用海绵胶把解压神器粘在棱角上。

第二天，幼儿发现海绵胶和解压玩偶都掉在地上，于是幼儿重新讨论材料的选择。扬扬兴奋地提出用502胶水，而且表示明天从家带来幼儿园。考虑到502胶水的使用隐患，我也提前想好了对策。

第三天，在包裹棱角之前，我引导幼儿讨论"如何避免502胶水粘到皮肤"。经过讨论，幼儿认为戴上手套比较安全。于是幼儿都戴上了胶皮手套，用502胶水进行新尝试。但在操作过程中，我因为帮助幼儿导致502胶水粘到了手上。家长们知道后建议我用风油精或者热毛巾尝试去除手上的胶水。我嗅到这是一个很好的教育契机，于是在班级微信群里告知所有家长和幼儿这两种办法，然后第二天备齐材料和幼儿一起做实验进行验证。

活动四：502胶水大作战

第二天，我们经过简单的回顾后开始对两种办法进行实验验证。经过商量，幼儿决定分组做实验。首先进行分组和人员分工，有做实验记录的、有准备实验材料的、有进行操作的，以及分享发言的。随后实验开始，首先把502胶水抹到水彩笔瓶盖上，接着每组幼儿观察502胶水干掉前能否擦掉，然后尝试用风油精或热水擦掉干掉的502胶水。最后，有的幼儿成功用风油精擦掉了502胶水，有的幼儿用风油精没有成功，有的幼儿用热毛巾也没有成功。成功组的幼儿分享成功经验："把风油精倒在502胶水上面，要多倒一点，不要马上擦，等一会儿再擦，这样就能擦掉啦。"最终实验结果验证了风油精对去除502胶水有一定作用。

活动五：棱角有多少

在幼儿的探索和尝试下，最终确定包住棱角的材料选为解压玩偶最合适。但新的问题出现了：需要多少解压玩偶？幼儿清晰地表示，有多少棱角就需要多少解压玩偶。

于是，我们决定去数一数小城墙上一共有多少个棱角。在户外游戏时间，幼儿进行了热火朝天的数棱角活动，一边数一边拿着记录纸在地上计数。等到了集合分享时间，发现幼儿数的数量各不相同。

幼儿又进行新的讨论："如何保证数的棱角数量是正确的？"经过商量，幼儿决定还是分组数棱角，商量好数棱角的办法以及分组合作的注意事项后，幼儿们就自愿组成小组并做好分工。数棱角的过程中，因为每组意见不统一，回到教室后我们又一次用了以物代数的方法，把各组记录的棱角数加在一起，最后确定一共有73个棱角。

活动六：园长妈妈请帮忙

通过前期的活动，我们选出了最适合包住棱角的材料，知道了棱角的数量，如何采购解压玩偶成了幼儿面临的新问题。在大家一筹莫展的时候，有幼儿提出找园长妈妈帮忙，随后有幼儿又补充表示可以把"去除"棱角的过程讲给园长妈妈听。我请幼儿进行分组，每个小组派出一个小代表去和园长妈妈讲。

大家自由分组把发现棱角后的活动一一记录并画在纸上，与园长妈妈分享了解决问题的过程，以及解决棱角问题的办法。园长妈妈听完了分享很感谢幼儿们的用心，请采购老师帮忙采购了解压玩偶。

在一个暖和的下午，吴老师带着免钉胶，幼儿带着解压玩偶一起来到操场上。因为免钉胶干得比较快，所以幼儿邀请老师来抹胶，幼儿每人拿一个解压玩偶抹到胶后迅速粘到棱角上，就这样成功给每个棱角“穿”上了保护套。

第二天早上，来园的幼儿都迫不及待地去看看免钉胶的强力效果，解压玩偶不负众望地都老老实实地在上边固定着。

因为幼儿们做得很成功，而且是切实有效地为幼儿园作贡献，园长妈妈鼓励幼儿们在星期一的升旗仪式上，选出代表向全体老师和幼儿们说出他们为大家所做的事情。幼儿们非常兴奋并欣然答应。

思考与实践

姓名：________ 班级：________ 学号：________

1. 如何从课程来源、课程脉络、课程记录等方面评价生成式探究性主题课程开展的质量？

2. 请再次阅读上一模块中自己撰写的课程故事，并对该课程进行解读。

实践评价表

序号	评价项目	评 价 内 容	学生自评	教师评价
1	认知评价（30分）	了解生成课程主题的起源（10分）		
		了解生成课程主题脉络的形成过程（10分）		
		了解课程故事的解读方法（10分）		
2	技能评价（40分）	能够通过课程故事对教师的教学行为进行解读（20分）		
		能够以课程故事为载体初步判断课程开展的质量（20分）		
3	素养评价（30分）	树立科学教育观（15分）		
		拓宽专业视野，关注专业发展前沿，争做时代新人（15分）		
总 计		100分		

附：课程故事解读提示

课程故事是再现课程开展真实情景的重要途径。作为学前教育的专业读者，对课程故事的阅读不能只停留于“看热闹”的层面，更要拥有“看门道”的能力。要通过课程故事理解执教教师的课程实施思路，客观地评价课程开展的质量。

模块总结

项目练习

姓名：________ 班级：________ 学号：________

一、单项选择题

1. 在生成课程中，（　　）是课程实施的载体。

A. 生成　　B. 探究　　C. 主题　　D. 问题

2. 下列不属于生成式探究性主题课程的核心原则的是（　　）。

A. 可行性原则　　B. 兴趣性原则　　C. 游戏性原则　　D. 细致性原则

3. 生成式探究性主题课程一般在开学之初会留有（　　）天作为留白期。

A. 2 ～ 4　　B. 3 ～ 5　　C. 10 ～ 12　　D. 12 ～ 15

4.（　　）指由一个活动引发出其他活动，每一活动开展的过程中不断生成新的活动。

A. 物理空间联结法　　B. 内容相似联结法

C. 围点打援联结法　　D. 事件发生联结法

二、简答题

1. 简述生成式探究性主题课程的含义。

____

____

____

____

2. 简述生成式探究性主题课程中的“探究五步教学法”。

____

____

____

____

3. 简述生成式探究性主题课程活动扩展的方法。

____

____

____

三、论述题

论述生成式探究性主题课程的教学原则。

四、材料分析题

主题起源

开学初，幼儿在图书区发现了一本绘本《我也要搭车》，他们围在一起看得津津有味，时不时发出一阵笑声。

萱萱开心地说："我和妈妈坐过公交车，是绿色的。"凡凡急忙补充："我也坐过，里面可大了，有好多好多座椅。"琪琪说道："我回姥姥家还坐过两层的公交车呢。"

在接下来的几天中，每天都有幼儿争着抢着去图书区看这本书，公交车也成了他们经常谈论的话题。

《指南》中指出，应该引导幼儿在活动中学习人际交往技能和了解基本的社会行为规范，了解身边的职业，懂得尊重他人劳动成果。公交车主题贴近幼儿的生活，涉及人际沟通与交往，认识公交路线也包含认识周围环境、数字等相关内容。这些活动能够很好地锻炼幼儿的语言表达能力以及社会交往能力，对于幼儿的社会性发展也有所帮助。

通过观察、倾听，我发现幼儿还对扑克牌和拼图感兴趣，因此我们班暂时选定了三个主题方向：公交车、扑克牌和拼图。我们对这三个主题进行了讨论和民主投票，班级一共有29名幼儿，对公交车主题感兴趣的有18人（62%），对扑克牌主题感兴趣的有7人（24%），对拼图主题感兴趣的有4人（14%）。根据投票结果，最终将"公交车"确定为班级活动主题。

主题脉络

主题确定后，我和幼儿就"公交车"展开了讨论。萱萱开心地说："我知道坐公交车要刷公交卡。"凡凡疑惑地提问："小孩也要刷公交卡吗？我都没有公交卡。"堂堂连忙说："小朋友坐车不用刷卡，我和奶奶坐过。"乐乐歪着小脑袋说："公交车里都有什么？我都没有坐过，我想坐一坐。"桐桐补充道："公交车上面有很多好看的图画。"琪琪跑过来说："妈妈说坐公交车要让爷爷奶奶先坐。"

根据幼儿的讨论，我们梳理出了初步的主题网络图（图5-1）。①

请根据上述课程故事片段，分析课程主题及其下属活动的生成过程。

① 此案例由北京市延庆区第三幼儿园王昱凝、刘艺、王紫晗提供。

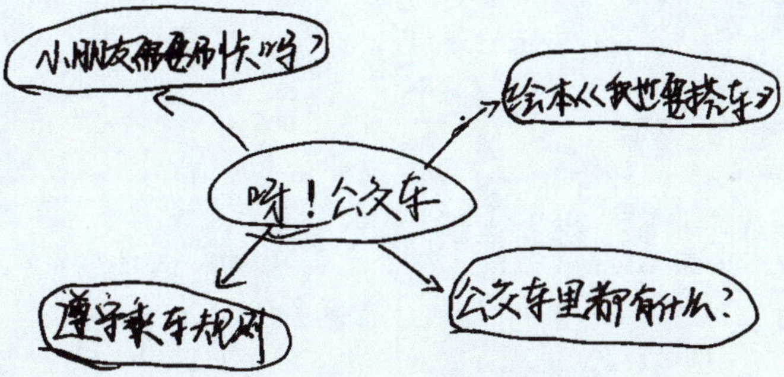

图 5-1　“公交车”主题活动网络

扫码查看
参考答案

项目六

幼儿园区域活动设计与指导

思政点拨

了解幼儿园区域活动设计原则，掌握区域活动指导方法，萌发做新时代好教师的情感。

项目学习目标

知识目标

1. 理解区域活动的定义及其特点、价值。
2. 明确区域活动创设的原则。
3. 了解区域活动的类型，明确区域活动设计的要点。

能力目标

1. 明确区域活动中教师的角色。
2. 掌握区域活动的指导策略，有效地指导幼儿进行区域活动。

素质目标

具备科学的区域活动指导观。

项目知识框架

- 项目六 幼儿园区域活动设计与指导
  - 模块一 幼儿园区域活动概述
    - 幼儿园区域活动的定义
    - 幼儿园区域活动的特点
    - 幼儿园区域活动的价值
  - 模块二 幼儿园区域活动的设计
    - 幼儿园区域活动创设的原则
    - 幼儿园区域活动的设置体系
  - 模块三 幼儿园区域活动的指导
    - 幼儿园区域活动的指导原则
    - 幼儿园区域活动指导中教师的角色
    - 幼儿园区域活动的指导策略

项目问题导入

S幼儿园是岭南地区一所新建的幼儿园，将于今年9月正式对外招生。针对班级的游戏区域规划，幼儿园的教师认为可以设置建构区、角色区、图书区、美工区、阅读区等区域。但幼儿园领导认为这样设置太陈旧、缺乏新意，提出要打造与传统游戏区域不同的区域，如扎染区、木工坊、陶艺区、烘焙区、STEM科学教室等。

针对以上案例，请说说你的看法，并思考幼儿园应该设置哪些区域、如何设置。

模块一　幼儿园区域活动概述

模块情境

在放学回家的路上，奶奶问甜甜："今天在幼儿园干什么了呀？"甜甜回答道："我搭了一个大城堡。"奶奶接着问："在哪里搭的？"甜甜说："在建构区呀。"奶奶问："谁带你们搭的呀？"甜甜说："我和几个小伙伴一起搭的。"奶奶继续问："老师有带着你们一起搭吗？"甜甜说："没有，老师在旁边看着我们搭，有问题可以问她。"第二天，奶奶又问甜甜："今天还搭大城堡吗？"甜甜回答："我今天去了娃娃家玩，我是妈妈。"奶奶纳闷了：幼儿园不教汉字、拼音、算术，天天去建构区、娃娃家玩能学到什么？上小学该怎么办？

你如何看待甜甜奶奶对幼儿园区域活动的想法？幼儿园区域活动对幼儿发展有哪些价值？

模块学习目标

1. 了解区域活动的定义及特点。
2. 理解幼儿园区域活动的价值。

理论基础

一、幼儿园区域活动的定义

区域活动也被称为区角活动，区域活动的空间被称为游戏区、兴趣中心等。幼儿园区域活动是指综合考虑幼儿的兴趣和需要、幼儿园的教育目标、幼儿园室内空间等因素，教师创设不同的区域，投放适宜的区域材料，让幼儿自由选择区域，幼儿通过与材料、同伴等的积极互动，获得个性化的学习与发展的过程。

二、幼儿园区域活动的特点

（一）活动的自由性

教师会在区域中投放幼儿喜爱的材料，幼儿想玩什么、和谁玩、怎样玩，完全可以按照自身的兴趣、爱好自由选择。不仅如此，幼儿还可以转换不同的区域，一般情况下教师不作干涉。如果有幼儿影响了区域活动的正常进行，教师则需要介入指导。因此，相较于幼儿园其他环节的活动，区域活动给予幼儿更大的自由，赋予幼儿更多自由选择的权利。

（二）幼儿的自主性

幼儿主动学习的前提是能够进行自己感兴趣的活动。幼儿在区域活动中有很大的自主性，这主要体现在幼儿能自主决定活动内容、选择活动材料、把握活动过程等。区域活动既有助于培养幼儿的自信心和独立性，又能让幼儿在轻松、愉快、欢乐的环境中活动，体验到自主学习的乐趣。

（三）指导的个性化

不同于集体教学活动，在区域活动中，幼儿所开展的活动是多样化的，每一个幼儿在活动中的状态也是不同的。因此，区域活动要求教师对幼儿进行个别化观察，细心观察幼儿的活动状态及过程，关注幼儿在活动中的个别差异，在此基础上，针对不同的幼儿进行个别化指导，助力其成长。

（四）指导的随机性

区域活动的教育价值主要来自幼儿对区域活动材料的操作、活动情境的感受和相互之间的沟通与交流等。区域活动中幼儿的活动行为虽然有一定的计划性，但是这种计划性不是很强，更不是教师提前设计好的。因为幼儿区域活动行为的随机性、偶发性，教师的指导一般也具有随机性。不过，教师的指导要控制好“度”，不能过多干涉幼儿，一般只有在幼儿的活动遇到困难，或幼儿主动寻求帮助，抑或幼儿之间发生严重冲突、争执等情况下，教师才会适当介入，进行指导。

（五）材料的丰富性

一般而言，幼儿园包括美工区、图书区、科学区、益智区、建构区、角色区等区域，每个区域都会配置若干种材料，因各个区域承担的功能不同，材料的种类也各不相同。例如美工区材料包括绘画工具、防护用品、泥工工具、自然材料、美工材料等，绘画工具又包括铅笔、马克笔、水彩笔、油画棒、蜡笔等。区域里大量的物品体现出区域活动材料的丰富性。

三、幼儿园区域活动的价值

（一）有利于幼儿个性化的发展

集体教学，即教师有计划、有目的地在同一时间、同一地点对全体学生进行的教育活动，其特点为班级固定、教师固定、场所固定、教材固定。此种教育模式下，因材施教显得尤为困难，教师的个性化指导缺失，学生的个性化发展难以保证。在新的教育改革思潮影响下，教育的目的及价值追求转变为以人为本、以学生为中心、尊重学生的个性差异、关注学生的个性化发展。幼儿园区域活动中，幼儿根据自身的已有经验和兴趣，自主选择区域并独立开展活动，这很好地践行了尊重幼儿个体差异、促进幼儿个性化发展的教育理念，对幼儿的终身发展具有不可估量的价值。

（二）有利于幼儿社会性的发展

幼儿的社会性发展离不开社会环境的浸润。区域环境为幼儿营造了宽松、自由的活动氛围，幼儿在区域中能够自由地与同伴进行沟通、交流与合作。此外，虚拟的游戏情境也为幼儿模拟了一个小型的社会环境，幼儿在适应环境、与同伴交往的过程中，逐渐习得符合社会规范的行为。例如，幼儿在区域活动中难免会与同伴产生矛盾与冲突，幼儿需要学会面对问题、处理问题、解决问题。在此过程中，幼儿逐渐“去自我中心化”，站在他人的角度思考问题，并以双方都能接受的方式处理问题，逐渐习得合作、分享、谦让等良好的社会性品质。

（三）有利于幼儿认知水平的发展

认知是指头脑中产生认识的内部处理过程及结果，是人的全部认识过程及其品质的总称。认知不仅是指个体自身的感觉，也包含个体对客观事物的理解。幼儿在自身所参与的每一项区域活动中不断地探索，不断地建构、增加或改进认知。例如在图书区，幼儿通过阅读绘本故事《农夫去旅行》，可以认识绘本中的动物（猪、牛、羊、马、鸡），还可以了解到外出旅行的必备物品有哪些。又如在科学区，幼儿用勺子往瓶子等容器里灌水，可以运用视觉、触觉等多种感觉发现水的特性。

（四）有利于幼儿情绪情感的发展

情绪情感是幼儿心理健康的重要内容。在日常生活中，幼儿的情绪直接影响幼儿的行为，并影响其身心健康。在愉快的情绪下，他们更愿意参与一日生活，而不愉快的情绪则会使其产生消极行为。区域活动有利于幼儿积极情绪情感的产生及不良情绪的宣泄。例如在建构区，幼儿搭建城堡、轨道等，既可以选择木质积木，也可以选择纸质积木，甚至是易拉罐、纸杯等。相较于一日生活中其他按部就班的环节，区域活动的自由性和自主性更能促使幼儿产生积极的情绪情感，有利于幼儿的身心健康。

思考与实践

姓名：________ 班级：________ 学号：________

1. 观察幼儿的区域活动，说出区域活动的特征，尝试分析各区域的特点。

2. 请结合幼儿园区域活动的价值，说说琦琦在区域活动中得到了哪些方面的发展。

琦琦特别喜欢在角色区进行游戏。一开始，她总是自己一个人拿着手偶玩。慢慢地，她开始与同伴一起进行角色扮演，根据角色区的主题来创设情境，如医院、超市等，并且还会询问其他幼儿想扮演什么样的角色，帮助其他幼儿搭配各种角色的衣服和道具等。每当到了班级区域活动的时间，角色区总是特别热闹，琦琦在角色区里表现得非常自信，其他幼儿也特别喜欢到角色区和她游戏。

实践评价表

序号	评价项目	评价内容	学生自评	教师评价
1	认知评价（30分）	了解区域活动的定义（10分）		
		理解区域活动的特点（10分）		
		掌握区域活动的价值（10分）		
2	技能评价（40分）	能够运用所学知识分析区域活动案例（20分）		
		能够运用所学知识分析当前幼儿园区域活动的特点（20分）		
3	素养评价（30分）	树立科学的区域活动观（30分）		
总计		100分		

附：思考与实践提示

区域游戏有利于幼儿个性化的发展，琦琦十分喜欢角色区，根据自己的意愿选择在角色区进行游戏；区域游戏有利于幼儿同伴交往能力的发展，琦琦由独自游戏逐渐发展到合作游戏，并且与班级中的幼儿相处融洽。

模块总结

模块二　幼儿园区域活动的设计

模块情境

为进一步激发幼儿参与区域活动的兴趣，A幼儿园增加区域活动数量，在室内开设了木工坊，幼儿可以根据主题内容，在木工坊中运用各式材料制作木制工艺品。B幼儿园看到后，也想模仿A幼儿园增加一个木工坊。为此，B幼儿园负责人召集教师在幼儿园的户外开辟了一个区域，投放了各种木工将用到的材料，如木材、螺丝、钉子、木锯、锤子、小刀等。

你认为B幼儿园开设的木工坊能成功吗？请说说你的理由。

模块学习目标

1. 明确区域创设的原则以及区域规则制定的要求。
2. 了解区域活动类型，掌握区域活动设置的要点。

理论基础

一、幼儿园区域活动创设的原则

（一）安全性原则

安全性原则是指区域活动创设要以幼儿的安全为基础。《纲要》指出："幼儿园必须把保护幼儿的生命和促进幼儿的健康放在工作的首位。"幼儿抵抗外界危险的意识较弱、能力较差，但是好奇心强，喜欢探索。因此，区域环境创设要突出安全性，将安全问题摆在首位。教师在创建区域环境时，要充分评估环境以及材料的安全性，如大型玩具定期检修、活动材料无尖角、电源开关和插头安装防护罩等。

（二）目标性原则

目标性原则是指区域活动创设要有一定的目标指引。在创设幼儿园区域活动时，教师需要考虑设置哪些区域、这些区域能够实现哪些教育目标，以及投放哪些游戏材料。缺乏目标指引会导致区域之间无关联、活动教育价值弱、活动材料不符合幼儿年龄特点等问题。教师应关注《纲要》和《指南》中的教育目标，考虑幼儿园学期、月、周计划中的发展目标。区域活动的创设应基于教师对幼儿的观察了解，在追随幼儿兴趣的基础上，围绕教育目标决定区域活动种类、内容、材料。

（三）适宜性原则

适宜性原则是指区域活动创设要符合幼儿的年龄发展特点。不同年龄段的幼儿能力和发展水平是存在差异的，这就要求教师在创设区域环境时要遵循适宜性原则。例如小班幼儿缺少生活经验，动手能力较弱，区域设置不宜太多、太复杂；中班幼儿已有一定的生活经验，动手操作能力有所发展，区域的数量可以适当增加，以满足幼儿的好奇心和认知兴趣；大班幼儿的语言表达能力较强，逻辑思维能力发展较快，教师不仅要增加区域的数量，而且投放的材料应更富有挑战性。

（四）全面性原则

全面性原则是指区域活动创设要关注幼儿的全面发展。《指南》指出："儿童的发展是一个整体，要注重领域之间、目标之间的相互渗透和整合，促进幼儿身心全面协调发展，而不应片面追求某一方面或几方面的发展。"在规划活动区域时，不要只偏重某一区域，要利用多个区域促进幼儿身心全面和谐发展。值得注意的是，全面性原则并非要求在一个班级中把所有的区域都创设出来，而是同一个班级中所创设的区域尽量兼顾幼儿的全面发展需求。

（五）趣味性原则

趣味性原则是指区域活动创设要关注幼儿的兴趣。幼儿参与感兴趣的活动，专注度和持久性都会大幅提升。在班级区域活动中，教师应为幼儿提供丰富多彩的活动类型和材料，注重材料的可操作性、可玩性，使得幼儿能够按照自己的兴趣、需要和意愿决定玩什么、和谁玩、怎么玩、用什么玩，从而积极地与同伴、材料互动。

二、幼儿园区域活动的设置体系

（一）区域空间的类型

1. 常规区域

常规区域是指在各幼儿园、班级中普遍设置的活动区域，一般不受幼儿年龄的限制，大中小班幼儿都可以进区活动，只不过每个幼儿园具体投放的材料和开展的活动有所不同。主要有图书区、科学区、益智区、美工区、建构区、角色区等。

（1）图书区

图书区是供幼儿自主开展阅读活动的区域。在这里幼儿可以接触到大量符合幼儿年龄特点、富有童趣的优秀文学作品。通过阅读绘本等材料，幼儿可以提升阅读兴趣，养成良好的阅读习惯。此外，教师也可以鼓励幼儿将自己感兴趣的事情或故事画下来并讲给别人听，让幼儿学会以写写画画的方式表达自己的想法和情感。需要注意的是，教师应定时更新图书区的读物，以保证幼儿阅读的欲望与兴趣。

（2）科学区

科学区是幼儿进行科学实验、科学发现、科学探究的区域。在科学区，教师需要提供多种实验材料，包括动植物（花草、当季水果、蔬菜，昆虫标本等）、自然物质（泥、沙、石、吸铁石等），以及供幼儿观察和实验的辅助工具（放大镜、望远镜、天平、各种容器、镊子、纸、笔等）。提供这些材料旨在激发幼儿的探究兴趣，让他们通过观察和实验，发展好奇心和探索欲，提高幼儿发现问题、分析问题、解决问题的能力。

（3）益智区

幼儿处于发展的关键期，其脑部处于快速发育时期，思维水平也在不断提升。益智区可以促进幼儿思维能力的不断发展。益智区材料包括棋牌、迷宫、数学材料、拼图等。益智区与其他区域相比，有两个特点：一是竞赛性，幼儿在益智区通常两两结对进行活动，双方需遵循规则，活动常有胜负之分；二是挑战性，益智区活动与动脑、动手解决问题紧密相关，对幼儿有一定的挑战性。

（4）美工区

美工区是幼儿进行美术欣赏和美术创作的区域。在这里，幼儿可以填色、画画，做纸工、布工、泥工、木工等活动。设立美术区旨在培育幼儿的审美能力以及表达美的能力，进一步提升他们对线条、色彩、构图等方面的认知，并鼓励幼儿尝试运用各类材料进行艺术创作。美工区应配备笔、纸、颜料、陶土、剪刀、刻刀、胶水、胶棒、双面胶、订书机、针线、绳等材料，以及废弃纸盒、瓶罐等资源。

（5）建构区

建构区是幼儿发挥想象，利用建构材料进行搭建活动的区域。在这里，幼儿可以通过操作和摆弄积木、积塑等材料，发展空间知觉、主动建构、合作学习等能力。建构区可以投放质地、大小和结构不同的积木，如木质积木、泡沫积木等，还可以投放收集回来的废旧纸盒、泡沫等环保材料。

（6）角色区

角色区是幼儿进行角色扮演的区域。一般角色区会有娃娃家、餐厅、医院、超市、银行等主题，围绕幼儿日常生活中熟悉的场景展开。幼儿可以根据个人意愿选择扮演的角色，自由地创设活动情境。需要注意的是，角色区不宜提供过多高仿真度的材料，如娃娃家的床、柜、镜、毯等家具。这些物品尽管逼真，但结构化程度较高，留给幼儿自由想象和创造的空间相对较小。因此，在角色区中，教师应适当为幼儿准备一些高开放度、低结构化的材料。

2. 特色区域

特色区域是指本园或本班与别的幼儿园或班级不同的、比较独特的区域。幼儿园或班级可以根据自己园所、班级的资源情况、教师的专长和幼儿的兴趣等设置具有独特性的区域，如有的幼儿园设置的美术创意室、科学探究室、烹饪体验室等。活动室的创设可以扩大幼儿活动的范围，实现资源的最大共享，同时也彰显了幼儿园的特色。

当然，幼儿园的特色也可以体现在区域活动材料上。例如，有幼儿园利用地域优势，将活动区域与农村的自然物相结合，投放了石臼、石磨等劳作器材，提供大米、大豆等材料供幼儿研磨，具有浓厚的乡土特色。除了地域特色，教师也可以深入研究并创建自己班级独特的区域活动。

（二）区域空间的设置原则

1. 合理规划原则

不同类型的区域活动特点、功能不同，幼儿在不同类型的区域中所需的活动范围也不同。教师需要根据幼儿活动的实际需要，合理规划不同区域的空间大小。例如，建构区需要提供较大的空间。同时，室内区域的数量也需要控制在合理范围内，一般以

5～6类活动区为宜。较少的活动区域不能满足幼儿多样化的学习与发展需求，而过多的活动区域则可能影响幼儿活动的持续性。

2. 动静分离原则

为了避免不同类型区域活动互相干扰，设置区域空间时要注意把相对安静的区域和比较喧闹的区域分隔开。一般来说，阅读区、美工区、益智区等个性化操作区域相对安静，可以邻近设置；而音乐区、表演区、角色区、建构区等区域中合作、协商之类的互动行为偏多，区域比较嘈杂，应当与较为安静的区域保持一定距离。

3. 相关邻近原则

区域空间设置还需要考虑环境中光线、水源、通风、电源、墙体等因素，不同区域活动对物质环境中的各因素需求不同。例如阅读区需要适宜的光线，因此对采光要求较高，需要设置在靠窗且光线适宜的位置；美工区中幼儿选择各种材料，如颜料、墨汁、黏土等，进行绘画、手工等艺术欣赏和创作，需要选择靠近水源的位置；益智区涉及光影、电磁等操作材料，则需要选择靠近电源的位置。

4. 开放联动原则

不同区域的功能各异，彼此之间的联动性也存在差异。美工区和角色区、益智区的联动性较强，例如小班娃娃家所需的开放性材料可以在美工区制作，中大班超市游戏所需的商品也可以在美工区制作。不同区域对开放性的要求也不同，阅读区较为封闭，美工区、益智区半开放，而建构区、角色区、表演区则更加开放。美工区虽可与其他区域联动，但也需要安静的创作空间，因此会设置一定高度的隔断，既满足作品展示的需要，又创造半封闭空间供幼儿专心创作。

5. 安全性原则

区域设置需要保证幼儿在其中安全活动，保证教师视线所及之处没有遮挡，确保教师能够观察到所有幼儿在区域活动中的情况，因此各区域不管开放性如何，都不适宜设置过高的隔断、挡板等。如果确需设置隔断，最好选择透明、镂空等视野相对较好的材料，这样既能满足隔断需要，又能保证教师时刻关注幼儿安全的需要。

（三）区域材料的投放

1. 区域活动材料的投放原则

（1）安全性原则

安全性原则要求教师在为幼儿提供活动材料时，选择无毒、无味，对幼儿无安全隐患的玩具材料。幼儿从家里带来的废旧物品，如罐子、盒子、瓶子等，要把里面的残留物清除干净，使用前进行彻底的清洁消毒。另外，投放材料时要考虑幼儿的年龄特点，尤其是小班幼儿，好奇心较强，喜欢用鼻子闻一闻、嘴巴咬一咬等方式来感受材料，所以活动区域中投放的材料必须是安全的、卫生的。

（2）艺术性原则

一般而言，幼儿对色彩丰富、造型精美的事物较为感兴趣。因此，区域材料应适当考虑材料的美观性，且便于幼儿操作，以便激发幼儿的兴趣，吸引其积极参与活动。例如建构区材料除了有原木色的木质积木，也可以有五颜六色的泡沫积木，使搭建的作品变得丰富、有趣。

（3）针对性原则

幼儿的年龄特点决定幼儿的身心发展水平。因此，活动区域中应根据不同年龄段幼儿的身心特点投放不同层次的活动材料，做到有的放矢，具有针对性。例如在建构区，大班幼儿的小肌肉发展较好，动手能力较强，思维较为敏捷，可为他们提供丰富多元的材料，以满足他们想象力和空间思维能力的发展。

（4）目标性原则

每个区域都有一定的教育功能，对应一定的教育目的。区域活动的教育功能可以促进幼儿发展目标的实现，因此投放区域材料应有目的性，避免盲目性。教师应依据当前主题活动的目标、内容，有针对性地选择与主题相关的操作材料，并挖掘其在不同区域内的多种教育作用。一个目标可由多种材料来实现，一种材料也可服务于多个目标。

（5）探究性原则

材料的探究性是指材料可以让幼儿动手、动脑，支持幼儿与活动环境的积极互动，使幼儿能持续地进行探究。在区域活动中，幼儿开动脑筋思考，动手操作各种材料就是探究的体现。例如，提供汽车的门、窗、轮子等游戏材料，幼儿自己拼装出汽车模型，这就是一种探索活动。因此，教师在提供材料时，应密切注意材料的探究性。

（6）层次性原则

材料投放的层次性是指教师在选择、投放操作材料时，能够根据预定的目标，按照由浅入深、从易到难的要求，分解出若干个与幼儿的认知发展相吻合的操作层次，使材料“细化”。从材料的加工程度来讲，可在同一个活动区域中提供原材料、半成品和成品材料。教师也可根据幼儿能力的不同，提供操作难易程度不同的活动材料。

（7）动态性原则

材料的提供并非一成不变的，而是需要根据教育目标和幼儿的发展需求，定期或不定期地调整、补充。材料的动态性还体现在不同年龄班及同年龄班不同班级之间的互动上，各班教师应及时沟通、交流幼儿区域活动的情况，做到材料互补、资源共享，让材料真正地为区域活动服务，为幼儿的发展服务。

（8）丰富性原则

区域材料的丰富性主要指品种多样、形式多样、功能多样。例如，在美工区投放不同形式的材料，如彩笔、蜡笔、彩纸、彩泥等，有助于幼儿开展多种美工活动。

（9）趣味性原则

有趣的区域材料能够引起幼儿参与活动的兴趣，提高目标的达成度。过难或过于简单的材料都不利于激发幼儿的活动兴趣。教师在投放区域材料时，一定要明确幼儿的身心发展特点，根据其特点投放能够引起幼儿兴趣的材料。例如在大班的建构区，若只是让幼儿搭建一座房子，他们会觉得单调乏味，从而失去搭建的兴趣。但如果创设故事情境，让幼儿扮演小猪，教师扮演大灰狼，大灰狼马上要来了，小猪们要赶紧搭建一座房子，不然大灰狼就会把小猪吃掉。如此，幼儿就会兴趣盎然地利用区域材料搭建属于他们的小房子。

2. 材料投放需要注意的问题

（1）丰富的材料≠越多越好

活动区材料应该是丰富多样的，但丰富的材料并不等于越多越好。需要注意的是，多则滥，滥则泛，材料的投放应当遵循适度的原则。幼儿注意力具有不稳定性，过多过杂的材料虽然能吸引幼儿参与活动，但也容易分散幼儿注意力，进而影响活动的质量。

（2）优质的材料≠越美越好

精美的材料能吸引幼儿，激发幼儿的活动兴趣。然而，教师更应注意材料是否具有促进幼儿学习和探究的价值，绝不能仅看其外表。看起来精美的材料，如果不能给幼儿提供想象与创造的空间，也就失去了材料的价值。

（3）他人的经验≠人人适宜

教师在投放材料时，往往会学习他人的成功经验，也会利用自己先前积累的经验。但这些经验并不一定处处灵验、人人适宜。教师应依据本班幼儿的年龄特点与兴趣爱好，因地制宜地做出准确、科学的选择。

（4）投放材料≠袖手旁观

有些教师说："幼儿手中有玩的，打闹现象明显减少，我们也轻松多了，把区角材料拿给幼儿自己玩就好了。"投放材料后，教师真的可以袖手旁观吗？答案是否定的。设置活动区、投放区域材料，并不是单纯地为了减少幼儿打闹，而是为了给幼儿提供更大的个性发展空间。这其实对教师提出了更高的要求，教师需要针对每个幼儿的情况提供个性化指导。

（四）区域规则的制定

1. 活动前：进区规则

在幼儿进区前，人数是首要规则。每个区域空间和材料往往有限，投放新材料时容易出现供需矛盾，因此人数限制是基本规则。除了人数，进区规则还涉及材料选择和着装等。例如幼儿不能一次将太多材料"占为己有"；如果用颜料绘画，幼儿要提前穿好罩衣。教师可以通过多种方式明确规则，如进区前让幼儿有序选择区域。

2. 活动中：活动规则

在区域活动中，常出现一些无序的现象，如幼儿大声喧哗、乱扔东西、争抢玩具、破坏材料、浪费材料等。原因在于教师未建立有效的活动规则。活动规则是指告诉幼儿在区域活动操作时应该做什么、不应该做什么。

3. 活动后：物归原处

物归原处是区域养护的最好方式之一。区域活动结束后幼儿自主收拾整理，同样也是区域活动的重要环节。区域是一个开放式的学习环境，幼儿学会将操作材料有序收拾和摆放归位，可以增强区域环境的秩序感，也能够培养幼儿良好的归纳、整理能力。

思考与实践

姓名：________ 班级：________ 学号：________

1. 请结合所学知识，论述幼儿园区域活动创设的原则。

____

____

____

____

____

____

2. 请结合所学知识，说说幼儿不去娃娃家的理由。如何使幼儿重新喜欢去娃娃家玩耍？

教师在娃娃家投放了不少活动材料，如塑料水果、塑胶水果刀、海绵状的面包等。在小班时，娃娃家是幼儿光顾的热门区域，幼儿喜欢玩弄这类材料，但是到了大班，幼儿去娃娃家的频率变低了。为什么幼儿不愿去娃娃家了呢？教师百思不得其解。

____

____

____

____

____

____

____

____

____

____

____

____

____

实践评价表

序号	评价项目	评 价 内 容	学生自评	教师评价
1	认知评价（40分）	掌握幼儿园区域活动创设的原则（10分）		
		理解幼儿园区域活动设置的要点（20分）		
		了解幼儿园区域活动的一般类型（10分）		
2	技能评价（30分）	能够运用所学知识分析区域活动案例（10分）		
		能够引导幼儿进行区域环境的创设及规则的制定（20分）		
3	素养评价（30分）	树立科学的区域活动教育观，具备一定的区域活动实施能力（30分）		
总 计		100分		

附：思考与实践提示

不同年龄的幼儿对游戏材料的需求是不一样的。娃娃家的材料，小班幼儿比较喜欢；而对大班幼儿而言，这些玩具材料的趣味性就大大降低了，玩具材料对幼儿没有挑战性。

模块总结

模块三　幼儿园区域活动的指导

模块情境

区域活动中，幼儿正在进行陀螺比赛。小宇告诉老师："我发现扁扁的圆形陀螺转得比其他陀螺久！"接过他的话，老师问他："所有扁扁的圆形陀螺转的时间都一样久吗？"小宇想了一会儿，拿着陀螺回去继续探究了。为了让幼儿更好地进行实验，教师提供了更多不同类型的陀螺。小宇选择了转动轴和圆形纸板陀面制成的陀螺，然后对轩轩说："轩轩，你拿和我一样的转动轴，用这个圆形的卡纸做的板，我们一起转，看哪个陀螺转的时间久。"比赛结束后，轩轩说："老师，我的陀螺转动时间更长！""嗯，看来陀螺的转动和陀面材料有关，你们发现其中的秘密了吗？"小宇和轩轩点了点头。在随后的活动中，他们继续探究陀螺转动快慢的秘密。

教师在游戏中扮演了什么角色，运用了什么指导策略呢？

模块学习目标

1. 了解幼儿园区域活动的指导原则及幼儿园区域活动指导中教师的角色。
2. 掌握幼儿园区域活动中教师的指导策略。

理论基础

一、幼儿园区域活动的指导原则

（一）尊重性原则

尊重性原则强调教师要以幼儿为中心，尊重幼儿的主体性，充分尊重幼儿在区域活动中的自主选择及表达权利。其中包括幼儿自主选择区域的权利、跟随兴趣自主生成游戏的权利、自主选择材料的权利、自主选择同伴及确定玩法的权利，以及自主表征、表达的权利。

（二）开放性原则

开放性原则强调教师指导区域活动的方式和方法要开放、低控且灵活有效，避免封闭、高控、机械单一，要求教师根据幼儿的实际需要，灵活选择并采取适宜的指导策略。教师需要因材施教，选择多元的指导方式，避免刻板僵化且浮于表面的指导。

（三）发展性原则

区域活动指导的主要目的是促进幼儿在区域活动中更好地学习和发展。教师应具备在活动中捕捉幼儿发展契机的敏感性，在充分观察的基础上理解幼儿的行为，判断幼儿所处的最近发展区，及时为幼儿的学习搭建支架，进行发展性引导，促进幼儿在区域活动中的学习与发展。

（四）差异性原则

不同幼儿的区域游戏水平、经验、兴趣爱好等各方面存在差异。教师需要正视这些差异，重视对幼儿进行个性化、针对性的指导。教师需要正确看待个体差异，因材施教，有针对性地采取有效、合理的方式指导幼儿的区域活动，促进幼儿向更高游戏水平发展。

（五）过程性原则

区域活动的指导强调持续的、追踪的过程性指导。教师应在预见指导成效的基础上进行循环式指导，遵循观察、指导、反思性观察、再指导的循环式路径，促进幼儿游戏水平、经验的螺旋式上升。

二、幼儿园区域活动指导中教师的角色

教师在区域活动的指导过程中需要扮演不同角色。教师在区域活动指导中的角色并不是一成不变的，教师角色会随区域活动中游戏指导的需要不断调整、转换。并且，区域活动指导中教师往往同时扮演着多重角色。

（一）观察者

观察是教师进行有效指导的前提条件，也是了解幼儿区域活动各方面情况并进行区域游戏活动指导的首要步骤。只有在充分观察幼儿行为的基础上理解幼儿的想法，才能给予幼儿有效指导。因此，教师在区域活动中要做到眼观六路、耳听八方。既要巡视幼儿安全等特殊情况，又要观察区域活动中幼儿的动作行为表现；既要倾听环境中幼儿多样的声音，如哭声、笑声等，又要倾听同伴之间的互动性语言。

（二）支持者

教师往往会以支持者的角色参与区域活动。区域活动中教师对幼儿的支持主要包括两方面：一方面是物质支持，包括物质环境中的操作材料、工具等；另一方面是精神支持，包括营造良好的心理氛围，如积极正向地评价、鼓励幼儿解决问题的氛围等。环境和材料的支持是动态的，教师需要联系课程与教学内容，选择并投放适宜的区域活动材料。同时，应当关注幼儿的兴趣和实际需要，从儿童视角出发，提供符合幼儿年龄特点及发展水平的，支持幼儿充分探索和学习的多样化材料。此外，教师在区域活动中，还需要及时给予幼儿情感方面的支持，营造良好的情感氛围。

（三）引导者

区域活动中，教师不是高高在上的指挥者，亦非放任自流的袖手旁观者，而是引导者的角色，是区域活动中幼儿的引路人。教师引导主要包括直接引导和间接引导两种方式。直接引导主要是通过眼神、动作、语言等直接行为，传递指导信息。例如区域活动中同伴之间出现争吵、打闹等现象，教师及时介入，解决幼儿之间的同伴交往问题。间

接引导主要是通过环境创设、材料投放等方式，潜移默化地引导幼儿学习。例如区域活动中幼儿没有养成整理的习惯，教师可以通过投放示意图、标签等方式潜移默化地影响幼儿的整理习惯。

（四）评价者

区域活动只有在合理评价的基础上才能更好地调整和改进。区域活动前评价主要是针对上一次活动中幼儿表现的总结性评价和反馈，包括幼儿表现好的地方及不足之处，幼儿本次活动还需要继续努力的方向。区域活动过程中和结束后，主要针对幼儿区域活动的过程，围绕幼儿的学习品质、能力发展等方面进行评价。明确、有效的评价能够在活动过程中为后续幼儿更高水平的活动指明方向。

三、幼儿园区域活动的指导策略

幼儿园区域活动的指导策略是多元的，主要包括区域活动前、中、后的指导策略，教师应当结合实际情况选择适宜的指导策略。

（一）区域活动前的指导策略

1. 制订区域活动目标和计划

教师应当提前制订区域活动总目标以及每个区域活动的教育目标，以便有的放矢地创建区域环境。然后，根据每个区域的具体教育目标选择提供相应的材料，设置相应的区域活动内容，为后续观察指导幼儿的游戏行为进行铺垫。

2. 确定观察目标和计划

教师可以根据区域活动的目标以及活动规则等提前确定观察目标，选择适宜的观察记录方式和工具，为进行有目的的观察打下坚实的基础。

（二）区域活动中的指导策略

1. 善于把握指导时机

区域活动中的指导是教师审时度势的过程。教师要注意避免高控制，同时也需要避免出现放任自流的现象。教师要善于把握指导时机，掌握好“何时指导”以及“指导什么”。

一方面，把握区域活动常规秩序的指导时机。基于幼儿自由建立的规则才是主动的、内化的规则。在自由和规则之间达到平衡是非常重要的。当常规秩序出现问题影响了区域活动的进行，如幼儿出现了明显的情绪波动和行为问题，大喊大叫、哭闹不止，或互相攻击、争抢材料等行为，教师应及时干预制止。教师首先需要制止危害幼儿身心健康的行为，及时引导幼儿平复情绪，然后了解事件的严重性及发生此现象的原因，最后经过讨论纠正幼儿的错误行为。

另一方面，把握区域活动内容的指导时机。当幼儿活动一直处于较低水平，无法向更高水平发展时，教师需要了解幼儿在区域活动中现有的活动发展水平，并在幼儿的最近发展区内进行有针对性的指导。当幼儿一直重复同一游戏情节而没有延伸，表现出无所事事，无法认真投入，或是游离在外不知如何加入游戏时，教师需要根据幼儿的行为表现，挖掘现象背后的原因，帮助幼儿丰富区域活动的内容，提升幼儿的区域活动水平。

2. 选择适宜的指导方式

从教师指导区域活动方式的角度来看，邱学青提出以教师为媒介的指导方式可以分为平行式指导、交叉式指导和垂直式指导三种。教师可以根据不同区域活动内容，灵活选择不同的指导方式。

（1）平行式指导

平行式指导是指教师在幼儿周围，和幼儿玩相同或不同的活动材料，以此对幼儿的活动进行示范指导，但是教师并不干预幼儿的活动。

（2）交叉式指导

交叉式指导是指当幼儿需要教师参与或教师认为有参与的必要时，由幼儿邀请教师参与或教师主动参与幼儿的活动，教师通过与幼儿的互动，指导幼儿的区域活动。

（3）垂直式指导

垂直式指导是指在区域活动中，当幼儿严重违反活动规则、未规范使用活动区材料，或出现争执以及严重的攻击性行为等，教师直接以教育者的身份介入幼儿区域活动，对幼儿的行为进行干预。

3. 采取合理的指导行为

从教师指导行为的具体表现角度来看，教师指导可分为言语指导和非言语指导两类。

（1）言语指导

言语指导主要包括指令性语言、建议性语言、陈述性语言、鼓励性语言、询问性语言、示范性语言和责备性语言七种。

① 指令性语言是指教师对幼儿传达要求和命令的语言，如在棋类游戏中，教师直接命令幼儿："你把棋子放在这个地方。"

② 建议性语言是指教师对幼儿在活动过程中遇到的问题或困难等提出建议，如："你可以试一试这样做。"

③ 陈述性语言是指教师对幼儿活动过程的描述性语言，如幼儿在做溶解实验时，教师引导幼儿："你现在把白糖放进水里搅拌观察结果。"

④ 鼓励性语言是指教师在幼儿活动时给予的肯定、鼓励式的语言，如："你做得很好。""你真厉害。"

⑤ 询问性语言是指教师在活动中对幼儿提问的语言，如："你在做什么？"

⑥ 示范性语言是指教师给幼儿做出示范性行为并且描述自己的行为的语言，如："我现在先将白糖放进量杯，然后加入水，最后用搅拌棒进行搅拌，观察白糖会不会溶解在水中。"

⑦ 责备性语言是指教师批评、责备幼儿的语言，如："你怎么能这样做呢？""不能这样。""这样是不对的。"

一般来说，幼儿对示范性语言、建议性语言、鼓励性语言的接纳程度较高，对指令性语言、询问性语言、责备性语言的接纳程度较低。幼儿往往会对责备性语言产生逆反心理。因此教师要注意，尽量采取正向、积极的语言。

（2）非言语指导

非言语指导包括面部表情、肢体动作等。表情、动作表达的含义一般包括帮助、示范、制止、指示、认可五个方面。例如做光影与色彩实验，教师可以通过示范动作给幼儿提供参考。当幼儿出现破坏材料、玩具等行为时，教师表现出不赞成的表情，如皱眉等较为严肃的表情，可以让幼儿反思自身的行为是否有不妥当之处。教师还可以通过微笑、竖起大拇指等表情和动作对幼儿的游戏行为表示认可。

4. 注意指导时的情绪态度

教师的情绪会影响指导的有效性。教师要调整指导时的情绪状态，避免浮于表面的指导，提升指导的有效性。积极情绪态度下的指导，幼儿较易接受，而消极情绪态度下的指导效果则会大打折扣。

（三）区域活动后的指导策略

区域活动后的指导策略主要包括组织幼儿进行活动后的分享评价、关注区域活动的延伸和拓展等。对幼儿活动中的经验进行分享，帮助幼儿梳理活动经验，关注区域活动内容的生成和延伸，有助于促进区域活动中幼儿的深度学习。

1. 引导幼儿进行活动后的分享评价

教师组织幼儿进行活动后的分享评价，分享评价的内容要具有指向性，主要指向问题的解决和经验的提升。如果是问题讨论，教师宜重点指向区域活动中出现的普遍性问题，如规则的遵守、冲突的解决、角色的分配等。评价环节，教师可以借助在活动过程中拍摄的照片或者短视频，帮助幼儿提高评价、分析、讨论效果。在此环节，教师还要鼓励幼儿大胆表达、耐心倾听。

2. 关注区域活动的延伸和拓展

教师要善于发掘幼儿在活动中的闪光点，通过多种形式展示区域活动过程，如照片、视频、作品等。尊重幼儿在区域活动中的游戏体验，尊重幼儿区域活动中的自主和自由，这样不仅有助于让幼儿体验到区域活动的成功，还可为活动延伸埋下伏笔。

思考与实践

姓名：________ 班级：________ 学号：________

1. 请结合所学知识，论述区域活动指导需要遵循的原则。

2. 请结合所学知识，谈谈面对幼儿的游戏，教师可以采取何种策略进行指导。

区域活动开始了，幼儿来到了光影区，球球和小豪拿了动物皮影材料表演故事，在手电筒照射下玩起来。球球说："看，小动物出现在舞台上面了！"说着，球球又拿来了一个恐龙，在台下照着。小豪说："你的恐龙这么小，一点都不可怕。""那怎么办呢？"这时球球把动物皮影贴近舞台，想尝试看看能不能让恐龙变大，可在皮影舞台上的影子连看都看不清了。他挠挠头，脸上露出为难的表情。他想让自己的恐龙表演更生动，便尝试发出像恐龙一样的嘶吼声，而没有再尝试让恐龙变大的方法。

实践评价表

序号	评价项目	评价内容	学生自评	教师评价
1	认知评价（40分）	了解幼儿园区域活动的指导原则（10分）		
		认识幼儿园区域活动指导中教师的角色（10分）		
		学习并掌握幼儿园区域活动的指导策略（20分）		
2	技能评价（30分）	能够选择适宜的指导策略并灵活运用到区域活动指导实践中（20分）		
		能够根据区域活动具体情况灵活转换教师角色（10分）		
3	素养评价（30分）	树立正确的区域活动指导观（30分）		
总　计		100分		

附：思考与实践提示

球球和小豪在表演游戏的过程中，表达出他们的困惑和目前在游戏中遇到的问题。教师要关注并把握区域游戏的情节和内容的指导时机。教师需要根据幼儿的行为表现，挖掘问题现象背后的原因，丰富幼儿区域活动的情节及内容，提升幼儿的区域活动水平。教师需要了解幼儿在区域活动中现有的发展水平，并在幼儿的最近发展区内进行有针对性的指导。

模块总结

项目练习

姓名：________ 班级：________ 学号：________

一、单项选择题

1. 教师根据幼儿的发展需求对区域中的材料进行调整、补充，遵循了材料投放的（ ）。

A. 安全性原则　　B. 动态性原则　　C. 艺术性原则　　D. 目标性原则

2. 下列不属于幼儿园区域设置中的常规区域的是（ ）。

A. 科学区　　B. 建构区　　C. 烹饪室　　D. 美工区

3. 幼儿园教师应对区域设置进行合理规划，室内活动区域类型的数量一般以（ ）为宜。

A. 3～4类　　B. 4～5类　　C. 5～6类　　D. 6～7类

4. 区域活动中，当幼儿之间出现严重的攻击性行为时，教师应采取（ ）的指导方式。

A. 垂直式指导　　B. 平行式指导　　C. 交叉式指导　　D. 干预式指导

二、简答题

1. 简述幼儿园区域空间设置原则。

____

____

____

____

2. 简述幼儿园区域活动的指导原则。

____

____

____

3. 简述幼儿园区域活动指导中教师的角色。

____

____

____

____

三、论述题

论述幼儿园区域活动的价值。

四、材料分析题

中班的浩浩在一次区域活动中选择了建构区进行活动，但他只拿了一些搭建材料在一旁自己玩，重复着较为单一的搭建动作。

教师注意到了这个情况，来到浩浩身边询问："浩浩，你为什么不跟小伙伴们一起玩呢？"浩浩说："他们嫌我笨，不和我玩。"教师了解清楚情况后，加入建构区的活动中，与浩浩一起开始搭建城堡。不一会儿，教师和浩浩的搭建成果吸引了建构区的其他幼儿，他们纷纷表示要参与浩浩搭建城堡的活动。

请运用幼儿园区域活动的指导策略，分析材料中教师的指导行为。

扫码查看
参考答案

项目七

陈鹤琴“活教育”的思想与实践

思政点拨

了解“活教育”的思想及相关教育实践，树立以儿童为中心的教育观，传承和践行“活教育”思想，成为新时代的“活教师”。

项目学习目标

知识目标

1. 了解“活教育”思想的产生和发展历程。
2. 理解“活教育”的思想体系及特点。

能力目标

1. 能运用“活教育”思想分析幼儿园教育活动。
2. 能运用“活教育”思想设计、组织与指导幼儿园教育活动。

素质目标

1. 树立以儿童为中心的儿童观。
2. 传承和践行“活教育”思想，成为新时代“活教师”。

项目知识框架

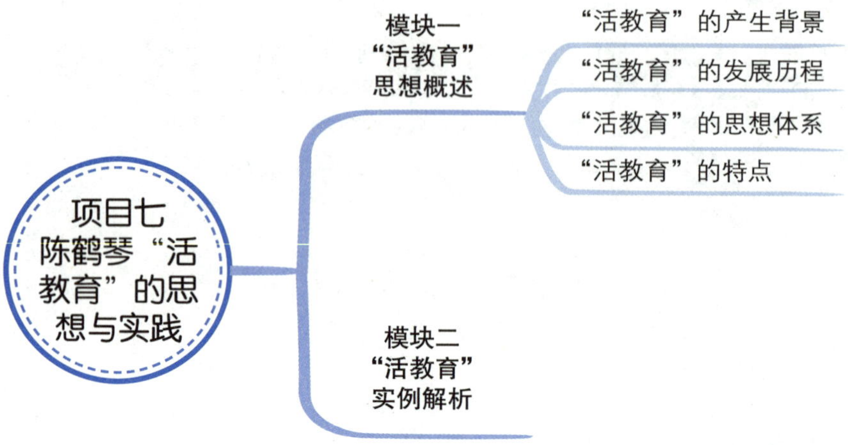

项目问题导入

伴着六一儿童节的歌声，大班幼儿带着好奇与兴奋，走进公园，进行自然探野。大自然的美在于每一滴水，每一棵树，每一朵花，每一株小草和每一块石头。幼儿与大自然亲密接触，看到了树叶摇动，光影斑驳；听到了鸟儿唱歌，昆虫低鸣；闻到了泥土和小草的芳香；触摸到石头和树干，和好友共享旷野美食……在这一天，幼儿回归自然，释放天性，在与大自然的接触中自然成长。大自然给幼儿带来的是快乐和美好，他们在自然中插上想象的翅膀，在森林中寻找，打开创作思潮……[①]

“活教育”针对传统教育存在的弊病，改变“教死书，死教书，教书死；读死书，死读书，读书死”的旧教育，以“教活书，活教书，教书活；读活书，活读书，读书活”为目标，实现“前进的、自动的、活泼的、有生气的‘活教育’”。陈鹤琴的“活教育”思想是如何产生与发展的？“活教育”思想具体包含哪些方面？如何将“活教育”理论运用到当代幼儿园教育活动中？带着这些问题，让我们开启本项目的探究。

① 此案例由北京市延庆区第三幼儿园卫倩倩提供。

模块一　“活教育”思想概述

模块情境

大自然是一个广阔无边的教室，赋予幼儿无限的学习可能性。在这个美丽的秋天，幼儿带着好奇、带着欢笑来到了葡萄采摘园，在家长和教师的陪伴下，摘葡萄、吃葡萄、观察小蚯蚓……幼儿的一举一动，教师都看在眼里。教师持续关注幼儿，好奇着幼儿的好奇，思考着如何让幼儿玩得更好。①

“活教育”究竟“活”在哪里？与传统教育相比，“活教育”具有哪些突出特点呢？

模块学习目标

1. 了解“活教育”思想的产生和发展历程。
2. 理解并掌握“活教育”的思想体系及特点。
3. 运用“活教育”思想分析幼儿园教育实践案例。

理论基础

一、“活教育”的产生背景

陈鹤琴留学美国，专攻教育学和心理学。学习期间，给他留下最深刻印象的是实验教育学的理论和方法，以及当时美国轰轰烈烈的进步主义教育运动。实验教育学派主张将心理学实验和儿童研究中所采用的实验法运用到儿童教育领域。进步主义教育反对传统教育以教师、教材为中心，强调儿童的自由、个性、兴趣，提倡“做中学”，重视经验、生活。这些都对陈鹤琴后来的教育思想及实践，尤其是对“活教育”思想的产生，起到了积极的影响。

受封建主义和科举制的影响，旧时的学校注重灌输知识，强调死记硬背，把儿童禁锢在书本中，把儿童限制在课堂上。清末，中国教育虽然受到西方教育的影响，但封闭、僵化、陈旧的特点依然根深蒂固。基于对灌输式教育的深刻反思，陈鹤琴借鉴西方先进教育理念，并从中华优秀传统文化中汲取有益的元素，创造性地提出“活教育”思想。

① 此案例由北京市延庆区第三幼儿园提供。

二、“活教育”的发展历程

“活教育”思想是陈鹤琴长期从事中国化教育实践探索的概括和总结。陈鹤琴回国之初，在教育领域实施了许多项目和实验，这些实践经验是“活教育”思想提出的重要科学依据。他以长子为个案研究对象，进行808天的连续追踪观察与分析研究。他创办了南京鼓楼幼稚园，开展科学的儿童教育研究工作。陈鹤琴对教育实践进行概括总结，写下了《儿童心理之研究》《儿童研究纲要》等重要著作。经过一系列长期的中国化新教育探索之后，“活教育”思想逐渐明朗，陈鹤琴将“活教育”上升到理论高度，同时致力于将理论付诸实践。1940年，陈鹤琴在江西创办了中国第一所公立实验幼稚师范学校——江西实验幼师。1940—1945年，陈鹤琴在江西办学，探索、总结“活教育”理论，并进行推广。此后他先后出版《活教育的理论与实施》及《活教育的创造——理论与实施》，全面系统地阐述了“活教育”的“三大目标”“四个步骤”“五指活动”“十七条教学原则”等，至此标志着“活教育”思想的成熟。

三、“活教育”的思想体系

（一）“活教育”的目的论

陈鹤琴提出“活教育”的目的是：做人，做中国人，做现代中国人。“活教育”的目的论是在人的社会性基础之上提出的。学会“做人”，是个体参与社会生活，增进个体幸福的基础。“做中国人”意味着要热爱自己的祖国，热爱具有同样命运的同胞，体现了“活教育”目的论的民族性特征。“做现代中国人”，陈鹤琴明确提出了“做现代中国人”应具备的五个具体条件：有健全的身体，有创造的能力，有服务的精神，有合作的态度，有世界的眼光。

（二）“活教育”的课程论

“大自然、大社会都是活教材”，是“活教育”课程论最概括的表述。陈鹤琴认为，传统教育过分迷信书本知识，是死的教育。书本是有用的，但它们并不是唯一的学习材料。社会上发生的事情、自然界发生的现象都可以成为儿童学习的材料，大自然和大社会是儿童获取知识的重要来源。陈鹤琴主张儿童投身大自然、大社会，接触各种“活”的知识，获取直接经验。

关于“活教育”课程的编制，陈鹤琴反对在幼儿园和小学实施分科教学，他认为对于幼稚生和小学生来说，分科的方法违背儿童的身心发展规律。因为他们还没有形成学科的概念，加之儿童的生活是整体的、连成一片的，所以，课程内容的编制应该坚持连贯性和整体性原则。陈鹤琴主张“整个教学法”，即把儿童应该学的东西整个地、有系统地呈现在儿童面前，打破学科界限。

陈鹤琴把“活教育”的内容概括为五大方面，提出了“五指活动”课程，包括儿童健康活动、儿童社会活动、儿童科学活动、儿童艺术活动和儿童文学活动。“五指活动”正像一只手的五个指头，分别代表着上述五大类型活动，同时这些活动又相互联结构成一个整体。“五指活动”课程从儿童的完整生活出发，强调课程具有整体性、连贯性和渗透性，具有一定的积极意义。

（三）“活教育”的方法论

“活教育”的方法论与以活动为中心的课程论相一致，强调“做中教，做中学，做中求进步”。“做”是“活教育”实施的基本原则。“活教育”中的“做”强调儿童在学习过程中的主体地位，以及儿童在活动中直接经验的获取。陈鹤琴说：“儿童的世界，是儿童自己去探讨，去发现的。他自己所求来的知识，才是真知识，他自己所发现的世界，才是他的真世界。”他认为，如果不让儿童去做他所能做的事，不让儿童去想他所能想的事，就会阻碍儿童的身心发展，限制儿童最宝贵的自主研究精神。陈鹤琴曾以教学生学游泳为例：“你要儿童游水，你一定要在水里教他学，而且要他自己也到水里实践，游给他看是没有用处的。”

为了阐释“活教育”的教学特点，陈鹤琴总结出“活教育”的十七条教学原则：

1. 凡是儿童自己能够做的，应当让他自己做；
2. 凡是儿童自己能够想的，应当让他自己想；
3. 你要儿童怎样做，就应当教儿童怎样学；
4. 鼓励儿童去发现他们自己的世界；
5. 积极的鼓励胜于消极的制裁；
6. 大自然、大社会是我们的活教材；
7. 比较教学法；
8. 用比赛的方法来增进学习的效率；
9. 积极的暗示胜于消极的命令；
10. 替代教学法；
11. 注意环境，利用环境；
12. 分组学习，共同研究；
13. 教学游戏化；
14. 教学故事化；
15. 教师教教师；
16. 儿童教儿童；
17. 精密观察。

四、“活教育”的特点

（一）以儿童为中心

“活教育”强调在学习过程中，儿童是主体，教师要尊重儿童的独立性和个性化的心理需求。“活教育”倡导一切为了儿童，为了儿童的一切。幼儿园课程应根据儿童的心理和社会需要而编订，教育计划、教学方法、教学材料应该是灵活的，教师可以根据儿童的需求对课程目标、内容等进行调整或改变。

（二）以“做”为重点

“活教育”的教学方法强调“做”，注重儿童的亲身感知、操作与体验。陈鹤琴认为“儿童生来并不知冰是冷的，火是热的，铁是坚的，水是弱的，那样东西的性质，这样东西的滋味”。因此，“活教育”主张让儿童通过动手做来感知事物，获得直接经验，通过做加深儿童对事物的理解与认识。

（三）创设“活”教材

1.“活”的玩具

凡是儿童可以玩的、看的、听的和触摸的东西都可以叫作玩具，如儿童当马骑的竹竿、拐杖，当枪的木棒。好的玩具不一定都需要花钱去买，可以就地取材、手工制作。陈鹤琴不仅亲手为儿童制作玩具，还指导他们自己动手做玩具，如用竹子做水枪、风筝，用袜子做洋娃娃等。好的玩具是“活”的、富有变化的、富有创造力的，可以变换方法反复使用。好的玩具能激发儿童动手、动脑的愿望。

2.“活”的环境

“活”的环境是指儿童的活动场所需要打破教室的空间限制，延伸到教室外，扩展到大自然、大社会中，以便更好地贴近儿童的日常生活。陈鹤琴认为，大多数儿童都喜欢野外生活，到门外去就欢喜，终日在家里就会不高兴。儿童在旷野里跑来跑去，看见野花就采，看见池塘就抛石子入水以取乐，这种郊游对儿童的身体、知识、行为都有很好的影响。

思考与实践

姓名：________ 班级：________ 学号：________

1. 请结合实例介绍一种“活”的玩教具。

2. 请分析以下案例中蕴含的“活教育”理念。

初雪如约而至，雪精灵的到来让幼儿园变成了白雪世界，幼儿异常兴奋。他们在雪地里笑着闹着，哪肯放过这样与雪零距离接触的机会！他们在雪地里蹦蹦跳跳，相互追逐，玩得不亦乐乎（图 7-1）。因此，我们抓住了幼儿对雪感兴趣这一点，以此为教育契机开展了一系列的主题探究活动，包括“雪地上的脚印”、“漂亮的冰花”、“为小树穿棉衣”、堆雪人、制作冰激凌、“运雪真快乐”、“雪地里的小画家”、“雪‘化’了”等活动。①

图 7-1 幼儿在雪地里玩雪

① 此案例由北京市延庆区第三幼儿园张思瑶、刘艺、耿新慧、吴秀华提供。

实践评价表

序号	评价项目	评价内容	学生自评	教师评价
1	认知评价（40分）	了解“活教育”思想的产生背景和发展历程（20分）		
		掌握“活教育”的思想内涵及特点（20分）		
2	技能评价（30分）	能够运用“活教育”思想分析幼儿园教育活动案例（15分）		
		能够运用“活教育”思想编制幼儿园课程（15分）		
3	素养评价（30分）	树立以儿童为中心的课程观（15分）		
		传承和践行“活教育”思想，成为新时代“活教师”（15分）		
总计		100分		

附：案例讨论提示

幼儿用自己的感官感知雪，获得了直接经验。幼儿在与雪的亲密接触中感受到了大自然的美和神秘，体验到了亲近自然的快乐。这种“活”的环境充分体现了“大自然、大社会都是活教材”的理念。

教师及时发现并调动了幼儿的好奇心和学习兴趣，围绕雪开展了一系列教育活动，成为幼儿活动的支持者。主题活动完整、内容全面，关注了幼儿的全面发展。

在“为小树穿棉衣”、堆雪人、制作冰激凌等活动中，幼儿通过动手做来感知雪，体现了“活教育”思想倡导的“做中教，做中学，做中求进步”。

模块总结

模块二 “活教育”实例解析

模块情境

小（二）班的王老师组织幼儿开展艺术活动“动物的尾巴”。活动开始时，王老师说：“小朋友们，今天我们来玩一个游戏，好不好呀？”幼儿高兴地回答：“好呀！好呀！”于是，王老师分别出示猫、狮子、孔雀、猴子、兔子的尾巴图片，引导幼儿认识这些动物尾巴的特征。但幼儿的情绪却越来越低落，有幼儿问道：“老师，我们什么时候玩游戏呀？”这时，王老师说：“好，现在我们来玩画尾巴的游戏吧。”于是，王老师给每个幼儿一套缺尾巴的动物的卡片，要求幼儿给每只小动物画出尾巴。幼儿嘴里嘟囔着：“一点都不好玩。”

为什么案例中的幼儿情绪从高兴到低落？请运用“活教育”的理论知识来分析上述案例。

模块学习目标

1. 运用“活教育”思想分析幼儿园教育活动。
2. 运用“活教育”思想实施幼儿园教育活动。

理论基础

“活教育”应该以幼儿为本，做幼儿想做的活动，而非只是做教师想做的预设活动。“活教育”应该是生活化的教育，活动内容源于生活，生活是活动开展的来源。“活教育”应该以“做”为主要路径，幼儿需要在做的过程中亲身感知、操作体验。本模块以大班主题活动“萝卜记”作为案例，帮助学生加深对“活教育”思想的认识，掌握“活教育”思想在幼儿教育实践中的运用。

大班主题活动：萝卜记[①]

开学第一天，我们带着幼儿在小菜园拍合影时，他们发现了菜园里的萝卜，迫不及待地围了过去。

洋洋指着萝卜感叹：“看，那红色的大萝卜真好看！”

① 此案例由北京市延庆区第三幼儿园王文娟、王怡、詹鑫提供。

鸿毅回忆道："我们上中班时，就来小菜园拔了萝卜喂兔子！"

有幼儿感叹："我想拔萝卜！"

幼儿对"萝卜红了"的关注，反映出幼儿对周围的事物、现象感兴趣，具有热爱自然、亲近自然的情感，以及探究大自然的好奇心和求知欲。因此我们将"萝卜"作为班级活动的主题。

活动一：叶子扎手怎么办

幼儿走进萝卜地，洋洋用手摸了萝卜的叶子，突然尖叫起来："这个萝卜的叶子扎我手！"

针对幼儿遇到的问题，我引导幼儿围绕"怎样才能不被萝卜叶子扎手"进行充分讨论，并结合大班幼儿的年龄特点，引导幼儿用自己的方式进行记录（图7–2）。

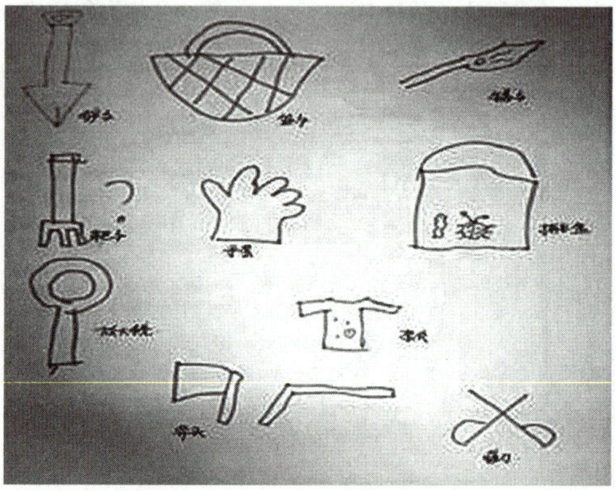

图7–2　幼儿讨论并绘制防止叶子扎手的方法

庆庆埋怨："太扎手了，不能用手拔萝卜。"

齐齐提议："我们可以戴着手套拔。"

大宝也提议："我们可以用铲子挖。"

针对萝卜叶扎手这一真实问题，幼儿能够提出具体可操作的实施方案，并借助合适的工具来解决"拔萝卜"的问题，反映出幼儿具有使用工具解决问题的意识。《指南》中提出的教育目标之一是"在成人的帮助下能制订简单的调查计划并执行"。根据幼儿的讨论，我们生成了制订拔萝卜准备计划的活动。

我问："萝卜叶子扎手，我们如何来拔？需要做好哪些准备呢？"

彧彧提议："萝卜粗，得用铲子。"

潇潇也提议："先用铲子挖边上的土，萝卜就露出来了。"

子逸补充："戴上手套，不会脏，也能保护手，需要准备手套。"

涵涵说："拿篮子装萝卜。"

有的幼儿负责记录，有的幼儿负责分享，还有的幼儿负责贡献智慧与想法。通过幼儿的讨论与分享，师幼共同进行小结，拔萝卜需要的工具有铲子、篮子、镊子、耙子、手套、捕虫盒、放大镜、套衣、斧头和剪刀等。

活动二：萝卜什么样

再次带幼儿仔细地观察萝卜地，幼儿又蹦又跳，兴奋极了。

梓洋兴奋地喊："哇嗷！哇嗷！这么大的萝卜。"

杨杨兴奋地拽着我的衣角说："这么多萝卜，胡萝卜、水萝卜、大萝卜、白萝卜。"

江阳指了指水萝卜，说："那个是水萝卜。水萝卜外面是粉红色的，里面是白色的。"

子庆看到水萝卜，说："它都翘起来了，要倒下一样。"

晗晗摸着白萝卜叶子，说："白萝卜的叶子上有毛，有很多洞。"

幼儿对萝卜进行了细致的观察，看到了萝卜的颜色、大小和萝卜被拔起后的样子，能够运用恰当的词语描述自己观察到的萝卜，可以看出幼儿对萝卜的兴趣。我支持和鼓励幼儿进行艺术创作，生成了美术活动“萝卜什么样”。过程中，幼儿充分地感受萝卜的美，用自己的方式创造性地表达萝卜的美（图 7–3）。

图 7–3　幼儿画的萝卜在地里生长的样子

为了保护幼儿创作的兴趣，帮助幼儿建立创作的信心，我将幼儿创作的作品放在了班级楼道墙进行展示，幼儿从楼道走过时相互欣赏和介绍自己的作品，增强了自信心。

活动三：虫子杀不杀

在准备拔萝卜工具的过程中，有幼儿提到需要准备捉虫的工具。

洋洋说：“把虫子直接踩死。”

涵涵反驳：“它也有生命，不能伤害。”

持有两种观点的幼儿争吵了起来，场面一度失控。《指南》中指出要“为幼儿创造说话的机会并体会语言的乐趣”，我与幼儿讨论后决定生成一次辩论赛活动。

辩论主题：虫子该不该杀？

正方论点：应该把虫子养起来；反方论点：应该杀掉虫子。

正反双方的小辩手为此展开激烈的辩论。

养虫子：“虫子有生命，杀死不行。”

杀虫子：“虫子上面有细菌，会传染给我们，我们会生病。”

养虫子：“我们给虫子做一个家。把虫子关起来，就不会被传染了。”

杀虫子：“抓虫子的时候也会摸到细菌。”

养虫子：“戴着手套捉，然后再洗干净。”

杀虫子：“捉虫子的时候，虫子会伤害我们。”

养虫子：“我们带着工具去，就不会伤害到我们了。”

杀虫子：“虫子是有害的，要把虫子消灭。”

养虫子：“杀死虫子，虫子细菌留在萝卜上了。”

杀虫子：“萝卜上的都是害虫，伤害萝卜，它们吃萝卜。”

养虫子：“萝卜上不全是害虫，也有益虫。”

就在辩论仍然没有结果的时候，玥然突然站起来说：“我有个好办法，我们把保护萝卜的虫子捉起来养，把伤害萝卜的虫子消灭，这样既可以保护萝卜，又不会让虫子伤害萝卜了。”幼儿听了以后纷纷觉得这个办法很合适。最后大家一致决定：把益虫捉起来养，把害虫杀掉。

活动四：用什么去捉虫

第二天早晨，玥然高兴地走到我身边，说：“老师，我带来捉虫子的盒子和镊子了。”

希希补充：“还需要别的东西抓虫子。”

教师引导：“还需要补充哪些工具？”

站在一旁的大宝回答：“需要手套！”

坐在美工区旁边的圆圆指着小盒子说："这个盒子可以装虫子。"

二宝说："我记得自然角有捉虫的工具。"

有的幼儿急匆匆地跑到自然角，有的幼儿走到美工区左翻翻右找找，还有一部分幼儿跑到睡眠室寻找。

诺诺兴奋地说："我在串珠区找到了盒子，可以装虫子。"

皓皓在旁边补充："不行，这盒子有洞，虫子会跑。"

嘉洋举起手中的捕虫器说："我不知道这是什么，我在自然角发现的，我觉得它可以抓到虫子。"

辰辰补充："我知道，这是捕虫器，就是抓虫子的。"

江阳说："我在自然角还找到了镊子和小瓶子。"

幼儿分享后，师幼共同总结：捉虫需要镊子、手套、盒子、捕虫器等工具。

我与幼儿共同去空中小菜园寻找虫子的踪迹，幼儿带着工具兴奋地来到小菜园。

哲哲指着叶子上的小黑点兴奋地说："我找到了一只小虫子。"

旁边的芊芊看见了，说："这么小，这是虫子吗？"

哲哲小心翼翼地去碰了一下，反驳道："死掉了，这是死虫子。"

幼儿在叶子上仔细地找，却找不到虫子的踪迹。幼儿脸上的笑容逐渐消失，最后失望地回到班里。

漾漾没精打采地说："虫子死了。"

二宝失落地说："我都没找到虫子。"

于是，我追问："为什么虫子死掉了？"

小胖猜测："应该是冻死了吧。"

天天说："可能是李爷爷浇水，被水冲走了。"

幼儿将自己的猜测做成调查表，搜集材料，寻找答案。幼儿通过观察、询问大人、网络搜集资料等方式，了解到相关的信息。

潇潇说："姥爷告诉我，天冷了，虫子都去土里了。"

安安补充："我在网上查，现在是秋天，虫子被冻死了。"

森森激动地说："我姥爷也告诉我，虫子被冻死了。"

活动五：工具怎么分

幼儿讨论完需要准备的拔萝卜工具后，回家后纷纷进行搜集，第二天早晨，把工具带到了幼儿园。幼儿搜集到了很多拔萝卜的工具，看到摆了一桌子的材料，涵涵担心地说："这么多、这么乱，怎么分？"

《入学准备》中提到："引导幼儿学会分类整理和存放个人物品。"面对幼儿随意堆放的一堆材料，我把问题抛给了幼儿，引导性提问："这是大家今天搜集来的物品，你们发现什么问题了吗？"

诺诺第一个举起小手说："这些工具都堆在一起太乱了，我愿意帮助大家整理好。"幼儿听到诺诺的话纷纷表示自己想要进行整理。

我又问："这么多物品，我们如何进行整理？"

森森回答："我们每组负责整理一种材料。"其他幼儿听了纷纷表示同意。

我进一步追问：“那各组负责整理什么呢？”

桐桐首先说：“我们想整理铲子。”

毛豆提议：“我们来整理袋子吧。”

多米说：“我们也想整理铲子。”

我同多米商量：“一组已经选择了铲子，你们可以换一种吗？”

多米毫不动摇地说：“我们就想整理铲子，别的不想选。”

面对多米的坚持，瞬间班级安静了，幼儿们你看看我、我看看你，都不说话了。看到幼儿的表现，作为教师的我也没有介入，想把解决问题的机会留给幼儿。这时，桐桐打破了僵局：“让二组整理吧，我们整理其他的。”同组的幼儿也表示同意。就这样，每组负责整理一种物品，开始了材料的整理活动。

幼儿整理之后发现，铲子有9个，耙子有5个，镊子和捉虫瓶2套，手套8双，套衣2套，袋子若干。根据现有工具的数量幼儿进行了二次分工（图7–4）。

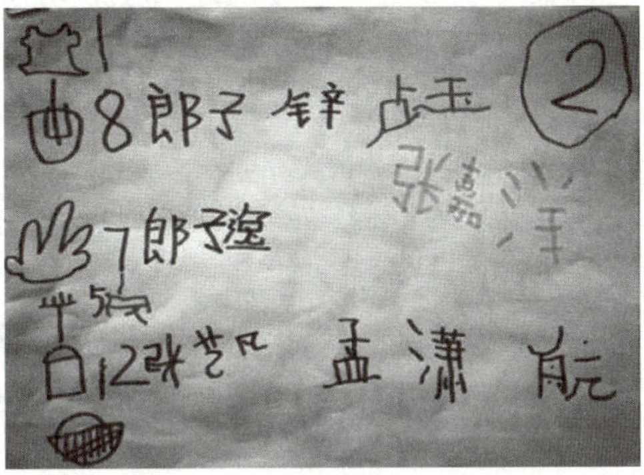

图7–4　人员分工结果记录

活动六：萝卜可以拔吗？

拔萝卜的材料搜集好了，人员分工也做好了。

满满兴奋地说：“终于能拔萝卜了。”

涵涵站起来说：“李爷爷上次说了萝卜要一个月后才能拔！”

宸宸说：“现在到一个月了吗？”有的说到了，有的说不够。

满满疑惑道：“不知道，那咱们去问问吧。”

教师追问：“那我们如何询问李爷爷呢？”

幼儿讨论后进行小组分享，最后确定了询问李爷爷的方法。

做完采访计划后，我问：“谁去采访？”

幼儿都想去采访，有的幼儿提出2个人去采访，有的说应该3个人去，有的说5个人才行。根据幼儿提出的不同想法，我以主持人的角色，请幼儿说出其中的缘由。

宸宸回答：“2个人就够了，1个询问，1个记录。”

小哲反驳：“5个人去，2个问，2个记录，1个人拿着东西。”

鸿毅思考后说：“我觉得3个人就够了，1个人问，1个记录，还有1个可以补充。”

天天提议：“咱们投票，看哪种方案的票数多。”同意第3种方案的幼儿有16人（最多），大家最终决定派3名幼儿进行采访，并选出满满、涵涵和鸿毅作为代表。

此时，我把问题抛给了幼儿：“其他小朋友也想去采访，怎么办？”

希希回答：“我们等她们问完回来告诉我们。”

漾漾提议：“可以拍照片给我们看。”

萱萱补充：“录视频我们就都能看到了。”幼儿都同意萱萱的观点，采访代表们去询问了李爷爷，进行记录，并带回了询问的视频（图7–5）。

幼儿从李爷爷那里得知：从第一次问“萝卜成熟了吗”，到现在已经有一个月了，红色的萝卜可以拔了，白萝卜还能再长一些，建议现在不要拔。

图7-5　幼儿询问李爷爷种植萝卜的相关问题

活动七：萝卜丰收喽

从采访中幼儿知道萝卜熟了，期待已久的拔萝卜活动终于可以进行了。幼儿带着搜集的工具和做好的分工计划，开始拔萝卜。收获喜悦的同时，幼儿也在表达自己的发现。

然然兴奋地说：“我拔萝卜时，发现土很软，一只手就拔出来了。”

天天回忆道：“我发现一个好大的萝卜，我和张彧一起合作拔出来的。”

涵涵补充：“我发现根露在外边的都很好拔。”

希希回忆：“我拔出来后圆圆帮我撑袋子，我们一起装好。”

看着丰收的萝卜，森森拍手叫着：“我们收的萝卜可真多呀，可以做漂亮的作品了。”

幼儿提出来想要创作萝卜创意作品时，我满足了幼儿的想法，支持幼儿进行创作。由于当天是国庆节放假的前一天，没有完成创作的二宝失落地说：“我还没完成呢。”妞妞也久久不愿收拾，还想继续完成自己的创作。面对幼儿持续未完的兴趣，我询问幼儿：“大家还想做，但是今天已经完不成了，明天就要开始放七天假了，怎么办？”

满满说：“我们可以把萝卜带回家。”

涵涵也说：“我今天没有切开萝卜，回家可以请妈妈帮我切开。”

幼儿都想把萝卜带回家，继续创作。于是我协助幼儿把萝卜带回家。假期返回后，幼儿带来了自己的创意作品。

[解析]

整个活动体现了鲜明的“活教育”特点。活动内容源于幼儿的生活，整个活动过程都体现了生活化教育原则，幼儿在生活中学习。围绕萝卜开展的一系列活动凸显了鲜明的幼儿主动性，幼儿积极主动思考，是问题的发现者、分析者、解决者。而教师则是观察者、倾听者、支持者，教师时不时的开放式提问起到“四两拨千斤”的作用，引导着活动往纵深方向发展。幼儿的学习并不是被动式倾听，而是亲身感知、操作体验，在“做中学”。幼儿分工合作，围绕萝卜开展了一系列丰富多彩的活动，感受到了探究的乐趣，以及收获萝卜的喜悦。此外，“活教育”主张幼儿学习内容领域的整合，虽然部分活动具有领域教学的特点，但是整体来看，此主题活动具有很强的内容整合性，活动与活动之间有着密切的内在联系。

思考与实践

姓名：________ 班级：________ 学号：________

1. 请结合实例说一说在幼儿园活动开展中如何运用“活教育”理念。

____

____

____

____

2. 以下案例中，老师如何巧妙地运用了“活教育”理念？

开学初，裴裴老师在过渡环节与幼儿分享了自己养小松鼠的趣事，幼儿都很喜欢听。几天后，一名幼儿拿着一袋白菜叶来到幼儿园，对裴裴老师说：“这是给小松鼠的食物。”

看到幼儿这么关心小松鼠，裴裴老师回家后把小松鼠吃白菜叶的视频录了下来，第二天跟大家进行了分享。由于幼儿在日常生活中很少接触小松鼠，当看到小松鼠吃东西的样子时，幼儿非常兴奋，一直在讨论要去裴裴老师家看望小松鼠。

看到幼儿对小松鼠如此感兴趣，裴裴老师决定把小松鼠带到班里，就这样，小松鼠来到了中（十）班。对于班级的这个新朋友，幼儿表现得非常好奇。裴裴老师与幼儿们一起讨论，确定了“小松鼠”主题活动。

接下来的几周里，跟随着幼儿的兴趣以及幼儿对小松鼠的疑问，老师和幼儿围绕小松鼠开展了一系列活动。幼儿仔细观察和探究了小松鼠的外形、动作、饮食、习性、性格特征等，还创编了歌曲《小松鼠》，用积木和积塑为小松鼠设计了可爱的小房子，结合故事《好忙好忙的小松鼠》开展了表演游戏……[①]

____

____

____

____

____

____

____

① 此案例由北京市延庆区第三幼儿园蔡红艳、裴子璇、路瑞甜提供。

实践评价表

序号	评价项目	评价内容	学生自评	教师评价
1	认知评价（40分）	了解“活教育”的思想内涵（20分）		
		了解“活教育”思想在教育实践中的运用方式（20分）		
2	技能评价（30分）	能够分析“活教育”思想在幼儿园教育活动中的体现（15分）		
		能够结合“活教育”思想设计幼儿园教育活动（15分）		
3	素养评价（30分）	树立以儿童为中心的儿童观和教育观（15分）		
		传承和践行“活教育”思想，成为新时代“活教师”（15分）		
总计		100分		

附：案例讨论提示

教师给幼儿分享生活中的趣事，引起了幼儿对小松鼠的兴趣和好奇心。随后，教师又把小松鼠带到幼儿园，给予幼儿近距离接触和探究小松鼠的机会。整个活动中，教师始终追随幼儿的兴趣，为幼儿提供充分的空间和时间观察和照顾小松鼠，并且能够及时发现幼儿的问题和需要，给予帮助和指导。这不仅丰富了幼儿有关小松鼠的经验，而且培养了幼儿的爱心和责任感。

模块总结

项目练习

姓名：________ 班级：________ 学号：________

一、单项选择题

1. “做人，做中国人，做现代中国人”这一教育目的的提出者是（　　）。

A. 张雪门　　B. 陶行知　　C. 陈鹤琴　　D. 张宗麟

2. 创建“活教育”体系的教育家是（　　）。

A. 张雪门　　B. 陶行知　　C. 陈鹤琴　　D. 张宗麟

3. 陈鹤琴提出的“五指活动”指的是（　　）。

A. 儿童健康活动、儿童社会活动、儿童科学活动、儿童艺术活动、儿童文学活动

B. 儿童语言活动、儿童社会活动、儿童科学活动、儿童美术活动、儿童音乐活动

C. 儿童常识活动、儿童社会活动、儿童科学活动、儿童艺术活动、儿童文学活动

D. 儿童体育活动、儿童语言活动、儿童科学活动、儿童艺术活动、儿童文学活动

4. 我国第一所公立幼稚师范学校——江西实验幼师的创办者是（　　）。

A. 陈鹤琴　　B. 陶行知　　C. 黄炎培　　D. 张雪门

二、简答题

1. 简述陈鹤琴“活教育”的思想体系。

2. 简述陈鹤琴“活教育”理论体系中“五指活动”的主要内容。

3. 简述“活教育”思想的特点。

三、论述题

陈鹤琴认为，幼儿园的教学方法应该是“整个教学法”。虽然他把教学内容分为健康、文学、社会、科学、艺术五类，但是他认为，它们之间应该相互贯通，形成整体，正如人的手指和手掌的关系。请结合陈鹤琴的教育思想，阐述幼儿学习与发展的整体性，并说明在一日生活中如何落实。

____

____

____

____

四、材料分析题

跳蚤市场可以培养幼儿节俭、爱心和奉献的意识，也可以让他们从劳动中体会到乐趣。并且，幼儿在活动中能够学习和掌握叫卖、规则、摆放与整理等相关经验和技能，促进身心全面和谐发展。

“跳蚤市场”主题确定之后，我询问幼儿：“关于跳蚤市场想知道什么？还想做些什么？”

源源询问：“什么时候举办跳蚤市场？”

家家补充：“去跳蚤市场有什么需要注意的？”

辰辰问：“我喜欢看书，我想知道里面有没有好看的书，怎么卖？”

浩浩大声地问：“我想知道都有谁参加过跳蚤市场？”

瀚瀚说：“我想知道我在里面干什么？”

睿睿好奇地问：“我们可以卖些什么呢？”

轩轩补充：“东西卖多少钱呢？”

诺诺也问道：“看过的图书，没坏的可以卖吗？”

幼儿在讨论过程中提出了自己的疑问，也能够自觉做到轮流讲话、不随意插话。根据幼儿的问题，我们确定了问卷调查的四个方面：“你参加过跳蚤市场吗？你知道的跳蚤市场是什么样子？你想出售的物品是什么？定价多少？”

根据幼儿的想法，我们制作了问卷并分发给幼儿，他们分组讨论并填写了问卷。

在记录的时候，轩轩向我提出了问题：“我们的玩具从哪里来？”

我没有直接回答问题，而是把这个问题抛给全班幼儿，引导幼儿通过独立思考和讨论找到解决问题的方法。

漫漫思考后回答：“可以回家找一些小时候不玩的玩具，拿出来卖。”

家家举起小手说：“可以把小时候不看的书拿出来卖掉。”

七喜高高举起小手说：“我觉得还可以自己画一些画，做一些小手工作品，肯定也有人愿意买。”

为了进一步拓展幼儿的思路，我鼓励幼儿将调查问卷带回家，和家人讨论并填写问卷。之后，我们一起对问卷结果进行了统计，有9名幼儿参加过跳蚤市场，有不少幼儿听说过跳蚤市场；幼儿想售卖的物品有：小时候不穿的衣服、旧玩具、不看的图书和手工作品；在物品价格方面则普遍不知道如何定价。幼儿通过讨论的方式确定了调查问卷的内容，在调查过程中，幼儿更清晰地了解了跳蚤市场。活动中幼儿的任务意识、前书写能力也得到了锻炼。接下来，我们开展了跳蚤市场活动[①]。

结合上述材料，试分析该活动中教师是否遵循了“活教育”的思想。

扫码查看
参考答案

① 此案例由北京市延庆区第三幼儿园毛阿娜、左孟琦、郭嘉提供。

项目八
幼儿园游戏活动

思政点拨

学习幼儿游戏基本理论知识，树立正确的游戏观；了解独具中国幼教特色的“安吉游戏”，树立中国学前教育文化自信。

项目学习目标

知识目标

1. 了解游戏的含义及特点。
2. 理解游戏的价值及分类。
3. 认识安吉游戏教育模式。

能力目标

1. 掌握各类游戏的设计与指导。
2. 能有效组织与开展安吉游戏。

素质目标

1. 树立正确的游戏观。
2. 树立中国学前教育文化自信。

项目知识框架

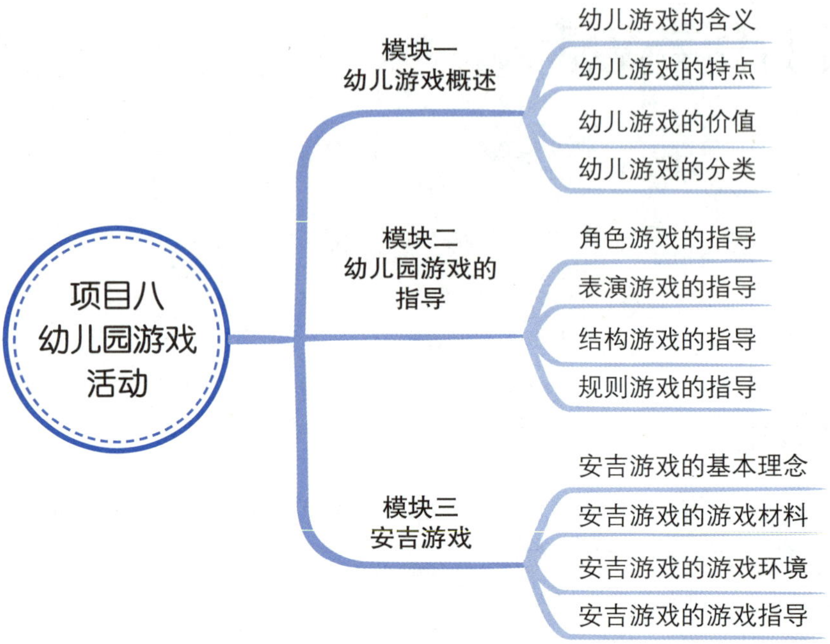

项目问题导入

王老师发现这几天文文和琦琦都特别喜欢沙水游戏，前几天只是用沙水搭建简单的水池，今天文文提出想搭建城堡，琦琦也开心地说："好呀，我们建一个大大的城堡。"于是两人你一铲、我一铲，很快将沙子聚集起来。接下来文文犯了难："我们现在应该干什么呢？"琦琦想了想说："我也不知道。"一段时间过去，两人仍未商量出解决办法。于是王老师决定帮助两个幼儿搭建城堡。王老师先用提问的方式引导幼儿说出房屋的结构，又启发幼儿想象心中想搭建的城堡的样子。在王老师的帮助下，一场有趣好玩的城堡搭建游戏开始了。

幼儿做游戏遇到困难时，教师应该怎么帮助幼儿呢？游戏对幼儿身心发展有什么样的价值？教师应怎样利用游戏促进幼儿发展？本项目将探究这些问题。

模块一　幼儿游戏概述

模块情境

最近几天，艾艾非常喜欢在角色区玩耍，而且每次都选择医生角色开展游戏。游戏中，艾艾执着于给每个“病人”打针看病，不管什么“疾病”，艾艾都会说“你必须打针”，并且学着医生的打针步骤，一步不落地给每一个“病人”打针。张老师发现了这个问题，询问之后发现，原来是周末的时候，妈妈带着艾艾去医院打针，打针的过程让艾艾非常焦虑、害怕，于是艾艾通过在游戏中扮演医生，宣泄自己在医院焦虑、害怕、紧张的情绪。

艾艾为什么反复在游戏中扮演“医生”的角色？游戏除了可以释放与缓解幼儿的消极情绪，还有哪些价值？

模块学习目标

1. 理解幼儿游戏的含义。
2. 了解幼儿游戏的特点、价值。
3. 掌握幼儿游戏的分类。

理论基础

一、幼儿游戏的含义

对于游戏的含义，不同学者有不同的看法。游戏的形式多种多样，很难给游戏下一个明确的定义。但可以肯定的是，游戏是幼儿基于内部需要产生的自发行为，他们享受游戏的过程，没有其他的目的，幼儿在游戏中是快乐的、放松的、愉悦的。幼儿游戏是幼儿自主自愿的活动，游戏是幼儿在假想的情景中对周围现实生活的反映，能够使幼儿产生愉悦的情绪。

二、幼儿游戏的特点

（一）自主性

游戏是由于幼儿内部需要而产生的。幼儿对周围的事物和环境感兴趣，想要认识和探索这个世界，游戏便是适应幼儿这一需要的自主活动。主动性是游戏的主要特点。幼儿的游戏活动可以自由选择、自主决定，是“我想玩就玩，不想玩就不玩”或“我想怎么玩就怎么玩”的体验，这种自主性体验是幼儿游戏性体验的重要成分。在游戏中，幼儿根据自己的愿望和需要自主地开展游戏，自己选择游戏的形式和内容，选择游戏的伙伴，选择游戏的材料和场地，也可以根据自己的兴趣随时开始或结束游戏。

（二）无目的性

玩就是游戏的目的。幼儿进行游戏本身就是目的，不需要达到其他的外在目的。幼儿进行游戏是为了好玩，是为了快乐。他们进行游戏不是为了学习什么知识，也不是要达到什么目标让别人进行评价。教师在评价幼儿的游戏时，应注重幼儿游戏的过程而非结果。幼儿的游戏无任何功利性目的。游戏的教育意义内隐在游戏过程中，教师要更加注重幼儿在游戏中的参与和体验。

（三）假想性

幼儿的游戏是虚构和现实的统一。游戏不是幼儿空想和臆造出来的，也不是现实生活的照搬和再现。他们借助想象，在游戏中创造性地反映现实生活。幼儿在游戏中会对游戏角色进行假想，典型的特征是“以人代人”。如在娃娃家做游戏时，有的幼儿扮演“爸爸”或“妈妈”，有的幼儿扮演“警察”或“小偷”，在扮演时幼儿会做出相应角色的行为。幼儿在游戏中也会对游戏材料进行假想，典型的特征是“以物代物”。如在游戏中幼儿把椅子当作“汽车”，把木块当作“电话”，等等。

（四）愉悦性

游戏是幼儿的快乐源泉。在游戏中，幼儿能获得愉悦感。幼儿的游戏没有强制性目标，因而也缓解了幼儿为达到目标而产生的紧张情绪。兴趣性体验是幼儿在游戏中情不自禁被卷入、被吸引的心理状态，没有这种体验，游戏就会停止。胜任感或成就感是一种对自己能力的体验，这种体验可以增强幼儿的自信心，可以让幼儿在游戏中重构自己与外部环境的关系，从而获得掌控感或控制感，让幼儿可以用自己的方式方法来解决问题和冲突。

以上四个特点是游戏的一般特点，但并不是每个游戏都是如此。有的游戏中，幼儿不一定有假想性的表现。教师明确幼儿游戏的特点，有助于开展和组织幼儿游戏。

三、幼儿游戏的价值

（一）促进幼儿生理发展

一方面，游戏可以促进幼儿身体的生长发育。幼儿在游戏过程中，总是处在不断运动的状态。另一方面，游戏能发展幼儿的基本动作和运动技能。游戏中时常包含各种大小动作，如走、跑、跳、攀爬等，使得幼儿大肌肉得到锻炼；串珠、剪纸、穿插等动作，则能够促进幼儿小肌肉及手眼协调能力的发展。

（二）促进幼儿认知发展

1. 促进幼儿语言发展

游戏常常伴有语言。如开始游戏时幼儿需要商议游戏的玩法、寻找游戏伙伴；游戏中幼儿为了游戏得以顺利进行，往往需要语言的交流与沟通。游戏轻松、自由的氛围，为幼儿运用语言提供了机会。由于游戏中的物体、情景、人物、动作时常更新，幼儿需要根据物体、情景、人物、动作的变化正确使用词汇和句子，从而促进语言发展，尤其是一些专门的语言游戏，如猜谜、脑筋急转弯、词语接龙和一些描述性游戏，能有效地提升幼儿的语言能力和技巧，对幼儿语言发展意义重大。

2. 促进幼儿思维发展

游戏可以促进幼儿想象力的发展。在假想的游戏情景中，幼儿不受真实活动所要求的技能、工具、知识条件的限制，可以极大地发挥想象力，在假想的情景中创造性地反映现实和自我。例如，在积木搭建游戏中，幼儿凭借想象力创造出自己心中的魔幻城堡。游戏给予幼儿想象的空间，有效地促进了幼儿想象力的发展。游戏还可以发展幼儿的创造性思维。创造性思维的激发需要自由、宽松、愉悦的环境，游戏无疑为幼儿创造性思维的发展提供了良好的环境氛围。游戏中，幼儿可以大胆探索，最大限度地展示自己的创造力。

3. 促进幼儿问题解决能力的提高

游戏提供的自由氛围与游戏材料的多种使用途径，可以满足幼儿的好奇心，引发幼儿对所提供材料的积极思考与探索。当在游戏中遇到困难时，幼儿更愿意积极主动地进行各种可能的尝试，以解决游戏中遇到的问题，使游戏得以进行下去。

（三）促进幼儿情绪情感发展

1. 丰富幼儿的情绪情感体验

游戏可以带给幼儿积极的情绪体验，丰富和深化幼儿的情感。一方面，游戏是受快乐原则所支配的。游戏中没有外在的压力，幼儿能够按照自己的意愿自由地活动、自由地探索。轻松愉悦的游戏氛围能给幼儿带来愉悦和满足的情绪体验。另一方面，游戏的内容和形式灵活多样，有利于幼儿体验各种情感。例如，在娃娃家游戏中，通过扮演不同的角色，幼儿能够体验不同角色的情感，这有利于幼儿移情能力的发展。

2. 释放与缓解幼儿的消极情绪

游戏能够反映幼儿的内心世界，在幼儿稚嫩的心灵与外部现实社会之间搭起一座桥梁，幼儿可以通过游戏把现实生活中的各种不良情绪宣泄出来。以弗洛伊德为代表的精神分析学派认为，游戏可以补偿幼儿现实生活中不能满足的欲望，再现那些难以忍受的体验，缓解紧张心理，消除生活情景中产生的忧虑和紧张感。例如，在“我是小医生”的游戏中，幼儿通过扮演医生，给他人打针看病，将现实生活中就医的恐惧、紧张等负面情绪宣泄出来。

（四）促进幼儿社会性发展

首先，游戏有助于幼儿克服“以自我为中心”的心理。例如，在联合游戏中，幼儿需要遵守游戏规则，遵守游戏规则就要克服自我中心。其次，游戏为幼儿提供了社会交往的机会，发展了幼儿的社会交往能力。游戏中，幼儿与不同的同伴接触，扩大了交往的范围，提高了交往频率。在这一过程中，幼儿掌握了一系列交往策略，提升了交往技能。最后，幼儿在游戏中了解社会角色，掌握社会行为规范。例如，在“红绿灯”游戏中，幼儿要遵守红灯停、绿灯行的游戏规则。在游戏中模仿并习得的社会行为规范，会转移到幼儿的实际生活中，有利于幼儿的社会性发展。

四、幼儿游戏的分类

（一）按照幼儿认知发展分类

皮亚杰根据幼儿认知的发展阶段，将游戏划分为感觉运动游戏、象征性游戏、结构游戏、规则游戏四大类。

1. 感觉运动游戏

感觉运动游戏又称练习性游戏或机能性游戏，是幼儿发展过程中最早出现的游戏形式。这种游戏主要是幼儿以自己的身体为游戏中心，摆弄与操作具体物体，并不断重复练习已有动作，尝试探索新动作的游戏。

2. 象征性游戏

象征性游戏又称符号游戏，是幼儿最典型的游戏形式。象征性游戏的主要特征是模仿和想象，幼儿借助一种事物代替另一种事物，或者给某种事物赋予特殊的意义，即以人代人、以物代物。例如拿木棍或拖把当马骑，自己充当医生或警察的角色，等等。

3. 结构游戏

结构游戏是幼儿搭建各种材料使之呈现出新形式、新结构的活动，如搭积木、插积塑、堆雪人等。

4. 规则游戏

规则游戏是大一些的幼儿按照一定的规则进行的带有竞赛性质的游戏，通常由两名及以上的游戏者构成。规则游戏可以是有情节的，也可以是无情节的，幼儿以规则为中心，用规则来组织游戏。

（二）按照幼儿社会性发展分类

帕顿（M. B. Parten）根据幼儿游戏时展现出的社会性发展水平，将游戏分为以下六种类型。

1. 偶然行为

表现为无所事事，幼儿不是真正地在玩、在游戏，而是在打发时间。例如，幼儿在椅子上爬上爬下、弄自己的身体、发呆或者偶尔看着他人等，这都不是正式的游戏。

2. 旁观行为

幼儿并非真正地参与游戏，而是关注同伴游戏，偶尔与游戏者交谈，但是肢体动作并不介入游戏。

3. 单独游戏

幼儿独自一人玩玩具，不关注同伴做什么，在游戏中与其他幼儿没有交谈或接触。

4. 平行游戏

幼儿单独游戏，所操作的玩具和同伴相近，互相之间存在模仿玩具玩法的行为，但并不是在一起游戏，没有合作行为。幼儿的进入或离开并不会影响同伴的游戏进程。

5. 联合游戏

幼儿与同伴一起游戏，谈论共同的游戏话题，时常发生借还玩具、短暂交谈等行为，但还没有建立共同的目标，没有分工协作，主要还是根据自己的意愿进行游戏。

6. 合作游戏

由两个及以上的幼儿组成，游戏中幼儿围绕共同的主题，采取分工合作的形式，互相合作达成共同的游戏目标。

（三）按照教育作用分类

我国习惯按照游戏的教育作用对游戏进行分类，将幼儿游戏分为角色游戏、表演游戏、结构游戏、规则游戏（智力游戏、体育游戏、音乐游戏）等。

思考与实践

姓名：________ 班级：________ 学号：________

1. 游戏对幼儿发展的价值主要体现在哪几个方面？试举例说明。

2. 按照幼儿社会性发展分类标准，越越和沐沐进行的是哪种游戏？请结合案例说明。

越越和沐沐在区域中自由游戏，他们选择了绿色和红色的雪花片。越越说要搭建一个房子，沐沐说要搭建一辆汽车。过了一会儿，越越说："沐沐，把你的绿色插片借给我两片。"沐沐说："给你。"之后两人继续拼搭各自的作品。

实践评价表

序号	评价项目	评价内容	学生自评	教师评价
1	认知评价（40分）	理解幼儿游戏的含义（10分）		
		了解幼儿游戏的特点（10分）		
		懂得幼儿游戏的价值（10分）		
		掌握幼儿游戏的分类（10分）		
2	技能评价（30分）	能够区分不同类型的幼儿游戏（15分）		
		能够运用游戏分类相关理论辨析游戏案例（15分）		
3	素养评价（30分）	树立正确的游戏观（15分）		
		树立中国学前教育文化自信（15分）		
总计		100分		

附：案例讨论提示

按照幼儿社会性发展分类，越越和沐沐进行的是联合游戏。越越和沐沐一起游戏，谈论关于搭建的共同话题，越越向沐沐借了玩具，但是游戏中他们没有实质性的分工协作，越越和沐沐仍是根据自己的意愿做游戏，因此属于联合游戏。

模块总结

模块二 幼儿园游戏的指导

模块情境

今天班级的角色扮演区格外热闹，近10个幼儿都想玩“过家家”的游戏。在分配角色和玩具时，幼儿互相争抢、互不相让。乐乐说：“我想当妈妈，我要哄小宝宝睡觉。”美美说：“我才是妈妈，把小宝宝还给我。”两人争执不下，乐乐情急之下推倒了美美，抢走了玩具。原本在写教案的李老师发现了两人的争执，走到角色区，没有询问幼儿争执的原因，便呵斥美美与乐乐，让她们停止游戏。

案例中李老师的做法正确吗？如果你是李老师，如何处理类似问题？游戏时，教师是否应对幼儿进行观察与指导？

模块学习目标

1. 理解不同类型游戏的含义。
2. 掌握不同类型游戏的指导策略。

理论基础

一、角色游戏的指导

（一）角色游戏的含义

角色游戏是幼儿通过模仿和想象扮演角色，创造性地反映周围生活的一种游戏。角色游戏一般由游戏的主题、扮演的角色、情景的假想、游戏材料的假想、内隐的游戏规则等要素组成。在角色游戏中，幼儿往往会再现自己的现实生活经验，模仿现实生活中成人的一些行为，学习所扮演角色的行为规范。例如扮演医生时，关心病人、认真负责；扮演理发师时，为顾客理发；扮演公交车司机时，遵守驾驶规则；等等。

（二）角色游戏的特点

1. 游戏过程的自主性

角色游戏是具有高度自主性的游戏。幼儿选择什么样的游戏主题，如何展开游戏，扮演哪些角色，选用哪些游戏材料，都是幼儿自主选择、自主确定的。角色游戏的整个过程是由幼儿自发产生的，没有成人计划性的组织和指导干预。角色游戏是幼儿喜爱的活动形式，对发展幼儿的自主性具有重要的意义。

2. 游戏内容的假想性

角色游戏的内容离不开幼儿的假想，一般包括三个方面：一是对扮演角色的假想，特征是以人代人，如幼儿会扮演他们在生活中比较熟悉的警察、医生、司机等人物；二是对游戏材料的假想，特征是以物代物，如幼儿在游戏中会把积木当成手机，把树叶当成蔬菜，等等；三是对游戏动作和情景的假想，幼儿借助游戏材料和玩具来表现游戏的情节，如把游戏卡片当作售货员给顾客扫描的收款码，假装购物扫码结账，等等。幼儿已有的生活经验会影响他们在角色游戏中对动作和情景的假想。

3. 游戏规则的内隐性

角色游戏的规则是内隐的，可以是内隐在幼儿扮演的角色中，也可以在游戏过程中随机生成。游戏中幼儿扮演的角色应有的行为、动作、语言、态度，角色和角色之间的关系就是游戏的规则。如医生给病人看病、打针，警察要抓坏人，乘客坐公交车时要排队，等等，这些都是内隐的规则表现。

（三）角色游戏的指导要点

1. 丰富幼儿的生活经验

角色游戏的内容以幼儿的生活经验为基础。幼儿的生活经验越丰富，角色游戏内容就越丰富。幼儿的生活经验主要来自幼儿园和家庭。教师在幼儿的一日生活中，要鼓励和引导幼儿多观察周围的环境和生活，通过实地参观、看书等方式，让幼儿获取经验，丰富幼儿关于周围环境和生活的知识，使其理解和认识人与人之间的关系。

2. 创设适宜的游戏环境

游戏环境、各类玩具材料是幼儿进行角色游戏必备的物质条件。提供适宜的游戏环境和丰富的游戏材料可以激发幼儿开展角色游戏的兴趣。例如，可在教室中设置娃娃家区域，并且为幼儿投放相应的材料，包括玩具娃娃、小桌子、小椅子、小衣柜等。此外，教师要根据不同年龄阶段幼儿的特点提供不同层次、丰富多样的游戏材料。为小班幼儿提供的材料种类少，但是数量要多；为中班幼儿提供的材料应该是多样和富有变化的；大班可以引导幼儿一起准备游戏材料。

3. 尊重幼儿的主体性

在角色游戏中，要充分发挥幼儿的主体性。教师是游戏的支持者、引导者，而不是指挥者；教师应是幼儿游戏的合作者、参与者。角色游戏的主题、扮演的角色和使用的材料，应来自幼儿的兴趣和需要。教师要尊重幼儿的选择，在幼儿需要时给予帮助，但是不能直接为他们指定主题、选定角色。教师要了解幼儿对游戏的需求和兴趣，在符合幼儿年龄特点的基础上帮助他们实现游戏的愿望。

4. 以间接指导为主

在角色游戏中，教师应通过言语互动、角色身份参与、适当提出建议等方式间接地对幼儿游戏进行指导，不能通过要求、指挥、直接教幼儿怎么玩等方式进行指导。幼儿不知道选择什么游戏主题时，教师可以通过提供游戏材料或者提问互动的方式引导幼儿确定游戏主题；幼儿在游戏中因为角色分配出现争执或者矛盾时，教师可以选择以某个角色身份加入游戏促进游戏顺利进行下去；在游戏快要结束时，教师要提醒幼儿收拾游戏材料，也可以在游戏结束后引导幼儿对游戏进行反思。

二、表演游戏的指导

（一）表演游戏的含义

表演游戏也称戏剧性游戏，是幼儿按照童话、故事等文学作品中的角色、情节和语言，进行创造性表演的游戏。幼儿在表演游戏中有较大的自主性和创造性。幼儿按照童话、故事等文学作品进行表演，可以根据自己对文学作品内容的理解表现人物的语言、表情和行为，也可以在表演的过程中增减情节或者改变语言、行为等。表演游戏不是为了完成教学目的，也不是为了展示给别人看，而是幼儿自发的游戏活动，即使没有人观看，幼儿也会非常享受游戏过程的乐趣。

（二）表演游戏的特点

1. 游戏性

游戏性是指某一项活动具有无目的性、重过程轻结果、自主性等特性。表演游戏是幼儿自娱自乐的一种游戏活动，其表演没有活动之外的目的。同时，幼儿在进行表演游戏时，表演的内容并不完全忠实于作品，而是幼儿在理解文学作品的基础上进行的富有个性的表演。

2. 表演性

表演性是表演游戏区别于其他类型游戏的根本特征。从选择和确定所要表演的故事或作品的那一刻开始，表演游戏就已经有了一个规范游戏者的框架。在游戏过程中，幼儿会自发地在头脑中将自己的言行与故事情节、人物联系起来，故事作为脚本规范着幼儿的行为，成为幼儿行为表现的指引，以及评价自己与他人行为的依据。

3. 创造性

表演游戏是幼儿的一种创造性活动，幼儿开展表演游戏的过程也是对文艺作品再创造的过程。例如，不同的幼儿在表演《狼和小羊》时，会表演出不同特点的狼，有凶相毕露的，也有和善可亲的，而每一种形象都是幼儿创造力的表现。

（三）表演游戏的指导要点

1. 选择适宜的文学作品

首先，选择文学作品要考虑到不同年龄阶段幼儿的特点。小班幼儿要选择情节简单、对话简短、角色单一的文学作品；中大班幼儿可以选择情节有起伏变化、角色特点突出、对话内容较多的文学作品。其次，选择文学作品要注意作品的思想内容。幼儿表演的文学作品内容要简单易懂，故事情节要吸引幼儿的兴趣，角色的性格要鲜明，表达的内容要积极健康，符合幼儿生活经验并被幼儿喜爱。最后，选择文学作品要注意作品的表演性。文学作品要有情节、有对话、有戏剧的特点，并且要便于师幼布置场景和选择道具。

2. 提供表演的物质条件

教师可以和幼儿一起准备表演的道具和材料。表演场景的布置、人物服装的挑选或道具制作等事项，教师都可以和幼儿合作完成，要避免全部由教师包办。教师也可以积极为幼儿创设适宜的表演场景以及提供适宜的表演材料，增强幼儿的表演欲望，提高幼儿参与表演游戏的积极性。

3. 指导游戏角色的分配

在表演游戏中，多数幼儿都想扮演主要角色，不愿意扮演其他角色。教师在指导幼儿游戏时，要引导幼儿明白，表演游戏缺少任何一个角色，都会影响游戏的进行，丰富的人物才会让表演情节更加完整、表演更加完美。一般情况下，小班幼儿的游戏角色可以由教师指定或幼儿自己选择；中大班的幼儿，教师要引导他们轮流扮演喜欢的角色。

4. 帮助幼儿组织游戏

在表演游戏过程中，教师要关注和鼓励幼儿，鼓励害羞胆怯的幼儿积极参与表演游戏，引导幼儿在游戏中积极运用语言、表情、动作进行有感情的表演，提高幼儿表演游戏的水平。幼儿在表演游戏过程中若是遇到困难，教师可以以游戏参与者的身份提醒幼儿，帮助幼儿解决问题。游戏结束后，教师要引导和提醒幼儿一起收拾游戏材料、整理场地，培养幼儿良好的游戏习惯。

三、结构游戏的指导

（一）结构游戏的含义

结构游戏也称建构游戏，是幼儿利用各种不同的结构玩具或结构材料（如积木、积塑、金属片、泥、沙、雪等）构造物体形象，创造性地反映现实活动的一种游戏。

（二）结构游戏的特点

1. 创造性

结构游戏的材料是由各种结构元件组成的。单独的一个结构元件并无意义，只有通过构造活动重新组合成新的结构时才有意义。结构材料的丰富多样使幼儿玩法不受限制，想象空间广。幼儿在进行结构游戏时可以边想边做，想象与操作相互促进，构造出千姿百态的新结构，这些新结构体现了幼儿的想象力与创造力。

2. 操作性

结构游戏是借助多种多样的结构材料和玩具进行的，幼儿必须直接动手操作，才能构造出一定的物体形象，对材料的操作是进行结构游戏的基本条件。例如积塑游戏，只有通过拼搭，才能构成新的物体。离开对具体材料的操作，结构游戏就不能成立。

3. 艺术性

结构游戏是一种艺术造型活动，不仅体现了幼儿的审美能力，还反映了幼儿的艺术造型设计能力。幼儿进行结构游戏时，需要考虑结构物体的形状、颜色、布局、结构、比例等，各方面均体现着结构艺术。

（三）结构游戏的指导要点

1. 结构游戏开始前

（1）激发幼儿参与结构游戏的兴趣

结构游戏中有丰富多样的材料，幼儿常常想玩，但是又不知道怎么玩，甚至会出现材料投放数日而无人问津的情况。所以在材料投放初期，教师应该帮助幼儿认识结构游戏材料，激发幼儿参与结构游戏的兴趣，帮助幼儿打开结构游戏的大门。一方面，教师可以利用丰富多样的造型结构，激发幼儿对结构作品的喜爱，调动幼儿建构的欲望；另一方面，教师可以通过对幼儿一日生活的观察，基于幼儿的兴趣点有效引导幼儿进行建构。

（2）加深幼儿对物体的印象

结构游戏通过造型反映物体的外形特征，因此幼儿需要了解生活环境中的物体和建筑物。首先，教师应引导幼儿有目的、有意识地对周围事物的特征、形状、颜色、结构等进行观察，并培养幼儿良好的观察习惯。其次，教师要引导幼儿学会多渠道、全方位、多角度地观察。最后，教师要在观察的基础上，引导幼儿分析物体的结构特征，进一步加深幼儿对物体的了解与认识。

（3）提供必要的物质条件支持

首先，教师要提供充足的游戏时间与适合的游戏场地。充足的游戏时间是保证幼儿结构游戏顺利开展的重要条件。其次，小型的结构游戏可选择与幼儿身高相适应的桌面或展示台，大型的结构游戏则需要宽阔的场地，教师应注意场地的平坦和安全。再次，教师应提供种类丰富且有层次的游戏材料。投放材料时应注意：小班需要提供种类少而数量多的游戏材料，中大班需要提供数量少而种类多的游戏材料。最后，要注意游戏材料的及时更新，新旧材料应保持一定的比例（1∶2或1∶3）。

（4）引导幼儿掌握建构的基本知识和技能

幼儿建构的知识、技能水平影响着游戏内容和游戏水平，教师应当引导幼儿掌握基本的建构知识和技能。结构游戏的基本知识和技能包括四个方面：第一，识别各种材料，如木、塑料、金属等材质的材料。第二，基本的操作技能，如运用平铺、排列、组合、插接、镶嵌、编织、粘合、旋转螺丝等方法建构物体。第三，设计构思的能力，能够提前设计出方案，按设计方案有目的、有计划地进行建构。第四，分工合作的能力，能够在集体建构活动中分工合作完成一个复杂的建筑物。教师在引导幼儿掌握基本的建构知识和技能时，应注意由浅入深、循序渐进，同时引导幼儿探索和挖掘材料的多种玩法。

2. 结构游戏开展过程中

（1）观察幼儿游戏，了解幼儿的游戏水平

对幼儿结构游戏的观察了解是教师有效指导结构游戏的前提。教师应通过巡回观察，全面地掌握幼儿结构游戏开展的情况，了解幼儿的游戏水平，准确判断幼儿的游戏需要，在此基础上有针对性地指导幼儿更好地开展结构游戏。

（2）鼓励幼儿创造性地建构，提高游戏水平

教师应注意利用结构游戏培养幼儿的创造能力，引导和鼓励幼儿在结构游戏中大胆建构，充分发挥创造力，提高游戏水平。教师可以引导和鼓励幼儿创新，可以通过提问引导幼儿思考。当幼儿遇到问题时，教师可予以指导，鼓励其大胆建构，使其不断创造出新的内容，提高建构的水平。

（3）把握时机、方法，适时适宜地介入游戏

一方面，教师要根据结构游戏现场情况把握介入游戏的时机。当幼儿在游戏中出现较多负面行为、情绪不佳时，教师可以介入游戏。当幼儿遇到技能障碍、游离于结构游戏之外，延伸或拓展结构游戏出现困难，游戏处于低潮时，教师可以暂缓介入幼儿游戏，多给予幼儿时间，鼓励幼儿自主思考，努力解决问题；幼儿充分思考操作后仍不能解决问题，教师方可介入幼儿游戏。另一方面，教师可采用平行式介入、交叉式介入两

种方法介入幼儿游戏。前者是指教师在幼儿身旁，与幼儿玩相同或不同材料和情节的游戏，起到暗示的作用，引导幼儿模仿，启发幼儿游戏；后者是指当幼儿邀请教师参与游戏或者教师认为有必要指导游戏时，通过参与幼儿活动，借助角色与角色之间的直接互动来启发幼儿继续游戏。

3. 结构游戏结束后

（1）引导幼儿结束游戏，并对结构作品进行分享与评价

结构游戏开展的时间往往较长，幼儿注意力比较集中，突然打断幼儿游戏会破坏幼儿的想象力，降低幼儿的游戏兴趣。因此，教师应给予幼儿一定的过渡时间，让幼儿有心理准备来结束游戏。结构作品的分享与评价对结构游戏的开展起着重要的作用，它是鼓励幼儿继续游戏、增强幼儿建构自信、调整和深化游戏的重要途径。

（2）培养幼儿良好的行为习惯

一方面，教师应向幼儿提出游戏常规。结构游戏中往往有较多的结构材料，教师要教育幼儿爱护材料，有序地收放材料，养成收拾与整理材料的好习惯。教师可以在游戏开始前让幼儿观察建构区的情况，游戏结束后，按照之前的位置对材料进行归纳与整理。此外，教师要提供充足的时间让幼儿整理材料，逐步培养幼儿独立自主收拾材料的习惯。另一方面，教师要引导幼儿珍惜自己及他人的建构成果，不要随意破坏别人的作品。

四、规则游戏的指导

（一）规则游戏的含义

规则游戏是两个及以上的游戏者按照预先规定的规则进行的具有竞赛性质的游戏，如下棋、打牌、跳房子、“老鹰捉小鸡”等。

（二）规则游戏的特点

1. 规则性

规则游戏具有某种规则，且规则是外显的、约定俗成的，或是由成人、幼儿事先拟定好的，这是规则游戏区别于其他游戏的主要特征。在规则游戏中，幼儿按照约定好的规则进行游戏，幼儿遵守游戏规则，游戏才能顺利进行。

2. 竞争性

规则游戏一般由两名及以上幼儿进行，幼儿按照游戏规则决定输赢，游戏带有竞争性。幼儿参与规则游戏主要是享受游戏带来的愉悦，体验游戏的过程。

3. 文化传承性

一些规则游戏具有文化传承性。一些规则游戏以代代相传的方式流传于民间，如“老鹰捉小鸡”“123木头人”等游戏。幼儿游戏作为文化的重要组成部分被传承。

（三）规则游戏的指导要点

1. 选择和编制适宜的规则游戏

第一，选择和编制适宜幼儿年龄特点的规则游戏。游戏规则过难，会使幼儿感到挫败，对游戏失去兴趣；规则过于简单，又失去了挑战性。教师应选择适合幼儿年龄特点的规则游戏。

第二，鼓励幼儿参与制订游戏规则。中大班幼儿具备规则意识，开始意识到规则的存在和重要性，因此教师可以鼓励幼儿参与制订规则。这既能让幼儿清楚游戏规则，又能进一步增强幼儿的规则意识，提高幼儿的自律能力。

第三，选择有教育意义的规则游戏。教师选择的规则游戏要考虑幼儿已有的生活经验，选择贴近幼儿生活、有教育意义并符合幼儿兴趣的规则游戏，让幼儿在游戏的过程中潜移默化地受到教育，获得发展。

2. 为幼儿开展规则游戏创造条件

教师应根据规则游戏的内容、性质和幼儿的实际需要，提供适宜的游戏材料和游戏场地。例如，在“你追我跑”的游戏中，教师要为幼儿提供足够宽敞、安全的游戏场地。此外，教师需要根据游戏内容合理安排游戏时间。若幼儿选择玩相对简单的智力游戏，教师安排的游戏时间可以较短；若幼儿选择玩活动量大的运动游戏，则游戏时间应当长些。

3. 指导幼儿掌握游戏的玩法

教师要帮助幼儿理解并掌握游戏的玩法与规则。掌握游戏规则是规则游戏顺利开展的基本前提，教师可以通过示范、讲解等方法，帮助幼儿掌握游戏规则。教师在讲解规则时，语言应清晰、简洁明了。

4. 对游戏过程进行有针对性的指导

在游戏过程中，教师可以给予适当的指导。例如，幼儿未充分掌握游戏玩法，教师要帮助幼儿再次明确游戏玩法；幼儿故意破坏规则而发生冲突，教师可以采取适当的方式阻止幼儿的破坏行为，并引导其遵守规则；多数幼儿不能按规则进行游戏，教师应反思游戏规则的难易程度是否符合幼儿的年龄特点，并及时进行调整。

5. 做好游戏的结束工作

教师应引导幼儿对游戏做出正确的评价。游戏评价应当注重游戏过程性体验，而非只是关注游戏的结果。教师要引导幼儿正确对待输赢。

思考与实践

姓名：________ 班级：________ 学号：________

1. 结合所学知识，思考角色游戏和表演游戏的区别，并举例说明。

2. 如果你是以下案例班级的老师，你将如何进行游戏指导？

中班幼儿正在开展《白雪公主》的表演游戏，小小想扮演白雪公主，莉莉也想扮演白雪公主，两个人争执了起来。小小说："我个子高，我演得好。"莉莉说："我演的动作好，我要演白雪公主。"结果还没有开始表演，其他幼儿就纷纷离开了。

实践评价表

序号	评价项目	评价内容	学生自评	教师评价
1	认知评价（40分）	掌握角色游戏的含义及指导要点（10分）		
		掌握表演游戏的含义及指导要点（10分）		
		掌握结构游戏的含义及指导要点（10分）		
		掌握规则游戏的含义及指导要点（10分）		
2	技能评价（30分）	能够设计与组织不同类型的幼儿游戏活动（15分）		
		能够对不同类型的幼儿游戏活动进行指导（15分）		
3	素养评价（30分）	树立正确的游戏观（15分）		
		树立中国学前教育文化自信（15分）		
总计		100分		

附：案例讨论提示

首先，教师要注意游戏角色的分配。表演游戏中幼儿都想要扮演主要角色，不愿意扮演其他角色。教师在指导幼儿游戏时，要引导幼儿明白，表演游戏缺少任何一个角色游戏都无法进行。针对中大班幼儿，教师要引导幼儿学会沟通、协商，轮流扮演喜欢的角色。

模块总结

模块三　安吉游戏

模块情境

我们选用了可以站立的双梯和可随意架构的直梯，各种高度的单双梯满足了幼儿在安全范围内的攀爬体验；到处找水缸、箱子等半封闭材料，让幼儿有地方可藏；在咨询了建筑行业的专业人士，什么材料最简单又能够进行最复杂的建构后，把真的轻体墙砖投放在幼儿园，还用木头按照标准砖块的尺寸制作了国内首创的户外炭烧积木给幼儿玩，接着又设计制作了大量长短大小不同的木块、木板等，充分满足幼儿的需要。我们小时候还特别爱玩滚动的东西，于是找来了废旧的油桶和大小不等的储水桶、各种尺寸的水管给幼儿探索；还在大小不一的麻袋、编织袋内装上软的填塞物，满足游戏中安全保护的需求。

结合案例，请谈谈你对安吉游戏的认识。

模块学习目标

1. 了解安吉游戏的基本理念。
2. 认识安吉游戏的材料和环境。
3. 掌握安吉游戏的指导要点。

理论基础

一、安吉游戏的基本理念

安吉游戏是浙江省湖州市安吉县在全县范围内开展的幼儿园游戏的简称。安吉游戏始终秉持“幼儿园以游戏为基本活动”的方向，坚定“让游戏点亮儿童的生命”的教育信念，形成了以“爱、冒险、喜悦、投入、反思”为关键词的教育理念。

安吉游戏建立以爱为基础的游戏化课程体系。教师充分尊重和支持幼儿，为幼儿提供富有安全感的环境。师幼之间建立起互爱互信的关系，让幼儿能够真正投入和享受探索学习的过程，爱成了幼儿学习和发展的基础条件。

冒险可以提高幼儿的问题解决能力。在充满爱的环境中，幼儿能够积极地进行各种复杂的游戏，不怕面对困难，因为他们确定教师会一直关注和支持他们。在冒险和探索的过程中，幼儿不断突破自己能力的极限，学会独立解决问题，收获了坚持和勇敢，获得了自我保护能力。

喜悦是“真游戏”带给幼儿的快乐。幼儿在安吉游戏中自主参与、自己选择和调整游戏的内容，在足够的空间和充分的时间下不断体验着游戏所带来的喜悦，在游戏中成长和挑战自我，真正体验到获得感、自我认同感。

投入是判断幼儿游戏是否为“真游戏”的标志之一。投入的状态产生于幼儿喜悦和充满激情的探索中。幼儿投入到充满挑战的环境之中，真正掌控自己游戏的过程，在自由游戏的过程中不断感受和体验周围的世界。

反思也是判断幼儿游戏是否为“真游戏”的标志之一。幼儿在游戏中不断地进行自我调整以达到目标，他们反思和洞察是什么影响了游戏进程，在不断调整的过程中推动自己建构经验。

二、安吉游戏的游戏材料

（一）无固定玩法的低结构游戏材料

安吉游戏的游戏材料是低结构的、开放的。为幼儿提供的游戏材料不设定具体的玩法，可以最大限度发挥幼儿的自主性和创造性。安吉游戏的游戏材料源自生活，教师为幼儿提供生活中常见的材料，如木板、油桶、轮胎和各种废旧物品等，充分满足幼儿的游戏意愿。安吉游戏的游戏材料能够无限地组合，不同大小的木板、梯子，不同长短的垫子，都是幼儿可以随意组合搬动的最佳材料。在这种开放、自由自主的游戏环境中，幼儿甚至用几根木棍、几片叶子就能玩得不亦乐乎。

（二）数量充足、分类陈列的游戏材料

游戏材料的充足性和丰富性会直接影响幼儿游戏的进程。考虑到幼儿的不同年龄阶段和不同身心发展水平，安吉游戏为幼儿提供丰富的、多元化的游戏材料。根据幼儿游戏经验的不断积累，游戏情节的不断丰富，教师会持续不断地增加材料的数量，以满足幼儿的游戏需求，支持幼儿持续深入地探究和学习。教师把积木、箱子、油桶、木板、管子等材料分类陈列在游戏场地，不同材料按不同规格依次陈列，有助于幼儿更加清晰地选取材料。

（三）多样化的游戏材料使用原则

游戏材料的多样化使用会给幼儿带来更加丰富的游戏体验。安吉游戏的游戏材料在使用中遵循开放性的原则。一是不会限制幼儿的玩法，幼儿可以自主地选择和使用不同的游戏材料。二是游戏材料的使用空间不会受到限制，如幼儿可以在沙池里玩积木。此外，安吉游戏的材料还遵循自主收纳的原则。游戏材料种类齐全、数量繁多，幼儿参与整理的过程也是获得经验的过程，这可以锻炼他们的身体协调能力，使其养成合作互助的美好品质等。

三、安吉游戏的游戏环境

安吉游戏的教育意义蕴含在环境中。安吉游戏强调创设“有准备的环境”，让幼儿在与环境的充分互动中，不断学习与发展。

（一）安吉游戏的物理环境

安吉游戏的室内环境创设打破了传统以游戏种类命名、以功能划分游戏区的理念，

室内虽略有空间间隔，但无明确的区域功能定位。安吉游戏强调室内任何空间都可以成为幼儿的游戏区域，幼儿可以自己决定游戏的材料、区域、内容和形式。

安吉游戏的室外环境创设保留了大自然的原生态特征，通常包含沙、水、泥、石、植物等自然元素。安吉游戏突破了传统预设和集体游戏的模式，坚信大自然就是“活教材”。同时，充分利用树木、草地、道路、墙面、沟壑等客观条件创设游戏环境，让游戏设施与自然充分融合，让幼儿在游戏中亲近自然、大胆探索。

安吉游戏的环境创设往往是趣味性与挑战性并存的。一方面，安吉游戏为幼儿创设了丰富的游戏环境，幼儿可以在丰富的游戏环境中创造无限的可能性。游戏不局限于某一种玩法，通过幼儿的想象与创造，可以变换多种玩法，提升游戏的丰富度。另一方面，安吉游戏中有一部分游戏是运动量较大的体能类游戏，如走滚筒、走绳索、攀爬轮胎架、跳马等，能给幼儿大胆尝试的机会。

（二）安吉游戏的心理环境

1. 轻松、自由的游戏氛围

安吉游戏要求教师“闭上嘴巴、管住手”，把游戏真正地还给幼儿，让幼儿自发地、自主地游戏。在自主的游戏中，幼儿可以轻松、自由地决定玩什么、怎么玩、和谁玩，行为不受约束，可以按照自己的节奏挑战自我，探究并解决问题。

2. 相互信任的人际关系

在安吉游戏中，幼儿与教师是相互信任的。安吉游戏强调把游戏的权利还给幼儿，教师要最大程度地放手和最低程度地介入，相信幼儿是主动的、有能力的学习者。幼儿在被信任、被接纳、被尊重的环境中游戏，教师也从担心幼儿安全的焦虑中解脱出来，幼儿与教师在相互信任的人际关系中发展。

四、安吉游戏的游戏指导

（一）全面地观察游戏过程

把游戏还给幼儿并不意味着教师不作为。在安吉游戏中，教师是幼儿言行的观察者、倾听者、记录者。教师要全面地观察幼儿游戏，对游戏内容、游戏过程、游戏表现进行客观记录，掌握游戏进程与幼儿发展情况，从细微之处发现幼儿的成长。教师不仅要观察幼儿，还要进一步对幼儿的游戏行为进行解读。在一次次游戏中，教师要从观察者逐步转变成研究型指导者，能够根据幼儿在游戏中的言行和表现，分析幼儿获得了哪些能力，出现了哪些问题，正确解读幼儿的游戏行为。

（二）为游戏提供支持与指导

安吉游戏强调幼儿与环境、材料的相互作用。因此，教师应精心准备幼儿游戏所需的环境与材料，以支持幼儿发展。教师应为幼儿创设宽松、信任的心理环境与丰富多样的物理环境，提供有层次的低结构材料，支持幼儿深度游戏。教师应当在有效观察、正确解读幼儿游戏行为的基础上，适时地为幼儿提供有效的指导。例如，当幼儿在游戏中遇到危险、主动询问或不断尝试仍然失败时，教师可以给予适当帮助和指导。

（三）鼓励幼儿自己发现问题

解决问题是幼儿获得经验和技能的重要方式，教师要把游戏主动权交给幼儿，鼓励幼儿发现问题、分析问题、解决问题。上述活动是一个不断摸索的过程，需要耗费较长的时间，教师要耐心等待，给幼儿充足的时间进行深度探索。

（四）游戏结束后进行有效延伸

游戏结束后，教师应组织幼儿对游戏中获得的经验进行分享讨论。一方面，教师需要引导幼儿对游戏过程进行梳理和分享，以幼儿为主体，由浅入深，尽量围绕“游戏中遇到的问题”“解决问题的办法”“游戏中的创意”“游戏中的收获”等方面进行分享；另一方面，后续教师应及时组织开展一系列相关活动，帮助幼儿巩固游戏中所获得的经验，鼓励幼儿将游戏经验真正运用到实际生活中。

思考与实践

姓名：________ 班级：________ 学号：________

1. 安吉游戏的游戏材料有什么特点？试举例说明。

2. 教师把积木、箱子、油桶、木板、管子等材料分类陈列在游戏场地，供幼儿使用。如果你是教师，如何运用安吉游戏的理念指导游戏的开展？

实践评价表

序号	评价项目	评价内容	学生自评	教师评价
1	认知评价（40分）	掌握安吉游戏的基本理念（10分）		
		知道安吉游戏的游戏材料（10分）		
		了解安吉游戏的游戏环境（10分）		
		掌握安吉游戏的指导要点（10分）		
2	技能评价（30分）	能够设计与组织安吉游戏活动（15分）		
		能够对安吉游戏活动进行指导（15分）		
3	素养评价（30分）	树立正确的游戏观（15分）		
		树立中国学前教育文化自信（15分）		
总计		100分		

附：案例讨论提示

全面地观察游戏过程，正确解读幼儿的行为。为游戏提供支持与指导。鼓励幼儿自己发现问题，围绕游戏展开进行深度学习。游戏结束后进行有效延伸，促进幼儿经验的迁移。

模块总结

项目练习

姓名：________ 班级：________ 学号：________

一、单项选择题

1. 幼儿园的娃娃家游戏属于（　　）。
   A. 结构游戏　　B. 表演游戏　　C. 角色游戏　　D. 智力游戏
2. 幼儿反复敲打桌子，在房间里跑来跑去，在椅子上摇来摇去。这类游戏属于（　　）。
   A. 结构游戏　　B. 象征性游戏　　C. 规则游戏　　D. 机能性游戏
3. 幼儿以积木、沙、雪等材料为道具模仿周围现实生活的游戏是（　　）。
   A. 表演游戏　　B. 结构游戏　　C. 角色游戏　　D. 规则游戏
4. 赛跑、下棋属于（　　）。
   A. 表演游戏　　B. 建构游戏　　C. 角色游戏　　D. 规则游戏

二、简答题

1. 简述幼儿游戏的特点。

____

____

____

____

2. 游戏能促进幼儿哪些方面的发展？

____

____

____

____

3. 简述安吉游戏环境创设的要点。

____

____

____

____

三、论述题

根据安吉游戏的游戏材料特点和指导要点，谈谈如何设计和开展安吉游戏。

四、材料分析题

小班幼儿在角色游戏区活动。文文在邮局里无所事事，摆弄一个称重器。在此之前，幼儿没有邮局角色游戏的经验。教师看到这种情况，拿了一个盒子走过去，对文文说："我想把这个寄到超市去（旁边有超市游戏区），你能帮我称一下吗？"文文马上接过盒子，放在称重器上，看了一下，说："100克！"教师问："多少钱？""10块钱。"教师假装付了钱，文文立刻把盒子送到了隔壁的超市。接着，有几个幼儿也学着教师的样子将一些东西寄到旁边的医院、美容院、娃娃家，邮局变得热闹起来。

请根据角色游戏的指导要点，结合案例谈谈教师是如何指导幼儿进行游戏的。

扫码查看
参考答案

参考文献

[1] 中华人民共和国教育部.3～6岁儿童学习与发展指南[M].北京：首都师范大学出版社，2012.

[2] 北京市教育科学研究所.陈鹤琴全集（第一卷）[M].南京：江苏教育出版社，1987.

[3] 施良方.课程理论[M].2版.北京：教育科学出版社，2020.

[4] 郑晓边.幼儿园健康教育与活动设计[M].北京：高等教育出版社，2009.

[5] 李季湄，冯晓霞.《3～6岁儿童学习与发展指南》解读[M].北京：人民教育出版社，2013.

[6] 教育部基础教育司.幼儿园教育指导纲要（试行）解读[M].南京：江苏教育出版社，2012.

[7] 周兢.学前儿童语言学习与发展核心经验[M].南京：南京师范大学出版社，2014.

[8] 刘宝根.学前儿童语言教育与活动指导[M].上海：华东师范大学出版社，2014.

[9] 余珍有.幼儿园语言领域教育精要：关键经验与活动指导[M].北京：教育科学出版社，2021.

[10] 张明红.幼儿社会教育与活动指导[M].2版.上海：华东师范大学出版社，2020.

[11] 李焕稳.学前儿童社会教育[M].北京：北京师范大学出版社，2016.

[12] 张俊.幼儿园科学领域教育精要：关键经验与活动指导[M].北京：教育科学出版社，2021.

[13] 夏征农，陈至立.辞海[M].6版.上海：上海辞书出版社，2011.

[14] 孔起英.给幼儿园教师的101条建议·美术教育[M].南京：南京师范大学出版社，2007.

[15] 杨莉慧.本土文化在幼儿园美术活动中的有效整合[J].基础教育研究，2021（10）：95-96.

[16] 郭绍虞.中国历代文论选（一卷本）[M].上海：上海古籍出版社，2001.

[17] 许卓娅.学前儿童音乐教育[M].3版.北京：人民教育出版社，2017.

[18] 孙琰灵.基于动作经验的幼儿园混龄班韵律活动研究[D].上海：华东师范大学，2022.

[19] 杨立梅，蔡觉民.达尔克罗兹音乐教育理论与实践[M].上海：上海教育出版社，2011.

[20] 郭瑞智.音乐欣赏活动促进大班幼儿审美想象的实践研究[D].上海：上海师范大学，2019.

[21] 李妲娜，修海林，尹爱青.奥尔夫音乐教育思想与实践[M].上海：上海教育出版社，2011.
[22] 虞永平.论幼儿园课程中的主题[J].学前教育研究，2002（6）：13-15.
[23] 凌晓俊，曹英.幼儿园生成式探究性主题课程的建构与实施[J].学前教育研究，2021（10）：83-86.
[24] 张良.课程知识观研究——从表征主义到生成主义[M].重庆：西南师范大学出版社，2017.
[25] 琼斯，尼莫.生成课程[M].周欣，等，译.上海：华东师范大学出版社，2004.
[26] 谢梦雪.幼儿园方案教学模式的形成与系统化发展[J].教师教育学报，2018，5（1）：57-65.
[27] 冯晓霞.生成课程与预成课程[J].早期教育，2001（8）：2-4.
[28] 赫尔姆，凯兹.小小探索家——幼儿教育中的项目课程教学[M].林育玮，洪尧群，陈淑娟，等，译.南京：南京师范大学出版社，2004.
[29] 王春燕，秦元东.幼儿园课程概论[M].3版.北京：高等教育出版社，2019.
[30] 沈雪梅.学前儿童心理发展分析与指导[M].上海：复旦大学出版社，2014.
[31] 基础教育教学研究课题组.幼儿园活动区游戏指导[M].北京：高等教育出版社，2014.
[32] 邱学青.学前儿童游戏[M].南京：江苏教育出版社，2008.
[33] 陈鹤琴.陈鹤琴文集[M].南京：江苏教育出版社，2008.
[34] 徐金鑫，时松.陈鹤琴"活教育"思想特点及其现代价值[J].陕西学前师范学院学报，2016，32（8）：39-42.
[35] 陈虹.陈鹤琴与活教育[M].长春：东北师范大学出版社，2010.
[36] 姚伟.学前教育学[M].2版.北京：中国人民大学出版社，2022.
[37] 刘焱.儿童游戏通论[M].福州：福建人民出版社，2015.
[38] 黄人颂.学前教育学[M].北京：人民教育出版社，2015.
[39] 程学琴.源起与发展：一场深刻的儿童游戏革命[J].学前教育，2019（3）：10-15.
[40] 程学琴.游戏材料设置的安吉实践[J].幼儿教育，2021（5）：15-19.